Principes

de

Morale Sociale

Par

Louis DESCHAMPS

Paris

FÉLIX ALCAN, Éditeur

108, Boulevard Saint-Germain

—

1903

Principes

de

Morale Sociale

Rouen. — Imprimerie Léon Gy.

Principes

de

Morale Sociale

PAR

Louis DESCHAMPS

Paris

FÉLIX ALCAN, Éditeur

108, Boulevard Saint-Germain

—

1903

AVANT-PROPOS

C'est pour moi un devoir d'équité de donner ici la liste des ouvrages que j'ai lus et consultés, en vue de composer le livre que j'offre au public. Ce m'est aussi un plaisir d'en remercier les auteurs : quiconque écrit facilite la tâche de ceux qui écrivent ensuite.

De ces ouvrages, et d'autres encore, j'ai extrait tantôt une phrase, une simple expression, tantôt des pages entières, modifiant ici les mots, là le sens même de l'auteur, pour adapter ses expressions à ma propre pensée, prenant dans ce que je considère être du domaine public, et en usant en maître, sans aucun souci du droit de propriété. Aussi regardera-t-on peut-être ce livre, bien qu'il y entre pour une part considérable de mes réflexions personnelles, comme une compilation à laquelle tout le monde aura contribué plus que l'auteur. Je m'en consolerai vraiment si l'on juge que, dans son ensemble, le livre est un bon livre. Je n'ai point la prétention d'avoir fait une œuvre originale, ni difficile, ni savante ; j'ai tenu, au contraire, à lui conserver le caractère d'une œuvre élémentaire. Je me suis bien gardé de défendre une thèse ou un système, mais seulement ce que je crois être la vérité, en dehors de toute considération d'école ou de parti.

Sur beaucoup de points, je n'ai point formulé de conclusions, parce qu'il est, dans la pratique de la vie sociale et politique, une foule de questions qui ne comportent point de conclusions absolues; ce sont les évènements qui fournissent les solutions, et souvent imprévues. J'ai donc formulé, quand je l'ai pu, mon opinion, mais en laissant au lecteur la faculté d'exercer son sens critique, et de conclure lui-même dans le sens qui lui paraîtra le meilleur.

Je me déclarerai très satisfait si, ne fût-ce qu'à un seul, l'œuvre rend quelque service; si elle peut écarter des doctrines antisociales quelque esprit égaré, ou sceptique, ou découragé; si elle peut affermir dans la fière et ennoblissante doctrine spiritualiste quelque esprit incertain ou indifférent.

J'ai écrit surtout pour mes enfants. Lorsque j'avais leur âge, les questions si complexes qui constituent aujourd'hui la vie sociale ne s'imposaient pas à l'attention d'une manière aussi pressante. Je leur fournis ici l'occasion d'y réfléchir et de se faire des convictions raisonnées.

Ce travail est donc, avant tout, la contribution personnelle d'un père à l'instruction et à l'éducation de ses enfants.

L. D.

BIBLIOGRAPHIE

DES OUVRAGES CONSULTÉS ET DONT IL A ÉTÉ TIRÉ DES EXTRAITS

ANTOINE (le P. Ch., S. J.). — *Cours d'économie sociale.* Paris, Guillaumin et Cⁱᵉ, 1900.

BAUDRILLART (A.). — *Le Renouvellement intellectuel du clergé de France au XIXᵉ siècle. Le Correspondant,* 25 janvier 1903.

BRUGERETTE (abbé). — *La Déclaration des Droits de l'homme et la Doctrine catholique.* Paris, Bloud et Barral, 1901.

BRUNETIÈRE (F.). — *Discours de combat.* Paris, Perrin et Cⁱᵉ, 1900. — 2ᵉ vol., 1903.

BRUNETIÈRE (F.). — *La Liberté de l'Enseignement.* Conférence. Paris, aux bureaux de la Ligue, 1902.

BUISSON (F.). — *La Religion, la Morale et la Science : leur conflit dans l'éducation contemporaine.* Paris, Fischbacher, 1901.

CALIPPE (abbé Ch.). — *L'Education chrétienne de la Démocratie.* Paris, Bloud et Barral, 1900

Chrétien français (Le). — Journal hebdomadaire. Paris, 12, rue Vivienne. Articles de MM. Bourrier et Vidalot.

COURBET (P.). — *La Faillite du Matérialisme.* Paris, Bloud et Barral, 1900.

DASTRE (A.). — *Les Eléments de la matière. Revue des Deux-Mondes,* 1ᵉʳ juillet 1902, et ses articles scientifiques dans la même Revue.

DEBIDOUR (A.). — *Histoire des rapports de l'Eglise et de l'Etat en France, de 1789 à 1870.* Paris, F. Alcan, 1898.

DESCHAMPS (G). — *Le Malaise de la Démocratie.* Paris, Colin et Cⁱᵉ, 1899.

DROZ (G.). — *Tristesses et Sourires.* Paris, Victor Havard, 1884.

FAGUET (E.). — *Lamennais. Revue des Deux-Mondes,* 1ᵉʳ avril 1897.

FAGUET (E.). — *Le Socialisme en 1898. La Grande Revue,* 1ᵉʳ décembre 1898.

FAGUET (E.). — *Le Libéralisme.* Paris, Société française d'imprimerie et de librairie, 1903.

FAURE (Sébastien). — *La Douleur universelle.* Paris, Savine, 1895.

Ferneuil (Th.). — *Les Principes de 1789 et la Science sociale*. Paris, Hachette, 1889.

Fonsegrive (G.). — *Catholicisme et Démocratie*. Paris, Lecoffre, 1898.

Fonsegrive (G.). — *L'Attitude du Catholique devant la Science*. Paris, Bloud et Barral, 1899.

Fonsegrive (G.). -- *La Crise sociale*. Paris, Lecoffre, 1901.

Fouillée (A.). — *La France au point de vue moral*. Paris, F. Alcan, 1900.

Guyau (M.). — *Education et Hérédité*. Etude sociologique. Paris, F. Alcan, 1892.

Hulst (Mgr D'). — *Mélanges philosophiques*. Paris, Poussielgue, 1892.

Keller (E.). — *L'Ouvrier libre*. Le Correspondant des 10 et 25 mars 1898.

Lamy (E.). — *Les Luttes entre l'Eglise et l'Etat au XIXe siècle*. Revue des Deux-Mondes, 15 août 1897 — 15 avril 1898.

Lamy (E.). — *La Femme et l'Enseignement de l'Etat*. Revue des Deux-Mondes, 1er avril 1901.

Laveleye (E. de). — *Le Gouvernement dans la Démocratie*. Paris, F. Alcan, 1891.

Le Querdec (Y.). — *Journal d'un Evêque*. Paris, Lecoffre, 1900.

Leroy-Beaulieu (A.) — *La Papauté, le Socialisme et la Démocratie*. Paris, Calman-Lévy, 1892.

Méric (Mgr E.). — *L'Autre Vie*. Paris, Téqui, 1900.

Ollé-Laprune (L.). — *La Vitalité chrétienne*. Paris, Perrin et Cie, 1901.

Pécaut (F.). — *L'Education publique et la Vie nationale*. Paris, Hachette, 1897.

Salomon (Mel). — *Le Spiritualisme et le Progrès scientifique*. Paris, Bloud et Barral, 1902.

Sarraute (J.). — *Socialisme d'opposition, Socialisme de Gouvernement et Lutte de classes*. Paris, Jacques et Cie, 1901.

Secrétan (Ch.). — *La Civilisation et la Croyance*. Paris, F. Alcan, 1893.

Taine (H.). — *Le Régime moderne* (dans les Origines de la France contemporaine). Paris, Hachette, 1894.

Thamin (R.). — *Education et Positivisme*. Paris, F. Alcan, 1890.

Turmann (M.). — *Le Catholicisme social depuis l'Encyclique « Rerum Novarum »*. Paris, F. Alcan, 1890.

PRÉFACE

Nous vivons à l'une des époques les plus grandioses qu'ait traversées l'Humanité. Dans le siècle qui vient de finir, nous avons vu l'homme asservir la matière, inaugurer la série des découvertes les plus merveilleuses, asseoir sur ses bases définitives la méthode scientifique, et, dans toutes les sciences, marcher tout d'un coup à pas de géant.

En même temps, les formes sociales anciennes ont été brisées, et, si les formes actuelles ne sont que transitoires, nous sommes par là même les témoins de l'éclosion d'un monde nouveau.

Toute naissance se fait dans les convulsions et la douleur ; mais bénies soient ces douleurs, si elles apportent aux humbles, aux malheureux, à tous ceux qui travaillent et qui peinent, plus de justice et plus de bien-être.

Tant de progrès, si vite accomplis, ne pouvaient se produire sans qu'il y eût quelque ombre au tableau. Les découvertes scientifiques ont enivré d'orgueil les savants et les demi-savants ; ils ont bâti à la hâte, sur des notions incomplètes et parfois erronées, leurs théories de l'Univers et leurs conception. de la Vie. Dans ce siècle si fort, il ne s'est trouvé aucun grand philosophe pour signaler avec autorité les généralisations précipitées et téméraires, pour rappeler au savant le mot d'Hamlet : qu'il y a plus de choses sur la terre et au ciel que n'en peut rêver toute sa science.

De là sont venus, plus aigus que jamais, des conflits de doctrines qui se résument en un seul : la lutte entre le Rationalisme matérialiste et la Philosophie spiritualiste.

Puis, par suite du développement du progrès matériel, la puissance a été transférée des hiérarchies sociales d'autrefois à l'argent. Les fortunes bâties sur la spéculation, le dol et la concussion, traitent d'égal à égal avec les pouvoirs publics, et ces parvenus ont la prétention d'être honorés sans se donner la peine d'être honorables. Ils s'attachent à tout déprécier de ce qui fut le passé, et à tout bouleverser de ce qui est le présent, se mêlant, quand ils le peuvent, à l'ancienne aristocratie, et subventionnant en arrière les socialistes et les anarchistes ; soutenant, en apparence le gouvernement, et favorisant la guerre faite aux principes religieux et sociaux. Ils jouent ainsi un jeu terrible, dont ils se croient naïvement les arbitres, et qui prouve surtout une chose : la profonde immoralité des classes supérieures de la société et des pouvoirs publics eux-mêmes.

Ces luttes, ces contradictions, ce désarroi dans les idées et dans les actes, cette opposition apparente entre les principes des générations passées et la mentalité des générations nouvelles devraient exciter la curiosité et provoquer une noble émulation pour la recherche des voies intellectuelles et morales que devra suivre désormais l'Humanité ; à ce problème, la masse répond par l'indifférence et le scepticisme. La préoccupation des intérêts matériels, le besoin des jouissances, la soif de l'argent qui les procure ont amené l'abaissement des caractères et détourné les jeunes générations des nobles pensers et des grandes passions qu'enfante l'Idéal.

Il s'agit bien de philosopher ! Ce qu'il leur faut, à ces jeunes gens qui n'ont pas le temps de penser et de réfléchir, c'est la richesse sans travail et la science sans étude. « Le rêve de chacun, dit Droz, est de gober du même coup toutes les joies, toutes les ivresses, tous les bonheurs. Malheureusement, à mesure que, vainqueurs de la matière, ils voient s'agrandir le champ des jouissances, décroît la force morale de ceux qui s'en repaissent ; les idées deviennent d'autant plus vulgaires et basses que les moyens de les répandre sont plus nombreux et plus rapides ; c'est la platitude, ainsi que la bêtise, qui circule par le monde avec des impétuosités d'ouragan. Les hommes d'aujourd'hui n'ont de discipline que pour l'émeute, de force que pour briser. D'autant plus autoritaires qu'ils sont plus incapables d'obéir, ils veulent que l'on respecte leur mépris de tout respect. »

C'est dans cette société moderne, admirable en beaucoup de points, pitoyable en d'autres, dévoyée et désorientée en tout ce qui touche à la vie morale, c'est dans ce monde qui édifie peut-être quelque chose de grand, ou qui galope vers la déroute et le chaos, que se trouvent jetées les jeunes générations. A quel moment fut-il jamais plus utile de se sentir, non pas abandonné au hasard des opinions et du vent qui souffle, mais dirigé par des principes fixes, discutés et librement acceptés ? « Si un homme, dit Nietzche, n'a pas, à l'horizon de sa vie, des lignes fermes et tranquilles, comme la campagne a ses lignes de forêts et de collines, sa volonté intime demeure inquiète, distraite et agitée par le désir. Il ne connaît pas le bonheur, et il ne le donne pas. »

Et, cependant, quoi de plus naturel que de vivre sa vie à soi, conformément à ses idées à soi, non pas ramassées de droite et de gauche, dans le journal ou dans le roman à la mode, au théâtre ou dans les salons, mais réfléchies et voulues ? Quoi de plus noble que de cultiver son âme, d'avoir conscience de son œuvre de perfectionnement, d'obéir à cette tendance qui pousse les natures d'élite au plus grand développement de leur personnalité ?

L'on se moque de ceux, de plus en plus rares, qui demandent à leur curé ce qu'ils doivent croire et ce qu'ils doivent faire. N'étant pas capables de croire, de penser et d'agir par eux-mêmes, ils demandent une direction là où ils s'imaginent avoir quelque chance de la trouver bonne. Et l'on ne se moque point de ceux, infiniment plus nombreux, qui, ne faisant pas davantage usage de leur raison, confient à leur journal la direction de leur intelligence, et au monde, à ses préjugés, à ses usages, la direction de leur moralité, la formation, ou plutôt la déformation de leur conscience.

Et que dire de ceux qui ne suivent même pas des idées, mais seulement des mots, et encore des mots auxquels ils n'attachent aucun sens précis ! Cerveaux étroits et vides, où les idées les plus fausses trouvent toujours à se loger, n'y rencontrant aucun principe, aucune réflexion, aucun savoir qui leur fasse obstacle.

Et c'est là précisément ce qui rend, à notre époque, les rapports difficiles, dès qu'entre hommes, entre amis même, l'on sort de la conversation banale pour entrer dans la discussion ou dans l'action. Il n'y a presque rien de commun dans les idées ou, plutôt, il n'y a plus d'idées communes. A propos de tout, en philosophie, en morale, en politique, l'on voit les fondements ébranlés ; tout est remis en question, tout est l'objet d'un doute, d'une réserve ; l'on ne sait sur quel terrain commun se placer, et la raison elle-même paraît tenue en suspicion et s'écrouler dans cette décomposition des esprits qui n'ont plus une idée à laquelle ils tiennent, une vérité à laquelle ils se rattachent.

Il nous faut donc revenir aux principes, écouter ceux qui

cherchent à établir l'harmonie dans les questions qui forment comme le domaine commun de la raison, de la science, de la morale et du progrès social. Très important et peu facile devoir, car il faut se garder de toute exagération. Jacobins rouges et jacobins noirs sont également haïssables. Nous les laisserons donc de côté, comme également éloignés de la vérité. La vérité est là où il y a conformité complète de l'objet de nos croyances avec la Raison, comme le recommande saint Paul : *Rationabile sit obsequium vestrum.*

Les pages qui suivent n'ont pas d'autre but que de poser le problème des principes directeurs de la Vie. Une vie livrée volontairement au hasard et à l'indifférence est méprisable et à plaindre. Cette vie-là seulement mérite d'être vécue qui a un but, une fin, et, par là même, offre un devoir et une responsabilité.

Tous nous sommes exposés aux erreurs et aux chutes, mais tous nous sommes appelés à la connaissance de la Vérité et au développement de notre vie intérieure. Pour moi, je trouve ces biens auprès de Celui qui a dit de lui-même : Je suis la Voie, la Vérité et la Vie.

LA PHILOSOPHIE

Il n'y a, il ne peut y avoir en philosophie que deux systèmes :

le Matérialisme ;

le Spiritualisme.

A ces deux systèmes se rattachent tous les autres dont il est inutile de parler, si les deux premiers sont suffisamment connus et compris.

Nous ne ferons pas aux sceptiques, aux indifférents, l'honneur de les considérer comme relevant d'un principe quelconque. Le scepticisme est une marque d'impuissance, c'est une abdication intellectuelle et morale, et rien de plus.

Matérialistes et Spiritualistes ont la prétention de nous donner la clef du problème important entre tous, celui de notre origine et de notre destinée.

De l'idée que nous nous faisons de notre origine et de notre fin dépend notre vie tout entière.

Si notre origine est purement animale, comme le prétendent les matérialistes, si le trou où l'on nous enterre est la fin de tout, la vie ne nous apparaît alors que comme un éclair entre deux néants ; je me demande à quoi elle correspond, à quoi elle sert, si pour nous elle vaut la peine d'être vécue, et j'en tire cette conclusion que, tout finissant avec la vie, nous devons tout sacrifier aux jouissances qu'elle peut procurer : jouissances des sens pour le plus grand nombre, jouissances de l'intelligence et du cœur pour l'élite.

Si notre origine, au contraire, est divine, comme l'affirment les spiritualistes, si le corps n'est que l'enveloppe d'une substance immatérielle, issue du monde des esprits vers lequel elle doit retourner, alors le sens de la vie change complètement. Le but de l'existence n'est plus de jouir, mais de fuir les jouissances matérielles, la servitude des sens et de l'animalité, pour s'élever vers une vie supérieure, dans une union permanente avec ce pur Esprit qui est la fin dernière de toute chose créée.

De cette divergence profonde entre les deux philosophies quant à l'origine et à la destinée de l'homme, nous verrons résulter une divergence aussi profonde dans la conception de la moralité de la vie.

Celui dont l'intelligence refuse de dépasser les limites du monde matériel ne peut comprendre la distinction entre le bien et le mal ; pour lui nos actes ne sont ni bons, ni mauvais, ils sont indifférents, étant déterminés par les lois de notre nature physique. La liberté humaine n'existe pas, non plus que la responsabilité. Ce qui est moral, c'est ce qui est utile à l'humanité et à l'individu ; ce qui est immoral, c'est ce qui leur est nuisible.

Les spiritualistes ne nient pas que la loi morale concorde avec le bien-être de l'homme, mais ils voient le développement complet de l'homme et son bonheur ailleurs que dans l'obéissance aux lois fatales, inéluctables de la nature physique ; ils proclament qu'aucun acte humain n'est fatal, qu'entre la vérité et l'erreur, entre le bien et le mal, l'homme se sent libre de choisir. Sa destinée est, non pas de descendre au plus bas des jouissances matérielles, bien qu'il soit libre de le faire, elle est de monter toujours, et de son propre effort, vers la loi divine de l'Esprit.

Ces réflexions suffisent à montrer de quelle importance pratique est le choix entre l'une et l'autre philosophie, puisque la vie est la mise en acte de l'une ou de l'autre. Chaque homme fait son choix, presque toujours inconsciemment et sans s'en rendre compte; ce n'est pas souvent l'étude et la réflexion qui le déterminent, ce sont les circonstances, le tempérament, les habitudes acquises, le milieu ambiant et les conditions même matérielles de la vie. Que de gens marchent, sans savoir quel chemin ils suivent et où ils vont !

Aussi devons-nous étudier ces questions avec un esprit d'extrême indulgence pour ceux qui ne partagent pas nos idées, car nous voyons les doctrines qui nous paraissent les plus erronées défendues par des hommes éminents et dont personne n'a le droit de suspecter la sincérité.

C'est à un philosophe grec qu'est due la première exposition du système matérialiste. Démocrite (420 av. J.-C.), a posé les principes de la conception mécanique de l'Univers avec une netteté et une précision magistrales. La théorie du maître sur les atomes fut reprise et complétée par Épicure, puis par Lucrèce, le poète du matérialisme antique.

Au moment même où Lucrèce chantait l'éternité de la matière, le Christianisme naissait, apportant au monde la philosophie spiritualiste de l'Évangile. En fait, le Spiritualisme avait toujours été, et dès la plus haute antiquité, la doctrine des esprits religieux; il était enseigné par les prêtres de l'Egypte, et, de leurs temples, passa dans les écoles grecques. Pythagore, Socrate, Platon, Aristote furent les précurseurs du Spiritualisme chrétien.

Ce dernier régna sans conteste de Théodose à la Renaissance. Dans le vaste désert qu'avaient fait les invasions des Barbares, toute science avait disparu, et l'Église était trop puissante alors pour qu'une doctrine opposée à ses dogmes pût s'établir.

Il fallut la Renaissance païenne du xvie siècle pour ressusciter, avec l'antiquité classique, ses théories matérialistes et sensualistes.

Avec la liberté de penser, la Science se développa. Ses progrès inattendus, inconcevables, à notre époque surtout, ont paru prêter aux matérialistes un appui dont ils ont su habilement tirer parti; il semble que ce soit un droit pour eux de se réclamer de la Science. Grâce à ce patronage, sur lequel il y a lieu de faire toutes réserves, les partisans de la conception mécanique du monde et de la morale indépendante ont pu donner à leurs doctrines un essor comparable à celui qu'elles avaient pendant les derniers siècles du paganisme.

La thèse matérialiste est celle-ci :

Il n'y a dans la nature que de la matière et du mouvement, tous les deux sans commencement connu et indestructibles, donc éternels.

Les phénomènes de la vie chez les animaux et chez l'homme ne présentent également à notre examen que de la matière et du mouvement. L'on parle bien d'âme, d'esprit, mais aucun physiologiste n'en a jamais rencontré sous son scalpel. Si les phénomènes biologiques sont réductibles à la matière et au mouvement, rien n'empêche de penser qu'il en soit de même des forces psychiques, de quelque nature et de quelque forme qu'elles soient. Tout nous invite, au contraire, à penser que les forces physiques et les forces psychiques sont identiques.

C'est un fait acquis, et sur lequel il n'y a pas à revenir, que la vie psychique a pour condition première le jeu des organes. L'homme se meut par les muscles, il dirige ses mouvements par le cervelet ; il sent, perçoit, se souvient, juge et veut par le cerveau ; dans le cerveau toute faculté psychique a son organe ; sans le cerveau l'homme, c'est-à-dire un corps animé et dirigé par une âme n'existe plus.

Bien plus, il y a entre les opérations psychiques et les actions physiques du cerveau et de l'organisme tout entier une corrélation de forces telle que la dépense des unes occasionne une dépense équivalente des autres. Ainsi un travail d'esprit trop intense amène l'épuisement de l'activité cérébrale, une altération de la substance grise ; l'abus des plaisirs sensuels cause également cette altération, et si profonde parfois, qu'elle va jusqu'à l'idiotisme des gâteux, c'est-à-dire la destruction de l'intelligence. Une affection organique affaiblit les forces volontaires, et réciproquement une dépense excessive d'énergie, un effort prolongé de volonté, le chagrin, amènent des affections organiques. Ces opérations et ces actions sont comprises dans la grande oxydation totale de l'organisme ; plus les unes absorbent de forces, moins il en reste pour les autres.

Si les organes matériels sont la condition essentielle de la vie psychique, si les opérations psychiques et les actions physiques sont à ce point dépendantes les unes des autres qu'elles paraissent identiques dans leurs effets, l'on peut dire qu'il n'y a point de vie en dehors de la matière : de là l'exactitude rigoureuse des propositions suivantes :

Le cerveau digère les pensées comme l'estomac digère les aliments. (Cabanis.)

La vertu et le vice sont des produits comme le sucre et le vitriol. (Taine.)

La pensée est un mouvement de la matière. (Moleschott.)

Ces propositions ont fait bondir d'indignation les spiritualistes, mais elles n'ont pas été réfutées. En effet, qui peut déterminer les limites de la matière brute et de la matière vivante ? Qui peut dire où commencent la sensibilité et l'intelligence dans l'échelle des êtres ? Il n'y a point entre les corps organiques et les corps inorganiques de différences fondamentales de forme ou de structure, ou de matière, ou de force ; la vie nous apparaît donc comme la simple résultante des mouvements et des propriétés de la matière, et il en est de même de l'âme et de ses diverses manifestations.

L'âme n'existe pas en soi. On appelle de ce nom l'ensemble des fonctions du système nerveux. « Ces fonctions, dit C. Voigt, subissent toutes les modifications que leur impose l'état du système organique dont elles relèvent. L'organe est-il détruit, la fonction cesse aussitôt. Le corps meurt-il, l'âme finit également. L'histoire naturelle ne connaît pas de survivance individuelle de l'âme après la mort du corps.....

« De même que chaque muscle se met en mouvement chaque fois qu'il est excité, de même la substance cérébrale de chacun de nous doit produire telle ou telle pensée, chaque fois qu'elle est excitée de telle ou telle manière.....

« La liberté n'existe pas, et avec elle disparaît aussi la responsabilité. L'organisme ne peut se dominer lui-même, ce qui le domine, c'est la loi de sa structure matérielle. »

Et maintenant si de l'homme nous portons nos regards

sur le vaste univers, nous voyons qu'il se présente à nous comme un immense système matériel dans lequel les forces s'équilibrent constamment. Rien ne se crée du dehors, rien ne se détruit au dedans : les destructions apparentes servent aux créations de demain, les forêts disparues dans les cataclysmes antérieurs nous donnent la houille, avec ses milliards de calories, créatrices de mouvement et de lumière. De même les détritus organiques de toutes sortes, et enfin l'animal, enfoui en terre, disséminent dans le sol des éléments matériels qui donneront naissance à l'herbe, et cette herbe nourrira d'autres animaux, et les récoltes, absorbées et digérées continueront l'humanité en de nouveaux êtres.

Les forces constitutives de l'univers se conservent donc, tout en suivant une série merveilleuse d'évolutions, et l'on ne voit point que pour justifier chacune de ces évolutions ni que pour expliquer la conservation de l'énergie cosmique, il soit nécessaire de faire intervenir une force extérieure, Dieu ou âme. Une telle intervention aurait précisément pour résultat de remettre tout en question. Si la volonté de Dieu peut modifier à tout moment les lois naturelles, si la fantaisie d'une âme qui se prétend libre peut provoquer des actes humains contraires aux tendances et à la nature du corps qu'elle habite, autant dire de suite adieu à la science, à la méthode scientifique et à la certitude qu'elle apporte avec elle.

Or rien n'est plus antiscientifique que d'affirmer l'existence d'un être mystérieux dont on avoue ne connaître ni l'origine, ni la nature, et de déclarer que cet être incompréhensible est sa propre loi à lui-même et la loi de tout ce qui existe. La matière incréée se suffit à elle-même, ses lois sont accessibles à notre intelligence, nous les connaissons chaque jour de mieux en mieux, et, devant les progrès de la Science, les mystères disparaissent peu à peu. Tout ce qui ne relève pas de la Science relève de l'imagination, de la fantaisie, de l'erreur.

Telle est, dans ses lignes essentielles, la théorie matérialiste.

———————

Cette théorie a l'avantage de la simplicité. Elle est scientifique sous ce seul rapport qu'elle rejette, ou paraît rejeter ce qui est en dehors du contrôle et de l'expérience ; elle suggère néanmoins les réflexions suivantes :

Qu'est-ce que la matière ? Quelle est son origine ? Quelle est sa nature ? Les philosophes peuvent-ils nous en donner une connaissance claire et précise ? Non. Il se trouve que la notion de la matière est, de toutes, la plus obscure ; ce que nous appelons de ce nom est un ensemble de perceptions. Nous ne connaissons la matière que par nos sens, et pas autrement. Or, d'une part, nos sens nous trompent ; d'autre part, quand ils ne nous trompent pas, leur témoignage est incomplet.

Ainsi je vois un objet coloré, mais la couleur ne fait pas partie de cet objet, mon voisin perçoit également une sensation de couleur, et qui n'est pas mathématiquement la même parce que son cerveau n'est pas conformé mathématiquement comme le mien. Il en est de même pour la chaleur, pour le son, pour le goût. Nous attribuons donc aux corps des qualités qu'ils n'ont pas. Ce qui appartient à l'objet, ce qui lui est inhérent, c'est la propriété d'impressionner. Quant à l'impression produite, elle dépend dans sa qualité et sa quantité de la disposition organique du sujet ; c'est ainsi que le même corps produit sur les organes de chacun de nous des impressions qui varient dans des limites infinitésimales peut-être, mais assez cependant pour que nous ne puissions pas attribuer une valeur scientifique à nos sensations.

Il en résulte que ne connaissant la matière que par les sensations, nous pouvons nous appuyer sur ces sensations pour l'étude de certaines propriétés relatives des corps, mais nous ne pouvons en tirer la notion de la nature intime de la matière, ni savoir ce qui en constitue l'essence.

Les philosophes n'ont pu nous donner la définition de la matière, les physiciens et les chimistes seront-ils plus heureux et nous apprendront-ils ce que c'est qu'un corps ?

Un corps est un composé de molécules, et les molécules elles-mêmes sont des composés d'atomes. Chaque corps représente un système défini d'atomes, résultant de leur nature spécifique, de leur nombre, de leur arrangement.

Très bien; mais personne n'a jamais vu d'atomes; ils ne tombent pas sous le sens, et je comprends le grand chimiste, J.-B. Dumas, disant : « Si j'en étais le maître, j'effacerais le mot *atome* de la Science, persuadé qu'il va plus loin que l'expérience. » Ainsi la dernière analyse que nous puissions faire de la matière, ou des corps, nous conduit à l'atome, c'est-à-dire à quelque chose dont nous ne pouvons constater expérimentalement l'existence, et dont nous ignorons la nature.

L'existence de l'atome est une hypothèse. Dès les premiers pas que l'on fait dans l'étude du matérialisme, l'on se trouve donc en face d'une hypothèse, celle des atomes éternels.

C'est supposer ce qui est en question. Rien n'est plus contraire à l'esprit et aux règles de la science.

Dans la *Revue des Deux-Mondes* du 1er juillet 1902, je lis les lignes suivantes :

« ... Nous venons de dire que personne n'a vu un atome ou une molécule. Mais cela ne préjuge rien contre leur existence, car, lors même qu'elle serait parfaitement réelle, nous ne pourrions encore nous en assurer par la vision, ni directement, ni indirectement.

« ... L'expérience et le témoignage des sens ne peuvent donc rien, et ne pourront rien, éternellement, pour nous assurer d'une structure de la matière que nous n'en considérons pas moins comme étant hors de discussion. » (A. Dastre.)

Or, puisqu'il paraît scientifique à des savants d'affirmer comme étant hors de discussion une structure de la matière que ne nous révèlent ni l'expérience, ni le témoignage des sens, nous considèrerons comme scientifique, au même degré, d'affirmer l'existence de Dieu et du monde des esprits, que ne nous révèlent pas davantage l'expérience, ni le témoignage des sens.

L'auteur de l'article nous dit ailleurs que les molécules et les atomes n'ont qu'une *existence logique*. Cela veut-il dire qu'ils n'ont pas de réalité objective? Alors, comment déclarer comme hors de discussion une structure de la matière qui n'existe pas réellement, mais seulement logiquement? Nous sommes là en pure logomachie.

Si, au contraire, les atomes et les molécules sont des entités existantes, le raisonnement de M. Dastre appliqué à la matière est également applicable à l'esprit, et signifie qu'en dehors de nos moyens d'investigation, en dehors de toute possibilité de les étendre, il est un monde de connaissances que nous ne pouvons atteindre qu'en vertu des lois de notre esprit : idées nécessaires, idées innées, idées révélées.

C'est cela même qu'affirme le spiritualisme chrétien.

Il est juste d'ajouter que la théorie atomistique, après avoir servi de base à la philosophie matérialiste depuis le iv⁰ siècle avant Jésus-Christ jusqu'à nos jours, semble avoir fait son temps ; elle ne répond certainement plus aux données de la science moderne, et c'est la théorie de l'énergie qui est aujourd'hui en faveur.

Il y a deux manières d'envisager cette théorie : la mathématique et la fantaisiste.

Ce n'est pas le lieu, et je n'ai pas la compétence de discuter les théories mathématiques sur la nature matérielle ou immatérielle de l'éther, de la chaleur, de la lumière, de l'électricité, sur l'explication cinétique de l'attraction de la matière par la matière, qu'on appelle cohésion ou affinité en physique, et gravitation universelle en astronomie, sur la conservation de l'énergie considérée comme réalité objective distincte de la matière, éternelle et indestructible comme elle. Ce qui paraît certain, c'est que la conception mécanique de l'univers, fondée sur le mouvement et la matière, est incapable d'expliquer un grand nombre de phénomènes de la nature, sans tomber dans des contradictions ou des non-sens qui déroutent les plus subtils mathématiciens.

L'un d'eux, M. Wm Thomson, parlant de l'éther, déclare que, « malgré ses efforts, depuis cinquante ans, il n'a pas réussi à comprendre ce que c'est » que cette substance qui remplit tout l'espace, qui n'offre cependant aucune résistance aux mouvements des corps qui y sont situés, qui lui-même est capable d'entrer en vibration, sorte d'agent (probablement immatériel) de transmission des énergies.

Un autre savant, M. Raoul Pictet, dit, de son côté, que : « La cause du mouvement qui tend à rapprocher les corps ne peut être représentée par aucun mouvement de matière connue. »

M. Van Boys, après avoir étudié l'attraction, conclut : « C'est un pouvoir mystérieux que personne ne peut expliquer. »

Avant d'adopter les théories matérialistes, avant de déclarer que rien n'existe en dehors de la matière, qu'elle est éternelle et se suffit à elle-même, il est donc prudent d'attendre que la science nous fournisse la preuve de ces affirmations, en nous démontrant la réalité objective et personnelle de la matière, la réalité objective et personnelle de l'énergie, et l'explication, par le jeu de ces deux réalités, de tous les phénomènes de la nature.

En même temps que des théories mathématiques, j'ai parlé des théories fantaisistes de la conception mécanique de l'univers. J'en trouve un exemple dans l'ouvrage d'une savante, Mme Clémence Royer, ouvrage qui soulève bien des discussions, mais qui a reçu assez d'approbations d'esprits distingués pour qu'on puisse en parler à l'égal de beaucoup d'autres.

Nous venons de voir que certains auteurs étayent la philosophie matérialiste sur la réalité objective de la matière et de la force. La force n'existe pas par elle-même, dit Mme Cl. Royer ; il n'y a pas de force sans matière ; l'union des deux termes est absolue, et la seule signification qu'on puisse lui donner est : action de la matière. L'homme est le récepteur des actions de la matière, il enregistre toutes les actions des milieux qui l'enveloppent. Les énergies aux-quelles nous sommes soumis sont multiples ; nous en per-cevons toujours plusieurs à la fois et à des degrés divers d'intensité. Ces différences constituent non seulement des différences de sensations pour nous, mais des différences dans le genre de vie, si nous les envisageons à un autre point de vue : vie cosmique, terrestre, minérale, végétale, animale.

Toutes ces vies sont de même source ; elles ne diffèrent que par leur degré de perfection, selon qu'elles sont suscep-tibles de percevoir l'énergie sous un plus ou moins grand nombre de formes, ou de la transformer plus ou moins complètement jusqu'à la forme dernière que nous connais-sions : la pensée.

Ces considérations nous amènent à comprendre ce que sont les corps. Ce sont les groupes que nous percevons sous une même forme d'énergie, dans l'espèce, soit énergie lumineuse, soit énergie tangible. Une opération de l'esprit nous fait, par suite, admettre que ces groupes sont séparés, indépendants les uns des autres, mais nous savons qu'il n'en est rien, que les corps concrets font partie d'un même tout continu.

Ces corps nous apparaissent sous plusieurs formes, notamment en gazeux, liquides, solides. D'où provient cette différenciation ? De la quantité d'énergie qu'ils nous trans-mettent. La forme gazeuse, étant la plus active, a dû, sur notre globe, précéder toutes les autres qui en sont successi-vement dérivées. En effet, l'étude intime de la terre nous montre qu'elle n'a pas cessé de se refroidir depuis sa formation, et la lune, qui est dépourvue de gaz et de liquides, nous montre simplement un état plus avancé que le nôtre.

De là l'explication de la formation de l'énergie vitale. Sous l'effet de différences de potentiel infinies et infiniment variées, ces actions réciproques des divers centres d'énergies provoquèrent des transformations insensibles d'abord, puis allant croissant sans cesse. La lutte des énergies s'accentua, chacune d'elles se développant au détriment des autres, et ce combat, qui date de la première heure de la formation de notre monde, c'est la Vie.

Les êtres vivants de toutes catégories s'acharnent sur les cadavres solides des luttes passées, ils en absorbent sans cesse le peu d'énergie qui leur reste et s'en font des instruments nouveaux de transformation pour accroître leurs capacités absorbantes et reculer de plus en plus le moment fatal où le vainqueur enfin périra, n'ayant plus rien à dévorer.

A ce moment suprême, l'énergie pensante aura acquis son maximum d'acuité ; toute la somme des énergies premières sera réunie en elle ; sa puissance sera à son sommet au moment même où son action deviendra impossible par la disparition du champ où elle pourrait s'exercer. Le dernier homme, à son dernier soupir, pendant un temps infiniment court, sera Dieu.

J'ai emprunté ce résumé de l'ouvrage de Mme Cl. Royer à une étude publiée par M. Paul Clémenceau dans la *Grande Revue*. Pour moi, cette salade d'aperçus ingénieux et d'hypothèses abracadabrantes, qui aboutit à déclarer que l'homme deviendra Dieu pendant un temps infiniment court, n'a pas d'autre but que de nous débarrasser scientifiquement de ce qu'on appelle : l'hypothèse Dieu.

Dieu n'existe pas, mais il existera pendant un temps très

court, et ce Dieu, résumé de toutes les énergies cosmiques, sera le dernier homme, au moment de son dernier soupir !

Il serait injuste de prendre les hypothèses fantaisistes de Mme Clémence Royer comme l'expression du matérialisme scientifique; ce n'en est que la contrefaçon.

Ainsi, l'on prétend que nos relations avec le monde extérieur sont l'origine de toutes nos pensées, que les phénomènes de notre vie morale ont pour cause unique nos sensations, que des réactions purement physiques donnent naissance à l'idée, aux sentiments, à la volonté. Telle lésion du cerveau, nous dit-on, produit toujours une altération de l'intelligence ou de la volonté ; donc, entre la masse du cerveau et telle ou telle manifestation intellectuelle ou volontaire, il y a un rapport de causalité. Vous voulez, chez un homme, supprimer la faculté du langage (et peut-être la mémoire), supprimez tel lobe de la troisième circonvolution frontale gauche; si vous obtenez l'effet, et vous l'obtiendrez toujours, nierez-vous la cause ? Nierez-vous que telle partie du cerveau et la mémoire soient à ce point identiques que supprimer l'un, c'est supprimer l'autre ?

Je ne nierai pas que le cerveau puisse être l'organe de notre vie intellectuelle, et que, si je détruis une partie de l'organe, je lui enlève la possibilité de fonctionner, ce qui ne veut pas dire que le sujet de la fonction soit détruit.

Dans une dynamo, si je m'avise d'enlever les balais, je ne supprime pas l'électricité, mais je lui enlève la possibilité de se manifester comme éclairage ou comme force. Je ne dirai pas pour cela que les balais sont la cause du fluide électrique et doivent être identifiés avec lui.

Il est naturel que la constitution et la conformation de l'organe entrent, pour une large part, dans l'explication de l'état supérieur ou inférieur de la vie psychique ; mais, en raisonnant comme ils le font ci-dessus, certains physiologistes sortent de leur rôle et se montrent mauvais philosophes.

Ils confondent les rapports entre les phénomènes organiques et les phénomènes psychiques et font d'une coïncidence, ou d'une concomitance nécessaire, une identité. Des conditions ne sont pas des causes. Il est aussi sensé de dire que le cerveau secrète la pensée qu'il le serait de dire que l'œil secrète la vue, et l'oreille le son. Aucune expérience n'est venue prouver que la pensée n'existe pas par elle-même, c'est-à-dire en dehors des sens ou du cerveau. Ce sont deux choses dissemblables.

La substance grise du cerveau est un corps et elle en a les propriétés multiples : l'étendue, le poids, la couleur, la saveur ; a-t-on jamais mesuré l'étendue ou le poids ou la couleur d'une pensée ? La pensée est une, simple, indivisible. Comment cela peut-il produire ceci ?

Avant d'affirmer l'identité de la matière et de nos sentiments ou de notre volonté, les matérialistes devraient bien nous expliquer par quelle série de transitions nous passons d'une sensation aux idées les plus abstraites ; quelles sont, par exemple, les réactions physiques qui nous ont donné les notions de l'absolu, de l'infini, de l'essence, de la substance et autres abstractions.

Je voudrais savoir aussi à quelles vibrations moléculaires nous devons les sentiments de justice, ou d'orgueil, ou d'amour. Je voudrais enfin que l'on m'expose par quel processus ce qui est étranger à la conscience devient conscience, c'est-à-dire à quel moment et en vertu de quelles lois la matière prend conscience d'elle-même.

Tant que je n'aurai point réponse à ces questions, je ne reconnaîtrai pas à la philosophie matérialiste le droit de s'imposer au nom de la science.

Comment se fait-il que le matérialisme trouve ses défenseurs les plus ardents et les plus convaincus parmi les savants adonnés aux sciences expérimentales ?

Cela tient à ce que les études spéciales sur la matière et l'observation constante, presque exclusive, des phénomènes amènent une certaine fascination de l'esprit, qui s'habitue à ne rien voir en dehors de ces phénomènes (E. Méric). L'homme des sciences expérimentales n'admet comme définitivement acquis que ce qui est constaté, contrôlé, vérifié ; et il a raison, car le progrès scientifique est à ce prix. Mais l'étude des phénomènes sensibles donne-t-elle le droit de conclure qu'il n'en existe pas d'autres ? L'observation du monde des corps permet-elle de conclure que le monde des esprits n'existe pas ? Il y a là, tout au moins, un manque de logique.

Le corps se pèse, il est vrai ; l'âme ne se pèse pas. La matière peut se traduire par des chiffres ; les faits intellectuels, les sentiments moraux ne s'expriment pas par des équations. Ce n'est pas une raison pour ne tenir compte que de ce qui se pèse ou se chiffre, et nier tout ce qui dépasse le cercle des expériences de laboratoire.

Où ai-je pris l'idée d'une âme, d'un principe immatériel, si cela ne correspond à rien, absolument à rien, et si, en dehors de la matière, il n'existe rien qui soit accessible à mon intelligence. Où ai-je pris l'idée de l'infini ?

Il est permis de croire qu'il est des vérités inaccessibles à ceux qui ne veulent voir, en toute chose, que la matière.

———————

L'appellation de Matérialiste a quelque chose de grossier et de brutal qui répugne aux esprits délicats ; beaucoup préfèrent une qualification plus flatteuse : celle de Phénoméniste, ou Déterministe, ou Positiviste. Ces systèmes dérivent du même principe et s'appuient uniquement sur la Raison.

Les Rationalistes ont la prétention de ne rien admettre qui soit contraire à la raison, ce dont personne ne peut les blâmer ; il en est qui vont plus loin, car, d'après eux, c'est la Raison qui est le seul et souverain juge de ce que l'homme doit croire et faire ; il n'y a de vérités que celles qu'elle accepte, et d'obligations morales que celles qu'elle approuve. Elle a été trop longtemps sous la servitude des dogmes et de la superstition ; aujourd'hui elle est libérée par la Science, et c'est la Science qui lui sert de guide. Dans toutes les questions, la liberté de la raison humaine est complète et sans limites, le libre examen est un droit absolu et même un devoir, la raison de l'un n'obligeant pas la raison de l'autre.

Indépendance de la raison, autonomie individuelle, droit permanent à la critique : à ces traits, l'on reconnaît bien l'Esprit moderne avec son aboutissement fatal : l'Anarchie.

En premier lieu, je constate que la Raison n'est pas un guide suffisant, car voici trois mille ans qu'elle préside à l'éclosion des écoles philosophiques les plus diverses, sans nous avoir encore dit laquelle enseigne la Vérité. Les plus opposées se réclament également de la Raison ; c'est au nom de la Raison que Pythagore et Platon furent spiritualistes et religieux, et que Démocrite et Épicure furent matérialistes et athées; c'est au nom de la Raison que Bayle niait la certitude et que Descartes cherchait à l'établir, que Bossuet affirmait le droit divin des rois et que J.-J. Rousseau proclamait le droit divin des peuples ; c'est au nom de la Raison que Spinoza fut panthéiste, Kant idéaliste, V. Cousin éclectique, A. Comte positiviste, Stuart-Mill, fataliste, Karl Marx socialiste, et que Séb. Faure est anarchiste.

A ce spectacle l'on éprouve l'impression d'une sorte de faillite de la Raison, impuissante à nous donner par elle-même toute la Vérité.

Et de plus, que devient une Société dont chaque membre n'est lié que par les principes dont il a la démonstration personnelle ? Puis, ce criticisme continuel et permanent, qui est la base et la raison d'être du Rationalisme, ce n'est plus une application de la méthode scientifique, cela devient une habitude d'esprit, un tic. A force d'en appeler, sur toute question philosophique ou morale, à sa propre raison, l'on détruit en soi toute foi, toute force, toute énergie, l'on trouve des excuses pour ses instincts, et l'on tombe vite dans l'indifférentisme, dans le culte du moi. De là, par l'émiettement des individus, la destruction de tout lien social.

Si nous voulons apprécier ce système par ses résultats, nous n'avons qu'à jeter un coup d'œil sur la société actuelle.

Jamais on n'a tant reproché au catholicisme d'avoir abruti les peuples par ses dogmes absurdes et contraires à la raison ; jamais il n'a été plus de mode de bafouer le mysticisme au nom de la science et de proclamer l'émancipation de l'esprit humain et les bienfaits de la liberté ; que voyons-nous dans la réalité ? A aucune époque on n'a vu pareille ardeur pour restreindre les libertés et mettre les citoyens en tutelle à propos de tout. Nous ne sommes plus sous la servitude des dogmes et de la superstition, mais nous sommes sous la servitude de l'Etat. Voilà le grand progrès que nous devons au système rationaliste et à la science matérialiste. Il n'y a plus de Dieu, c'est l'Etat qui est Dieu et qui intervient partout de plus en plus.

Le Déterminisme est la conséquence naturelle et logique du matérialisme. Si la pensée est une sécrétion du cerveau, si nos vertus et nos vices sont le produit des opérations physiques et chimiques de notre organisme, nous ne sommes pas libres, comme nous nous imaginons l'être, et nos actions sont nécessitées. Cette illusion de liberté que nous chérissons provient de l'excessive complexité des phénomènes qui constituent notre vie et qui nous entraînent. Les mouvements des atomes étant la seule réalité de la nature, nos actions soi-disant libres sont commandées par le mécanisme de ces mouvements. Elles sont liées les unes aux autres et au monde extérieur par une série d'engrenages invisibles qui nous conduisent fatalement, sans que nous puissions modifier notre marche, comme une molécule d'eau est entraînée dans une machine à vapeur par la série des phénomènes qui s'y produisent et par la marche même de la machine.

Il n'y a pas d'action humaine à proprement parler, toute action étant non un acte volontaire et libre, mais un résultat. L'homme est une machine irresponsable.

Je pourrais répondre à cela en répétant que les mouvements des atomes, et les atomes eux-mêmes, sont fort hypothétiques, et aussi que représenter le sentiment que nous avons de notre liberté comme une illusion est passablement osé, car alors tout fait de conscience serait une illusion.

Mais l'argument déterministe me paraît pécher par un autre point, en ce qu'il ne fait point de différence entre la matière brute et la matière organisée, entre la matière inerte et la matière vivante. L'énergie humaine n'est pas assimilable de tous points à l'énergie chimique; nous sommes matière, oui, mais matière vivante, et vouloir ranger l'être vivant et son cadavre sous les mêmes lois mécaniques est faire trop bon marché de l'évidence et trop compter sur notre crédulité.

Voici ce que je lis dans *la Revue scientifique* du 29 décembre 1900, et sous la signature d'un écrivain qui se pose comme l'un des représentants de la science, M. Filippo Virgilii :

« Comment se fait-il que l'homme, même élevé avec des principes religieux, et croyant aux sanctions de la vie future, se laisse aller au vol? Ce n'est pas parce qu'il ignore le VIIme commandement, mais parce que sa constitution physique n'est pas suffisamment développée pour le retenir dans l'obéissance à ce commandement. L'homme, si déférent à l'égard des lois de son pays, tue son semblable, non pas parce que l'article du Code qui prévoit et punit ce crime lui est inconnu, mais parce qu'il ne peut se soustraire à la poussée criminelle.

« Ce n'est pas l'idée du mal et de ses conséquences qui manque à l'homme, c'est l'idée-force de réaction au mal qui lui fait défaut, et cette idée-force de réaction devrait se développer et s'accentuer de l'homme individuel à l'homme social, des groupes restreints aux collectivités plus vastes, des constitutions primitives aux organisations perfectionnées. »

La conclusion pratique, la voici : de quel droit un magistrat ose-t-il punir un voleur? un pauvre homme dont la constitution physique n'est pas suffisamment développée pour le retenir dans l'obéissance au VIIme commandement. Ce n'est pas en prison que le voleur doit être envoyé, mais dans une maison de santé, où sa constitution physique sera soignée et développée jusqu'à ce qu'il devienne un honnête homme.

Quel est le jury qui n'absoudrait un assassin qui n'a pu se soustraire à la poussée criminelle, l'idée-force de réaction lui manquant? L'assassin est à plaindre; il faut le remettre aux médecins et aux philosophes; ils lui inculqueront les idées-forces de réaction qui lui font défaut.

La sanction pénale, suivant la nouvelle école, je cite encore M. F. Virgilii, doit consister non pas à réprimer, mais à prévenir par un traitement variable suivant le genre de criminels.

Les Anglais, gens pratiques et peu sensibles, ont trouvé un moyen simple de prévenir certains crimes : c'est l'application du chat à neuf queues. Les bandits qui en ont goûté une fois sont, dit-on, très rarement récidivistes.

En somme, le déterminisme qui nie la conscience et enlève aux hommes le sentiment de leur responsabilité, n'a aucune valeur scientifique. Il repose sur des affirmations très osées, et est incapable de donner une démonstration qui satisfasse l'esprit.

De toutes les formes du matérialisme, la philosophie positiviste est certainement la moins inacceptable, non pas parce qu'elle nous donne une réponse au problème de notre origine et de notre destinée, mais parce qu'elle a la franchise de déclarer que toute science est impuissante à donner cette réponse.

La recherche des causes premières et des causes finales, l'origine du monde et son but, Auguste Comte l'avait demandée à la théologie et à la métaphysique, et il lui avait paru qu'elles procédaient par affirmations, sans donner la démonstration de leurs principes. Il en avait conclu que la philosophie doit renoncer à toute recherche de l'absolu, quelque forme qu'elle prenne, soit par rapport à l'origine des choses, soit par rapport à leur fin ou but.

Pour les positivistes le monde invisible est donc à exclure de la science; il faut bannir les idées nécessaires de l'ancienne métaphysique; tout émane de l'expérience et retourne à l'expérience.

Cette proscription de la théologie et de la métaphysique, ce parti-pris d'écarter de la science ce qui précisément intéresse le plus l'esprit humain, à savoir l'étude des causes, de la liberté et de la personnalité de l'âme, etc., cette prétention de distinguer les connaissances abstraites des connaissances concrètes pour ne s'occuper que de ces dernières, tout cela amène le positiviste à un vaste système de négations qui est loin de satisfaire la raison.

A. Comte, lui-même, trouvait sans doute ce régime intellectuel insuffisant, car, dans une de ses lettres, il nous révèle qu'il se fait une loi de lire chaque matin un chapitre de l'*Imitation*, et chaque soir un chapitre de *Dante*.

C'est à des mystiques chrétiens que le fondateur du Positivisme confie le soin d'inaugurer et de clore ses journées.

Étrange contradiction! Mais en voici bien une autre!

Cette philosophie qui s'interdisait la recherche de l'absolu, l'étude des causes premières et des causes finales, étude bonne tout au plus à occuper l'enfance de l'esprit humain, elle n'a eu rien de plus pressé que de fonder une religion et un sacerdoce. Le prétexte était tout naturel : il s'agissait de remplacer la foi par la science.

Le philosophe positiviste ne pèche pas par excès de modestie ; il a la prétention de connaître de toutes les sciences les méthodes et les résultats ; c'est pourquoi il en a établi une classification définitive, cadre étroit duquel l'esprit humain n'a pas le droit de sortir. L'esprit scientifique consisterait donc dans le respect de cette classification, dans le soin mis à ramener à la biologie, à la physiologie, et finalement au mécanisme, tout ce qui avait paru jusqu'alors relever du domaine spirituel, dans le souci de limiter la liberté, la responsabilité, la personnalité humaine en affirmant sous toutes ses formes la théorie déterministe, et, enfin, dans cette dernière invention qui est d'inaugurer le culte de l'Humanité, de substituer au culte de Dieu le culte de l'homme.

Certes, il ne viendra à l'esprit de personne de nier les bienfaits de la science. Elle nous apprend quels sont les rapports qui unissent les êtres et les faits ; elle forme et exerce le jugement, elle affranchit l'esprit des croyances erronées et habitue l'homme à ne donner son acquiescement qu'aux idées conformes à sa raison.

Les découvertes merveilleuses auxquelles nous assistons depuis un demi-siècle sont bien faites pour donner à l'homme une légitime fierté et une grande confiance en lui-même. La Science relève ainsi la valeur de l'homme et le charme de la vie ; elle est une poésie par les aperçus magnifiques qu'elle dévoile, dans l'étude de l'infiniment grand et de l'infiniment petit, et par l'espoir qu'elle donne de toujours reculer les limites de l'inconnu.

Mais, en quoi voit-on là que la Science puisse remplacer la Religion ? De quel secours une théorie scientifique quelconque peut-elle être pour la conduite morale des individus ou des sociétés ?

Chaque nature individuelle a besoin d'être enseignée et dirigée ; l'ensemble des individualités constitue la société qui a besoin, elle aussi, d'être dirigée et réglée. Jusqu'à présent l'idée religieuse était le principe d'unité morale donnant à chaque individu l'idée directrice de sa vie et harmonisant le bien particulier avec le bien de l'ensemble, le bien social.

De par l'esprit scientifique à la mode, voici Dieu supprimé. L'enfant ne voit même plus son nom dans les livres de classe ; la forme la plus élevée de la pensée humaine disparaît de ses yeux, de son esprit, de son cœur ; et on l'invite à aimer, aux lieu et place de Dieu, cet ensemble d'individus, assez peu intéressant pour lui, qu'est l'humanité. S'imagine-t-on que l'enfant gardera cette notion confuse et qu'il rendra jamais un culte à l'humanité ? Devenu homme, il se réfugiera dans le culte du moi.

Puis, en même temps qu'elle a une valeur éducatrice irremplaçable, l'idée religieuse est de toutes la plus démocratique, car elle s'adresse indistinctement à tous ; pauvres et riches, ignorants et savants, simples d'esprit et génies, y trouvent la satisfaction de leurs aspirations intimes ; à tous elle offre le même horizon infini ; à tous elle offre un idéal tel qu'aucun autre idéal ne peut être plus élevé, ni plus universel.

« La religion ne fait pas acception d'intelligence et dit
aux pauvres d'esprit son secret qui les éclaire du seul rayon
qui brille jamais pour eux. L'idée de l'humanité ne saurait
être ce rayon. Et puisque Comte a insisté tout le premier
sur la nécessité d'une idée qui joue dans l'âme le rôle d'une
lumière et d'un pouvoir central, n'aurait-il pas compromis
la santé et l'équilibre de cette âme, si, ne réussissant pas à
remplacer en elle l'idée de Dieu, il eût réussi à l'en bannir ? » (Thamin).

Dieu est banni, en effet ; son culte n'est pas encore remplacé par le culte de l'humanité, mais il l'est par le culte de
l'Etat. L'homme suit de moins en moins la loi divine, mais
il se soumet de plus en plus à la raison d'Etat, c'est-à-dire
à la tyrannie matérielle et au droit du plus fort.

La négation de l'idée religieuse est antiscientifique ; les
négations ne sont pas des solutions, et, sous ce rapport,
M. Brunetière avait bien raison de parler de la banqueroute
de la science ; mais il parlait là de la science positiviste, et
ce n'est pas toute la science, il s'en faut de beaucoup.

Toutes les angoisses de la terre viennent de la réponse à
cette question :

Dieu existe-t-il ou n'existe-t-il pas ?

S'il existe, quel est-il ; et, s'il n'existe pas, que sommes-
nous ?

Pourquoi la vie, pourquoi la souffrance, pourquoi la
mort ?

D'où venons-nous, et où allons-nous ?

Nous ne pouvons que balbutier. La cause première de la
création nous échappe, de même que nous échappe la con-

naissance du Créateur. Êtres relatifs et éphémères, nous ne pouvons concevoir ce qui est absolu, incorporel, éternel. L'étude de l'univers nous fait bien entrevoir l'existence d'un plan et la direction d'un mouvement qui n'ont point l'habitant de notre planète pour objet spécial ; mais là s'arrête notre esprit, il ne va pas au-delà des causes secondaires.

Dieu est trop au-dessus de notre pensée.

Il est la Force.

Les soleils, masses immenses, avec leurs satellites, se balancent dans l'éther, emportés vers un point inconnu avec des vitesses vertigineuses, et nous croyons être immobiles ; nous n'entendons point la musique céleste de ces mondes en mouvement. Quel est le centre, le point d'équilibre de toutes ces forces ? Quelle est la puissance qui a tracé les lois de ces mouvements et qui, en même temps, donne au plus chétif des microbes, à la plus humble des plantes, les forces nécessaires à son évolution ?

Il est la Lumière.

Non pas seulement cette lumière matérielle qui dévoile à nos yeux les splendeurs de la nature, mais il est la lumière qui nous donne la claire vue des choses de l'esprit, la lumière qui éclaire tout homme venant en ce monde, lumière de l'intelligence et lumière de la conscience.

Il est l'Amour.

Pas plus que la Force et la Lumière, l'Amour ne se raisonne, et, cependant, il pénètre tout. D'où nous vient l'amour, et surtout l'amour des choses non vues, mais seulement entrevues, non connues, mais soupçonnées, et qui constituent le royaume de l'Idéal. « Idéal de beauté, s'écriait Pasteur, idéal de l'art, idéal de la science, idéal de la Patrie, idéal des vertus de l'Évangile. Ce sont là les sources vives des grandes pensées et des grandes actions. Toutes s'éclairent des reflets de l'Infini. »

Il est le Bonheur.

Comment la Puissance infinie, jointe à la Lumière parfaite et au parfait Amour, ne serait-elle pas heureuse ? Tout ce qui vient de Lui et retourne à Lui est également heureux. Ceux-là le savent qui vivent en lui. Quand les pensées mauvaises nous troublent, quand la passion, quelle qu'elle soit, nous agite, les plus beaux raisonnements du monde sont impuissants à nous rendre la paix. Il y a, à ces moments-là, une véritable faillite de la raison humaine ; et, alors, rien n'est calmant et reposant que la pensée de Dieu.

Par le recours à Dieu, l'âme se dégage instantanément des vapeurs matérielles qui l'obscurcissent, elle remonte dans les sphères plus élevées, lieu de son origine, et y retrouve aussitôt la paix. « *Venez à moi, vous tous qui travaillez et qui fléchissez sous le fardeau, et je vous referai* » ; ce n'est pas une promesse en l'air, une simple parole d'encouragement, c'est l'affirmation d'une loi de l'ordre spirituel. L'âme qui a recours à Dieu se remet dans les conditions de sa vie normale, elle se revivifie.

Il ne saurait être question de disserter sur la nature de Dieu ou sur l'action de Dieu. Laissons les métaphysiciens planer sur ces hauteurs peu sûres, et bornons-nous à constater que, sans l'existence de Dieu la moralité disparait, notre vie perdant son but, sa fin, et par conséquent toute signification.

Huxley, dans sa célèbre conférence sur l'Evolution et la Morale, a développé des arguments qui s'imposent à l'attention et qui peuvent se résumer ainsi :

Les matérialistes considèrent le monde comme un système de forces redistribuant sans fin la matière et le mouvement en cycles prodigieux d'évolutions, de dissolutions et de reconstitutions ; mais, considéré ainsi, le monde ne nous fournit pas la justification de son existence ; il pourrait tout aussi bien n'avoir jamais existé. S'il était possible de concevoir l'univers à part des activités intelligentes et des émotions des êtres doués de raison, ces myriades de mondes, roulant éternellement de la création à la décadence, ne vaudraient pas un zéro.

Le monde n'a d'unité qu'en présence et sous le rayonnement d'un être qui se réalise et se perçoit en lui, d'un Être dont l'existence se justifie par elle-même ; c'est l'Être en soi de Kant.

En lui seul l'homme trouve la conscience de son existence et les notions du Vrai, du Beau et du Bien ; en lui nous sentons ce quelque chose étranger au Temps, dit Carlyle, ce qui est et qui sera quand le Temps ne sera plus. En lui, enfin, nous trouvons que la loi morale donne la clef de la signification du monde, que la perfection morale est le but réel de toute existence individuelle.

Puisque la nature envisagée ainsi que le veulent les matérialistes, comme un système de forces fatales, ne peut expliquer l'antagonisme qui existe en elle entre le bien et le mal, puisqu'elle ne peut justifier la notion du devoir et de la vertu réagissant contre les impulsions de la vie animale et s'inspirant d'un autre idéal que celui des forces matérielles, c'est qu'au-dessus de ces forces, au-dessus de ces impulsions, au-dessus de ces lois du monde physique, règne un ordre de choses en harmonie avec le sens moral de l'homme. C'est pour notre esprit une nécessité aussi rationnelle que celle qui nous pousse à chercher une cause dans tout effet.

L'Être en soi, l'Être dont l'existence se justifie par elle-

44

même et dans lequel s'harmonisent et les lois du monde
physique et les lois de la perfection morale, c'est le Dieu
que nous adorons.

Et, en effet, si Dieu n'existe pas, s'il n'y a pas un monde
des Esprits supérieur aux contingences et aux relativités
matérielles, quel est donc l'Être qui résume en lui-même
toutes les perfections morales ? C'est l'homme et je n'en vois
pas d'autre.

Cette idée que l'homme puisse être considéré comme le
type de la perfection, en quoi que ce soit, fait sourire. Mais
si nous ne trouvons pas ce type de perfection dans l'homme,
le trouverons-nous dans l'ensemble des Êtres, dans l'Univers, dans les lois de la Nature ? Non, car les lois naturelles
nous apparaissent comme amorales, c'est-à-dire sans moralité propre, indifférentes le plus souvent au bien et au mal,
sans rapport avec les données de la conscience et le développement de notre vie intérieure.

Notre idéal de Perfection se réalise cependant quelque
part, puisque nous le concevons comme possible et dési-
rable ; s'il n'est ni dans l'homme, ni dans la nature, il est
donc extérieur à l'homme et à la nature, il est en Dieu.

Par là l'idée de Dieu, en tant qu'elle nous représente le
Parfait, l'Infini, l'Absolu, rentre dans l'ordre de ces idées
innées, principes premiers, dont la certitude s'impose à nous
et qu'il est cependant impossible de prouver : tel est le
principe de causalité, telle encore la nécessité du droit, etc.
D'où nous viennent ces idées, d'où nous vient la certitude
qu'elles nous inspirent de leur vérité, puisqu'elles sont indé-
montrables ?

Le matérialiste répond qu'il n'y a pas d'idées innées, que tout vient de l'expérience. Ce que nous appelons des principes premiers sont des idées acquises comme les autres, et, en partie, dues à l'atavisme. C'est par l'hérédité que nous sont transmises les dispositions cérébrales, et, par suite, les formes intellectuelles, c'est-à-dire les formes sous lesquelles la connaissance s'acquiert. (Littré.) A ce titre seulement elles sont innées en nous; mais, de même qu'elles sont dues à l'hérédité, elles sont modifiables par l'hérédité. En tous cas, l'esprit humain ne les possède pas d'origine, elles proviennent primitivement de l'expérience.

Voilà qui suffit aux savants obsédés par l'observation des phénomènes physiques, pour lesquels toute science consiste dans l'analyse et qui rejettent le monde spirituel parce qu'il ne se prête pas à leurs méthodes d'investigation. Ils professent que toute notion positive vient de l'expérience. Elle ne vient cependant pas de l'expérience, et elle n'en est pas moins positive, cette notion de l'infini, dont Pasteur disait : « Celui qui proclame l'existence de l'infini, et personne ne peut y échapper, accumule dans cette affirmation plus de surnaturel qu'il n'y en a dans les miracles de toutes les religions; car la notion de l'infini a ce double caractère de s'imposer et d'être incompréhensible. Quand cette notion s'empare de l'entendement, il n'y a qu'à se prosterner. »

Il reste à expliquer comment notre intelligence bornée, faillible, contingente, affirme le nécessaire et l'absolu des choses? Trouve-t-elle en elle-même ces notions, ou bien les puise-t-elle ailleurs?

En elle-même. La lumière intellectuelle qui est en nous n'est pas autre chose qu'une certaine participation, par voie de similitude, de la Lumière incréée, dans laquelle sont contenues les vérités éternelles. Aussi le Psalmiste, après avoir dit : *Multi dicunt : Quis ostendit nobis bona?* Beaucoup disent : qui nous a montré ce qui est bon et bien ? répond à cette question : *Signatum est super nos lumen vultus tui, Domine;* comme s'il disait : C'est par l'impression même de la lumière divine que toutes choses nous sont démontrées.

Notre intelligence juge donc de toutes choses non pas suivant une vérité, une marque, un étalon quelconque, mais suivant la vérité première qui se réfléchit en elle comme dans un miroir. (P. de Régnon.)

En quoi consiste le spiritualisme ?

Tout simplement en ceci qu'il enseigne l'existence d'un monde des esprits, supérieur au monde de la matière et le dirigeant. De ce monde des esprits est tiré le souffle, *spiritus,* l'esprit qui anime l'homme, qui lui donne la conscience de son être, de sa vie, de son activité.

Quelle est la nature de notre esprit ? Nous ne le savons pas. Celui-là seul connaît sa propre nature qui est l'être absolu, infini, parfait, l'esprit pur duquel procèdent tous les autres et toutes choses.

De même ne sera jamais faite la démonstration scientifique de la survivance de l'âme et de son immortalité ; celui qui les nie a tort, puisqu'il ne peut apporter aucune preuve à l'appui de ses négations.

Celui qui les affirme ne peut prouver davantage, car ce ne sont pas des preuves, au sens scientifique du mot, que ces aspirations universelles, ce *consensus* de tous les peuples, de tous les temps, dans une croyance à une autre vie. Que l'homme de foi s'appuie sur la Révélation, c'est affaire à lui et à sa conscience ; mais ce ne sont pas là, il faut le reconnaître, des preuves scientifiques, et toujours il faudra que la science s'arrête devant les questions, insolubles pour elle, de l'autre vie.

Devant ce défaut d'une démonstration rigoureusement scientifique, les matérialistes ont beau jeu, et on les voit d'ici parlant de la dignité de l'homme méconnue par l'asservissement à un esprit hypothétique, Dieu indémontrable, marionnette au service des prêtres et de tous les exploiteurs de la crédulité humaine. Il ne sert à rien de se forger des Divinités, nous dit-on, c'est la nature tout entière qui est Dieu.

Ainsi tous les attributs que nous reconnaissons à un Dieu personnel et créateur, les matérialistes les appliquent à la Matière, à l'Univers, au grand Tout.

Dieu est éternel. La Matière est éternelle. Dieu est infini. L'Univers est infini.

Dieu est à lui-même sa raison d'être. La matière est à elle-même sa raison d'être. Comme Dieu, elle existe parce qu'elle existe.

Dieu est à lui-même son but et sa fin. L'Univers est à lui-même son but et sa fin.

Je demanderai alors si l'Univers a conscience de son but et de sa fin.

S'il n'en a pas conscience, l'on ne s'explique pas les lois de sa constitution et de son évolution. Tout évolue dans le monde, des soleils du firmament à la plus humble plante, au plus obscur minéral; cette évolution se ferait donc au hasard, au petit bonheur, sans cause et sans but; je veux dire sans cause consciente, sans un but dont qui que ce soit ait conscience. Ce n'est pas là une réponse conforme à la raison.

Et si l'Univers a conscience de son évolution et de sa

fin, où résidc cette conscience, et comment se manifeste-t-elle ?

Qui dit conscience dit personnalité intelligente, active et libre, le premier acte de l'intelligence étant de prendre conscience de soi-même.

Peut-on attribuer à la collectivité des forces physiques, au grand Tout, ce caractère d'Intelligence consciente ? Je ne le crois pas, et c'est pour cette raison que je crois à un Dieu personnel.

L'idée d'un Être, unique en son essence et en sa nature, ayant tous les caractères de la personnalité la plus intense, dont la Puissance et la Sagesse, infinies dans leurs manifestations, ont pour but final l'évolution de tous les êtres créés vers le Créateur, dans un amour éternel ; cette idée, dis-je, peut être considérée comme hypothétique, mais non pas comme contraire à la raison.

Je considère comme plus incertaine, et ne satisfaisant en aucune façon la raison, l'idée d'un Être collectif, qu'on appelle tantôt l'Univers, tantôt la Nature, composé de milliards de personnes et d'objets d'une variété et d'une complexité infinies, constitués sans cause appréciable, évoluant suivant des lois établies, on ne sait par quelle puissance, vers un but inconnu, ou même vers aucun but.

Sans doute la doctrine spiritualiste, dans la forme dans laquelle elle est le plus souvent présentée, répugne à des esprits précis et méthodiques. Il y a quelque chose qui les choque et les heurte, c'est l'affirmation de deux substances, l'une matérielle, passive, inerte, l'autre spirituelle, active et spontanée ; cette dernière agissant sur la première et la dirigeant, alors qu'il y a une telle contradiction entre les deux, une telle opposition, qu'on ne peut s'imaginer quelle est l'action de l'une sur l'autre.

C'est pourquoi certains savants font les plus grands efforts pour arriver à établir la continuité entre la matière brute et la matière vivante, pour en déduire d'abord la connexion, puis l'identité entre les données physiologiques et le problème psychique.

D'après eux la matière est autre chose qu'un aggrégat de cellules. C'est aussi un assemblage de forces, tantôt latentes et tantôt en action. La matière n'est pas séparable de son dynamisme, et les spiritualistes ne triomphent si facilement du matérialisme que parce qu'ils ne considèrent dans la matière qu'un facteur, l'étendue, négligeant systématiquement l'autre facteur, l'activité.

Or, c'est précisément de cette activité immanente dans la matière, consubstantielle à la matière, que découlent les propriétés physiques, les phénomènes vitaux, les faits psychiques.

« L'activité matérielle, dit M. Dastre, est un minimum d'âme ou de pensée qui, par une gradation continue et une complexité progressive, sans solution de continuité, sans saut brusque de l'homogène à l'hétérogène, s'élève à travers la série des êtres vivants jusqu'à la dignité de l'âme humaine. L'observation des transitions, décalque imparfait de la méthode géométrique des limites, permet ainsi de passer de l'activité matérielle à l'activité vitale, et de là à l'activité psychique. »

Dans ce système, l'énergie matérielle, la vie, l'âme, ne seraient que les combinaisons de plus en plus complexes de l'activité consubstantiellement inhérente aux atomes matériels.

Et nous, nous affirmons au contraire que, entre la matière brute et la matière vivante il y a une différence telle que les propriétés de la matière ne permettent pas d'expliquer la vie et que les phénomènes psychiques sont exclusifs de toute matérialité.

Qu'est-ce donc que l'homme pour que nous ayons tant de peine à le définir ? pour que les uns ne voient en lui que la matière, et que d'autres, dédaigneux de l'élément matériel, affirment surtout la spiritualité ?

Les premiers n'expliquent pas les faits de pensée et de conscience par les propriétés des corps, comme ils le prétendent ; ils ne démontrent point où, quand et comment la matière commence à devenir vivante. Les seconds n'expliquent pas comment l'âme informe le corps, comment l'esprit opère sur la matière ; et nous restons ainsi sans comprendre la compénétration de deux éléments si nettement incompatibles. « L'analyse, dit Taine, au lieu de combler l'intervalle qui les sépare, semble l'élargir à l'infini. »

C'est que, là même, en effet, gît le mystère de la vie.

Mais il est un point acquis, parce qu'il est un fait de conscience et un produit du raisonnement tout à la fois. C'est l'unité de l'être humain. L'homme n'est pas un composé de deux substances distinctes, hétérogènes, il est une seule substance composée de matière et de forme. La forme, c'est l'âme ; la matière, c'est le corps ; matière déterminée par l'âme qui lui donne d'être, et d'être corps, et d'être ce corps, avec cette composition chimique, ces tissus, ces organes qui le composent, et tout ce qui le distingue d'un corps différent.

Le corps sans l'âme, non seulement ne serait pas vivant, mais ne serait pas spécifiquement ce qu'il est. Le cadavre n'est plus un être humain parce qu'il n'a plus l'âme ; il est devenu de la matière brute.

Et l'âme ne réside point en une place quelconque, mais

en tout le corps et en chacune de ses molécules, elle est *tota in corpore toto* partie intégrante du corps qu'elle informe, mais dont, à son tour, elle dépend, puisque, dans ses actes les plus proprement intellectuels, le corps coopère avec elle et qu'il n'est pas en l'homme de si pure spiritualité qui, selon une expression énergique, ne porte « une signature d'animalité. »

L'âme est ainsi le centre d'unité, le lieu géométrique où tout aboutit et d'où partent toutes les manifestations de la vie. Elle est invisible et nous constatons cependant son existence par la conscience que nous avons de ce fait, que toutes les impressions que nous recevons du dehors aboutissent en nous à un centre unique de sensations, que toutes les pensées que nous avons, si disparates dans leur variété et leur infinie complexité, aboutissent également en nous à un centre unique de la pensée, et enfin que, de ce même centre partent toutes les motions, tantôt volontaires et tantôt inconscientes, qui vont au dehors traduire notre pensée par la parole et par l'action.

Si ce centre intime de l'unité de l'homme est matériel, qu'on nous montre l'organe par lequel il fonctionne, et, s'il ne se manifeste pas en un organe matériel, reconnaissons qu'il est d'une autre nature, et qu'avec le corps et dans le corps il existe une substance immatérielle, une âme spirituelle, sans laquelle l'être humain n'existe plus.

Tout animal qui vit ne vit que par le principe spirituel qui le constitue et duquel il tire sa personnalité. Seule une substance spirituelle est personnelle, a la conscience de son être, et le sentiment que cet être est distinct des autres êtres.

La matière brute n'a pas de personnalité. L'on ne voit pas quel sens auraient ces mots : la personnalité d'une brique, d'un bâton, d'une statue, d'une rivière, d'un territoire.

Il en est de même de l'identité, qui est aussi un attribut de la substance immatérielle et personnelle. Notre personnalité subsiste, en effet, toujours identique à elle-même, aucune confusion ne s'établit, dans la conscience, entre le *moi* d'autrefois et le *moi* d'aujourd'hui. Comment expliquer ce fait, en face du phénomène de la transformation continue des corps ?

D'après les physiologistes, le corps se renouvelle complètement en quelques mois. Par l'action combinée de la nutrition et de la respiration d'une part, et des désassimilations de toutes sortes d'autre part, il ne reste en nous aucune des molécules qui constituaient notre corps il y a peu d'années ; aucune partie de l'organisme n'échappe à cette rapide destruction ; les os eux-mêmes disparaissent ; il ne reste rien, absolument rien.

Or, si le corps que nous avions à dix ans, à quinze ans, à vingt ans, n'existe plus et a été même plusieurs fois renouvelé, les sentiments que nous avions alors ont-ils également disparu ? Non, ils existent encore. Nous avons la mémoire, aussi vive qu'au premier jour, de telle sensation, de telle pensée ; nous jouissons encore de tel plaisir perçu autrefois, ou bien nous avons le remords de telles fautes auxquelles notre corps actuel n'a participé en rien. Quelle est donc la substance qui a reçu et qui renouvelle ces faits d'ordre purement moral, si ce n'est celle qui est le sujet permanent de nos émotions et de nos sentiments ; substance qui n'évolue point et ne se transforme point avec les molécules constitutives du corps, mais qui reste permanente, identique à elle-même, et, par conséquent, immatérielle, spirituelle.

En aucune façon, nous diront les matérialistes ; l'identité du *moi* n'est pas fondée sur une substance différente de celle que nous connaissons, mais les cellules, les molécules, qui remplacent, dans notre corps, les cellules et les molécules disparues, les remplacent selon les formes que dessinaient les molécules éliminées : elles héritent de leur nature et de leur énergie vibratoir..

Cette explication n'est qu'une hypothèse et n'explique rien. Les formes des molécules n'ont aucune valeur propre par elles-mêmes, elles se ressemblent dans tous les corps vivants et ne peuvent les différencier. Quant à l'énergie vibratoire, c'est un état des molécules, une modalité et rien de plus ; en admettant que la molécule qu' lisparait transmette à celle qui la remplace son rythme et sa valeur, cela veut dire que la seconde molécule prend une modalité semblable à celle de la première, mais non pas identique. Il y a loin de là à l'identité morale, à ce sentiment intime qui nous fait affirmer la permanence de notre personnalité et son identité à travers les évolutions successives et les transformations du corps.

Les matérialistes concèderaient assez volontiers ce que nous venons de dire sur la spiritualité de l'âme, à laquelle ils n'attachent pas autrement d'importance, si nous ne tirions pas du principe de la spiritualité la conséquence de l'immortalité, laquelle a beaucoup d'importance, car l'affirmation ou la négation d'une vie future détermine la direction de la vie présente. C'est dans les auteurs philosophiques qu'il convient d'étudier les arguments métaphysiques et psychologiques en faveur de la survivance de l'âme : contentons-nous d'une considération morale.

Deux sentiments plongent leurs racines plus avant que tous les autres dans les profondeurs de notre nature, écrit Mgr d'Hulst : le désir du bonheur et le besoin de justice. Nous voulons être heureux et nous nous sentons obligés au bien, non seulement pour être heureux, mais parce que c'est le devoir, parce que c'est l'ordre. Or, tantôt pour obtenir ce qui nous semble être le bonheur, il nous faut manquer au devoir, tantôt si nous embrassons le devoir tout entier nous sacrifions notre tranquillité, nos goûts, notre intérêt, quelque chose du bonheur. Il y a donc un désaccord entre le devoir et le bonheur.

Oui, mais le désaccord n'est qu'apparent ; il est une épreuve, un état passager ; précisément parce que l'âme étant spirituelle, son domaine n'est pas celui de la vie matérielle, et, qu'étant immortelle, elle doit retourner vers ce monde des esprits d'où elle est issue, monde de la perfection morale, dans lequel se fait l'accord permanent de la vertu et du bonheur.

Il serait absurde qu'il en fût autrement, et que pour nous, qui concevons un bonheur complet dans le bien absolu et la justice parfaite, la réalisation de cet idéal fût impossible et se bornât aux petitesses, aux misères et aux iniquités de la vie actuelle.

———

La croyance à l'immortalité de l'âme est donc fondée sur l'idée de Justice.

Toute privation, tout acte de vertu, coûte et appelle une compensation. Je ne rends pas un service pour en être payé ; encore est-il que ce service doit être payé, ne serait-ce que par un simple merci, et l'obligé qui refuse de reconnaître le service reçu par lui commet une injustice. Toute mauvaise action est aussi une injustice qui appelle également une compensation. Je tue et je vole sans être ni pris, ni puni : est-il bon qu'à tout jamais je profite tranquillement du vol et du meurtre ? Autour de moi, d'autres sont pris et punis. Pourquoi ceux-là expient-ils et non pas moi ?

Mais où se trouvent les compensations ? Ici-bas, nous voyons souvent l'honnêteté bafouée et ruinée, la bonté et le dévouement exploités, la vertu pourchassée ; nous voyons l'insolence des fortunes mal acquises, le cynisme des arrivistes, les violences des voleurs et des assassins, les impudeurs du vice triomphant.

S'il n'est point d'autre vie, c'est que la vie n'a pas de valeur morale et que tout est indifférent ; le bien et le mal, la vertu et le vice sont une même chose ; la probité et la mauvaise foi, l'égoïsme et le dévouement sont équivalents ; équivalente est la vie d'une sœur de charité et celle d'une fille de joie. Mais, si tous ces contraires ne sont point équivalents, il faut, de toute nécessité, que des compensations s'établissent dans une autre vie. Encore une fois, où se trouvent ces compensations ?

Je sais qu'on nous vante comme une récompense très suffisante la satisfaction du devoir accompli, le sentiment que nos bonnes actions sont des facteurs du progrès de l'Humanité. Ces beaux sentiments sont réservés à une élite extrêmement rare, et je doute fort qu'ils lui suffisent. La masse où l'on rencontre tant de vertus obscures et tant de misères imméritées, la masse qui ignore les théories transcendantes sur la marche de l'Humanité n'a-t-elle point raison de compter davantage sur la Justice éternelle de Dieu ? C'est pour elle qu'ont été dites ces paroles : « *Bienheureux ceux qui pleurent, car ils seront consolés ; bienheureux ceux qui ont faim et soif de la Justice, car ils seront rassasiés.* »

Et ce ne sera que justice.

Sans l'immortalité de l'âme, la vie n'a donc pas de valeur morale, elle n'a aucun sens, elle ne s'explique pas. C'est la vie future qui lui donne un sens, une valeur

L'idée religieuse est ainsi l'idée capitale de la vie. Or, si on l'accepte, il faut en accepter les conséquences et vivre dans la logique de cette idée. Si on la nie, rien n'empêche de consacrer la vie à toutes les jouissances ; l'important est de ne point ruiner sa santé et de ne pas tomber sous le coup de la loi. La crainte de la maladie et la crainte du gendarme remplacent la crainte de Dieu.

La science, disent les athées, guidera l'homme plus sûrement que la religion. C'est une étrange illusion.

Je ne méconnais pas la grandeur de la science, mais je vois qu'à cette question précise du but de la vie, du sens de la vie, de l'origine et de la fin de toutes choses, la science bégaie aujourd'hui comme elle bégayait il y a deux et trois mille ans et comme elle bégaiera encore longtemps ; je ne puis attendre ses solutions, moi qui vis aujourd'hui et disparaîtrai demain. Je vois encore que la science ne peut ni apaiser les passions, ni relever les courages, ni consoler les pauvres cœurs brisés par les épreuves de la vie. La science ne donne pas la paix de l'âme, ni la clarté, ni la sécurité, ni la force, lesquelles ne dépendent pas du plus ou moins de savoir et de connaissances que chacun de nous peut posséder.

La pensée de l'au-delà nous met en face d'un mystère si troublant que je comprends, en un certain sens et tout en les plaignant, ceux qui rejettent de leurs préoccupations ce pays inconnu, pays de lumière pure ou de flammes vengeresses, que n'est revenu nous décrire aucun voyageur.

> The undiscovered country, from whose bourne
> No traveller returns.....

Au néant dans lequel ils se réfugient ne vaut-il pas mieux, même au point de vue strictement humain, en dehors de toute considération religieuse et en n'envisageant que le côté social, pratique et utilitaire de la question, préférer de beaucoup la perspective d'une seconde vie, complémentaire de la première et la rectifiant dans ce qu'elle a eu de défectueux? L'expérience nous montre, en effet, que quand on apprend aux masses à oublier et même à mépriser le nom de Dieu, et à ne faire cas que des jouissances présentes, l'on prépare la dégradation des mœurs privées et publiques et les déchéances nationales.

Je ne veux pas dire par là que, si la doctrine de la spiritualité et de l'immortalité de l'âme n'était pas vraie il faudrait néanmoins la soutenir dans l'intérêt social. Aucune considération au monde n'est suffisante pour justifier l'erreur; la Vérité domine tout; mais je prétends que l'on ne peut démontrer que le principe de l'immortalité soit erroné, il a même pour lui les arguments les plus sérieux, et j'ajoute que le fait d'être, non seulement conforme, mais nécessaire aux intérêts de la société humaine, constitue une nouvelle et forte présomption en sa faveur.

Et combien plus élevée cette doctrine, combien plus fière, plus digne de l'esprit humain! Quel contraste avec ceux qui, parlant sans cesse d'émanciper la raison, d'affranchir l'homme des croyances surannées, ne voient en lui qu'un animal supérieur privé de liberté morale et irresponsable, doué, on ne sait comment, d'une raison abstraite qui lui permet bien d'atteindre la vérité et la moralité, mais une vérité restreinte à l'expérience de la matière, une moralité sans but, sans obligation, sans sanction.

Pour le stoïcien, le travail et l'art de la vie consistera à

58

demeurer dans une impassibilité absolue et à écarter ce qui
troublerait son repos; pour l'épicurien, la vie n'a d'autre
but que la jouissance du plaisir, mais une jouissance pru-
dente qui, même en suivant les instincts de la nature, use
de tout sans excès, pour ne pas rompre l'équilibre des
facultés et troubler le calme de l'esprit.

De ces deux pôles du matérialisme, même conclusion :
tout sacrifier à son repos, tout rapporter à soi. A notre
époque, ces deux formes de la vie matérialiste se retrouvent
avec tous leurs degrés, mais toujours avec les caractéristiques suivantes : pour l'homme, la négation du libre arbitre
et la prédominance de l'instinct; pour les sociétés, la négation du droit et le règne de la force.

La morale spiritualiste enseigne une toute autre direction
de la vie.

Elle établit d'abord que chaque homme doit chercher à
pénétrer le sens de sa destinée, non par simple curiosité
spéculative, mais avec l'ardent désir de fonder son existence
morale sur autre chose que la coutume établie, l'opinion
régnante, les progrès de la science et les convenances sociales. Car, ainsi que l'a dit admirablement un des maîtres
les plus distingués de notre temps, M. Pécaut : « L'homme
n'est pas enfermé tout entier sous les lois et dans les conditions de l'histoire naturelle; sa destinée ne s'épuise ni
dans l'individu, ni dans la famille, ni dans la cité, ni dans
l'humanité, ni en rien de visible, d'éphémère et de borné;
il est, selon le mot du vieux poète et sage de la Grèce, adopté
par l'apôtre chrétien, de *race divine*. »

L'ETHIQUE

L'Ethique, ou pour l'appeler par un nom plus usité et mieux compris, la Morale, est l'aboutissement nécessaire d'une doctrine philosophique; car, nous n'avons pas seulement à penser et à croire, mais aussi à agir. Le bon sens indique que nous devons agir conformément à nos croyances.

Si nous sommes assurés que nous n'avons d'autre vie que cette vie matérielle, si nous pensons que l'âme, résultante éphémère et accidentelle, toujours variable, des forces du corps, meurt avec lui, la conclusion logique est que, notre vie n'ayant pas de but, n'a d'autre loi que celle de sa conservation physique. La morale n'existe pas; elle est remplacée par l'hygiène et la légalité.

C'est là toute l'éthique des athées, des socialistes et des anarchistes. Ils ne veulent ni religion, ni morale, parce qu'à leurs yeux la vie n'a d'autre but que celle des jouissances qu'elle peut procurer, et, pour acquérir toutes ces jouissances, tous les moyens sont légitimes. Leur système social se résume en la formule connue : « Ni Dieu, ni maître », c'est-à-dire, ni règle, ni loi, ni direction.

Ceux-là suivent, au contraire, la règle et la loi qui regardent la vie comme un passage et un acheminement vers un état supérieur. A une philosophie qui nous dit que nous sortons du néant, au hasard et sans cause, ils préfèrent la doctrine qui enseigne que nous sommes des unités conscientes de la création divine, destinés à une vie de plus en plus complète : *Ut vitam habeant et abundantius habeant* (Jean, X, 10).

C'est donc de l'idée du néant ou de l'immortalité que nous déduisons l'inutilité ou la nécessité de la morale.

Certaines écoles matérialistes ont leur éthique, et la forme la plus élevée que nous en connaissions est celle que j'ai exposée aux notes sur le Positivisme.

Soyons justes. Ce ne fut pas uniquement un orgueil stérile de savants qui anima les fondateurs de la religion positiviste. Ils étaient les successeurs, les continuateurs des Fourriéristes, des Saint-Simoniens qui, avant eux, avaient cherché à faire passer dans la vie sociale le précepte évangélique : Aimez-vous les uns les autres.

Ils avaient rêvé la fraternité universelle, la solidarité des peuples, la fin des guerres et une organisation nouvelle de l'humanité dans la paix et l'amour universels. Ce que le Christianisme n'a pas encore réalisé, ils espéraient l'accomplir méthodiquement, scientifiquement. Ces illusions étaient celles d'esprits élevés et généreux. Depuis, nous avons vu trop d'émeutes, trop de guerres sauvages, trop d'orgies de feu et de sang pour caresser les mêmes chimères.

D'autres essais ont été faits avec le même résultat négatif. Je ne parle que pour mémoire d'un livre de M. Guyau qui a fait quelque bruit : *Esquisse d'une morale sans obligation ni sanction*, rêve stérile d'un des plus brillants philosophes du xixe siècle. Après lui, M. Fouillée a préconisé l'enseignement d'une philosophie neutre et idéale pour remplacer le vide dû à l'absence de l'idée religieuse.

Moins que jamais la Philosophie est en état de remplir cette mission. Nos philosophes et nos moralistes distinguant de moins en moins les causes premières du monde et les fins dernières de l'homme conçoivent le développement de l'humanité comme une marche sans fin vers une vérité indéfinie, indéfinissable et à jamais inaccessible. Quel enseignement moral et pratique tirer d'une telle conception ?

« Jadis, c'étaient, dit Amiel, les idées sur la nature qui étaient un tissu d'erreurs et d'imaginations incohérentes; maintenant ce sont les idées philosophiques et morales. »

La cause en est dans l'orgueil rationaliste qui a faussé les principes du libre examen en limitant l'examen aux phénomènes et aux lois de l'ordre matériel et en éliminant de ses recherches les faits et les causes métaphysiques et morales. De là dans l'esprit de la plupart des savants et des lettrés il s'est fait une confusion regrettable. Là où il aurait fallu dire simplement : usage de la raison, l'on a dit : émancipation intellectuelle; là où il fallait dire : libre recherche, l'on a dit : libre-pensée, ou pensée libre (1). La raison a été proclamée, la source de la vérité et du droit. Les protestants, ou du moins la plupart d'entre eux, tout en

---

(1) Les deux expressions sont également impropres. La pensée n'est pas un fait libre, elle naît spontanément, sans aucune participation de la volonté. Et quand l'intelligence perçoit la vérité, elle n'est pas libre davantage parce que la vérité s'impose à elle. La vérité est l'objet de la pensée, mais elle est en dehors de l'intelligence et de la pensée, indépendante de leurs manifestations et de leur fonctionnement.

Qui dit : pensée libre ou libre pensée, dit simplement : rejet de la Révélation, rejet du surnaturel, rejet de Dieu. C'est la liberté de penser ce que l'on veut, d'admettre ce qui plaît et de rejeter ce qui gêne. Cette soi-disant liberté se concilie assez mal avec l'amour et la recherche de la vérité.

se réclamant du libre examen, gardaient le Christ ; les sophistes du XVIIIᵉ siècle et les matérialistes du XIXᵉ siècle ont rejeté toute idée du divin, toute autorité.

La seule philosophie pratique est celle qui, fondée sur la raison et usant de tous les procédés de la libre recherche étudie le monde physique et les lois physiologiques et sociales, sans se borner à cette étude et en reconnaissant que la vérité réside en nous-mêmes, dans les principes intellectuels et dans la vie spirituelle de l'âme. « *Le royaume de Dieu est en vous-mêmes* », nous apprend le Christ.

————————

Les bases de la morale sont : 1° la distinction du bien moral et du mal moral ; 2° la liberté de l'âme humaine et la responsabilité, conséquence de la liberté.

La liberté suppose donc deux éléments : l'intelligence qui connaît, la volonté qui choisit. Chacun de ces deux éléments est susceptible d'être vicié : le premier, par l'ignorance ; le second, par l'intérêt ou la passion. De là découle la nécessité de diriger la liberté dans la pratique et l'usage, sous peine de la diminuer dans son principe même ; c'est-à-dire que la liberté n'est complète que si elle dispose de l'intégrité de ses éléments au moment de la détermination.

Et c'est parce que nous ne disposons jamais de l'intégrité de notre intelligence et de notre volonté, c'est parce que nous ne jouissons ni de la claire notion de la justice, ni du parfait équilibre de notre volonté, que nous ne pouvons prétendre à la liberté absolue, mais seulement à une liberté dirigée et restreinte.

————————

Bon nombre d'hommes, désireux d'échapper à la responsabilité de leurs actes, s'empressent de nier la liberté. Ils sont, disent-ils, liés par les conditions de leur nature physique. Nous avons déjà vu ce genre d'argumentation, proclamant la servitude de l'âme dominée par l'instinct animal, et la servitude de l'intelligence bornée au monde physique.

Que le libre arbitre existe, c'est-à-dire que nous soyions libres d'agir ou de ne pas agir, d'agir dans un sens ou dans un autre, la chose n'est pas douteuse, étant affirmée par le sens intime. Nous sentons notre liberté, comme nous sentons notre volonté, notre mémoire, notre intelligence, comme nous sentons notre vie; si le sens de notre liberté est une illusion, c'est aussi une illusion de croire à tout le reste, rien n'existe. Il ne faudrait plus dire : je pense, donc je suis; l'on pourrait dire : je pense, donc je ne suis pas. Ces théories ne méritent pas la discussion.

Il y a des limites et des atténuations au libre arbitre et à la responsabilité. Nous sommes très effectivement déterminés dans une certaine mesure par des forces diverses : nature, santé, besoins, habitudes, éducation, milieu ambiant... Et ceux-là sont d'autant plus facilement déterminés, et par conséquent d'autant moins libres, qui appartiennent aux rangs inférieurs de l'humanité.

La loi de progression continue que l'on remarque dans l'échelle des êtres s'observe également dans le monde moral, et notamment dans la progression des actes nécessités, puis déterminés, et, enfin, réfléchis et voulus. Je m'explique.

Les êtres ont été classés en trois grandes branches : le

minéral, le végétal et l'animal ; les limites de ces trois règnes sont indécises et il y a des zones communes assez éten-dues.

Le minéral est inerte, il a l'être mais il n'a pas la vie, des transformations s'opèrent dans sa constitution intime, inconscientes et dues à un dynamisme dont nous ignorons les lois ; en tous cas, le minéral est purement passif.

Moins passive est la plante, car, en elle commence à se manifester l'activité par la nutrition et la croissance, et par les phénomènes, si intéressants dans leur variété, de la fécondation et de la reproduction.

L'animal est doué et d'activité et de sensibilité ; il agit, mais il est complètement déterminé ; les animaux supérieurs commencent à montrer des marques de volonté spontanée, ils manifestent des désirs, un choix, des habitudes presque réfléchies. Dans les rangs inférieurs de l'humanité, l'animalité tient encore trop de place pour que la raison y trouve la sienne, mais l'éducation est relativement facile, et, avec elle, le développement de la raison. Enfin, dans les natures supérieures, la raison domine et préside aux actes ; ils ne sont plus livrés uniquement au hasard et aux suggestions de l'instinct et des passions ; l'intelligence les accompagne, qu'ils soient bons ou mauvais, l'intelligence les conçoit comme bons ou mauvais et choisit.

L'enfant n'est pas complètement libre, il est souvent dé-terminé ; l'homme fait, s'il est cultivé, se détermine bien plus qu'il n'est déterminé. Il n'était pas libre, il l'est de-venu.

Et plus l'homme est supérieur, plus son intelligence et sa volonté interviennent dans la détermination de ses actes, plus il en est le maître, plus alors son libre arbitre s'affirme et sa responsabilité s'engage.

Le perfectionnement de la vie intérieure aboutit précisément à accroître toujours davantage notre personnalité, et par là notre responsabilité.

———

Le souci de dégager la morale laïque de toute allure mystique, de toute idée de Dieu, de loi éternelle, de vie future, a conduit à déclarer qu'un acte est moral quand il est dicté par la conscience de celui qui l'exécute, et qu'il n'a pas besoin d'autre récompense que la paix intérieure due à la satisfaction du devoir accompli, pas d'autre châtiment que le trouble et le remords qui suivent la faute.

Cette indépendance souveraine de la conscience individuelle est inadmissible, car, alors, il y a autant de morales que d'individus. Il y a la morale de l'homme éclairé et celle de l'inintelligent ; la morale de l'homme de bonne volonté et celle de l'homme de mauvaise foi ; la morale du plus fort, de celui qui n'a ni scrupules, ni délicatesse de conscience, qui n'éprouvera aucun remords de fautes, mêmes graves, et la morale de l'homme délicat que les indélicats sont tentés d'appeler à cause de cela un faible et un niais.

Nous réclamons une autre mesure des actes humains ; il nous faut une règle universelle et constante, qui s'applique à tous les hommes, en tous les temps, dans tous les lieux, qui soit demain ce qu'elle était hier, indépendante des conditions particulières, des opinions, des intérêts et des théories scientifiques.

Puis, quelle triste sanction nous propose la morale naturaliste. C'est plaisanter que parler du remords comme d'un châtiment suffisant. Plus l'homme devient criminel, moins il a de remords, et, par conséquent, moins il serait puni. Quel est le remords d'assassins comme Vacher, Ravachol, comme le misérable qui viole une petite fille et la coupe en morceaux ?

La théorie de la récompense par le témoignage de la conscience n'est pas plus satisfaisante. Que vaut-elle pour le soldat qui meurt sur le champ de bataille, pour tout homme qui sacrifie sa vie à la défense d'une grande idée, de son prochain, de la patrie ?

La conclusion que je tirerai de ces réflexions, je l'emprunte à M. de Molinari : « La morale laïque n'a rien ajouté à la morale religieuse, et elle en a retranché la base. Elle laisse le mauvais riche sans châtiment, l'infirme et le misérable sans consolations et sans espérances ; elle n'a aucune autorité pour assurer l'observation de ses préceptes. » Et j'ajouterais : elle n'a même le droit de formuler aucun précepte.

Lorsque je proteste contre les tendances d'une morale scientifique, cela ne veut pas dire que je conteste l'existence d'une science de la morale, et, par conséquent, d'une méthode scientifique appliquée à la morale ; je sais que tout homme a le droit de procéder à l'examen critique des lois morales ; mais je prétends que pour procéder à cette étude critique, il lui faut un criterium. Et où trouvera-t-il ce criterium ? Dans son intelligence ? Dans sa conscience ?

L'intelligence nous permet de reconnaître la vérité et l'erreur ; mais non pas de discerner ce qui est bon et bien de ce qui ne l'est pas. C'est là le rôle de la conscience. Et, cependant, il n'en résulte pas que c'est la conscience individuelle qui fait la loi, comme le voudraient les rationalistes; cela signifie seulement que la conscience reconnaît la loi ou la méconnaît.

Il faut, du reste, remarquer que si l'intelligence est absolument désintéressée à l'égard des vérités qu'elle a à constater, il n'en est pas de même de la conscience, essentiellement intéressée à l'endroit des lois morales qui sont presque toujours opposées aux intérêts passionnels.

L'intelligence et la conscience ne nous fournissant pas le criterium des lois morales, nous le trouvons dans leur concordance ou leur opposition à la loi divine. Elle seule a autorité pour imposer à l'homme le principe d'obligation. Car, dès que la conscience a reconnu la loi, l'homme qui était auparavant libre ne l'est plus; il est obligé par la loi et devient coupable, s'il la transgresse.

La morale dite scientifique ne relève pas de cette obligation; sans quoi elle cesserait d'exister en tant que morale. Ses partisans déclarent seulement qu'il n'est pas besoin d'une autorité extérieure, d'un législateur souverain, appelé Dieu, que la science suffit pour déterminer ce qui est bien ou mal, selon qu'une chose est utile ou nuisible.

Là est l'erreur capitale de l'éthique rationaliste. La science peut déterminer expérimentalement la valeur des lois morales naturelles, mais elle ne peut pas obliger, ni créer le mérite ou le démérite. Elle peut encore moins créer une morale nouvelle, différente et indépendante de l'autre, comme certains s'en flattent.

Ne soyons pas, du reste, si fiers de notre raison; ce n'est pas toujours elle qui nous mène, mais plus souvent notre cœur, bien ou mal inspiré. Ce n'est pas la Science qui dirige notre vie et inspire nos actes, c'est la passion, c'est la foi, ou l'absence de foi, en un idéal. L'homme agit par le cœur, et par le cœur il est fécond. Voilà pourquoi les vérités morales et religieuses l'emportent de beaucoup en importance sur les vérités d'ordre expérimental. La direction de notre vie dépend donc surtout de nos convictions religieuses ou antireligieuses.

J'en veux venir par là à dire que la moralité de notre vie dépend de notre plus ou moins grande religion. En d'autres termes, malgré les efforts des philosophes qui ont cherché une morale indépendante, une morale sans obligation ni sanction, il n'y a pas de morale s'il n'y a pas de Dieu.

Les obligations imposées par la loi humaine n'ont aucun caractère de moralité, puisqu'elles ne sont pas libres, ayant comme sanction la contrainte physique, la force. Pour qu'un acte ait un caractère de moralité, il faut qu'il soit libre, qu'il constitue l'adhésion volontaire, ou la désobéissance à la loi.

Je ne reconnais qu'à la loi divine ce double caractère de respecter la liberté en ne s'appuyant pas sur la force, et de s'imposer néanmoins, comme toujours conforme à la nature humaine et à ses besoins.

Tout acte moral est donc en même temps un acte religieux. Il n'est pas nécessaire pour cela que son auteur ait expressément voulu faire acte de religion; il a le bénéfice de son obéissance à la loi divine, sans l'avoir recherché.

L'histoire nous montre l'homme ayant, dès l'origine, le sentiment du bien et une tendance au mal; elle nous montre aussi l'indifférence de la nature au bien et au mal, l'injustice apparente des choses.

Il y a donc à distinguer dans l'histoire naturelle de l'homme les deux caractères suivants.

L'homme a des tendances bonnes et mauvaises, mais la qualité morale de ces tendances est indépendante des causes physiques qui leur ont donné naissance. L'histoire et la science sont incompétentes pour déterminer le plus ou moins de moralité de nos actes, et le naturalisme littéraire qui, confondant les deux sphères de l'activité humaine, n'analyse dans l'homme que la bête, se place aux antipodes de la réalité.

Toute notre vie intime, tout l'édifice familial et social repose sur les lois morales non seulement différentes des instincts naturels de l'homme, mais contraires à ces instincts.

Il peut plaire à un débauché, à un libertin, de se déclarer honnête homme parce qu'il agit, non pour faire mal, mais uniquement pour obéir à ses instincts personnels, il ne peut pas nous tromper, et chacun de nous sait qu'il ne nous offre pas le type de l'homme moral, mais un type d'homme inférieur.

Les lois morales, les préceptes moraux tendent précisément tous à combattre dans l'homme la libre allure des instincts physiques. Cette opposition entre les tendances naturelles de l'homme et la pratique des vertus morales n'est, du reste, pas absolue. L'indifférence de la nature pour le bien et le mal n'est pas complète, car, il est d'expérience, et, je l'ai déjà dit, que certaines vertus trouvent leur récompense non pas seulement dans l'autre monde, dont les conditions de vie nous sont inconnues, mais, ici-bas, sous forme d'avantages naturels appréciables. La tempérance, la chasteté, la loyauté, la générosité, assurent une supériorité d'existence incontestable ; la lubricité, l'ivrognerie, sont châtiées par une dégénérescence constatée chaque jour.

La nature est donc, sous ce rapport, une école de vertu; encore bien qu'il faille reconnaître qu'elle n'a pas de sanction pour les vertus d'ordre supérieur, telles que la justice, la bonté, le dévouement, le sacrifice.

Je viens de dire que toute notre vie intime repose sur les lois morales, et rien ne prouve mieux précisément la nécessité d'une loi morale que cette vie intérieure de notre intelligence et de notre volonté, dans laquelle nous pouvons commettre mille fautes qu'aucune répression venant de l'extérieur ne saurait atteindre.

Car nous n'avons pas que des devoirs extérieurs, nous en avons aussi d'intérieurs, qui s'accomplissent dans le for intime de la conscience, et qui ne relèvent d'aucun Code humain. Entre la pensée, la volonté et l'action, il y a une sorte de continuité : l'acte, bon ou mauvais, a été commencé dans l'âme avant de se terminer au dehors ; du désir à la réalisation de ce désir, il n'y a qu'une nuance, et c'est pourquoi la morale évangélique, coupant le mal dans sa racine, flétrit le désir coupable presque autant que l'acte lui-même. Dans le discours sur la montagne, le Christ dit : « *Il est écrit : Tu ne commettras point l'adultère, et moi je vous dis : Celui qui aura regardé une femme pour la désirer l'a déjà violée dans son cœur* ».

Mais la morale évangélique a ce droit, parce qu'elle s'occupe moins de la conduite extérieure de l'homme que de sa vie intime. La morale laïque n'a pas ce droit, puisqu'elle nie l'âme au sens où nous l'entendons ; ou bien elle se confond avec la légalité, ou bien elle reste impuissante à donner une direction quelconque à la conscience humaine.

L'on parle quelquefois de moralité supérieure et de moralité inférieure; ces termes servent à distinguer les devoirs qui sont *de précepte* de ceux qui ne sont que *de conseil*. C'est ainsi que beaucoup de gens, de la meilleure foi du monde, nous expliquent qu'ils sont en règle avec leur conscience, n'ayant jamais fait de tort à personne. Ils s'imaginent avoir ainsi rempli tous leurs devoirs, et, vraiment, ils ne s'en connaissent pas d'autres. « Je ne fais tort à personne, disent-ils ; je suis donc un honnête homme. Je fais quelques libéralités, je suis donc un homme de bien. »

Si le devoir se bornait à cela, la moralité de la vie s'obtiendrait à peu de frais, en accomplissant les devoirs de justice et un peu des devoirs de charité, ceux qui vont au-delà seraient les héros et les saints, parce qu'ils font plus que leur devoir.

Il y a là une erreur profonde. Le devoir n'est pas limité, ou plutôt il n'a de limites que celles du possible. Nous devons faire tout ce que nous pouvons faire ; si nous restons en deçà, notre moralité est inférieure.

Cette considération m'a toujours effrayé, à savoir : l'obligation stricte de faire, dans l'ordre du bien, tout ce que l'on peut faire, l'obligation stricte de donner le maximum d'effort, pour atteindre la perfection.

Il ne suffit donc pas de ne pas nuire et de pratiquer des largesses, il faut accomplir tout acte de justice et de charité qu'il est en notre pouvoir d'accomplir. Nul ne peut échapper à l'obligation de donner et de se donner soi-même, c ?

vivre non seulement pour soi, mais aussi pour les autres. La bienfaisance personnelle, l'assistance personnelle sont des devoirs au point de vue sociologique comme au point de vue évangélique.

Il ne faut pas confondre la valeur morale des personnes avec leur valeur sociale. Saint Paul a mis cette distinction en relief lorsqu'il a dit : « Alors même que je distribuerais tout mon bien et que je donnerais mon corps pour être brûlé, si je n'ai la charité, cela ne sert de rien. » Ce qui revient à dire : Alors même que j'accomplirais les actes de dévouement les plus rares et que je ferais héroïquement le sacrifice de ma vie, mon dévouement et mon sacrifice peuvent avoir une valeur sociale très grande et n'avoir aucune valeur morale, car je puis distribuer tout mon bien aux pauvres sans les aimer, je puis faire le sacrifice de ma vie sans aimer celui ou ceux pour lesquels je meurs, dans le but intéressé de gagner des mérites ou de la gloire ; c'est alors un calcul, un acte égoïste qui n'a rien de méritoire.

La valeur morale des personnes est donc différente de leur valeur sociale. Nous apprécions plus ou moins justement cette dernière, nous ne sommes juges de la valeur morale de personne, parce que nous ignorons l'effort qu'un acte a pu coûter et l'effort dont l'agent était capable.

Toutes les énergies ne sont pas égales. Notre puissance de vouloir est limitée ; de plus, nos actes résultent encore de conditions psychologiques et physiologiques dont nous ne disposons pas : instincts, habitudes, besoins, tendances, milieu ambiant... On peut être excusable tout en ayant mal fait, si on a lutté pour faire mieux ; on peut être blâmable sans avoir mal fait, si l'on pouvait faire mieux.

La valeur de la moralité des personnes nous échappe ; ce que le Christ nous a rappelé en disant : « *Ne jugez point pour n'être point jugés* ». Dieu seul est appréciateur de notre responsabilité, et quand la loi humaine punit, quand elle juge et impose le châtiment, elle agit au point de vue social seulement ; ce n'est pas pour imposer une expiation qu'elle n'a pas le droit de déterminer, mais pour éviter le retour d'actes qu'elle considère être antisociaux.

Comment ne reconnaîtrait-on pas l'importance capitale qu'ont les idées philosophiques sur la conscience, soit individuelle, soit collective ? La Morale domine toute la Vie.

Il n'est pas un livre de lecture mis dans la main des enfants qui ne pose dans leur esprit les questions sur lesquelles ils baseront leur vie. Ce n'est pas seulement par parti-pris et par haine, mais par des motifs réfléchis et logiques qu'un Conseil municipal de Paris a fait effacer de ses livres scolaires, et notamment des Fables de La Fontaine, le nom de Dieu. Lorsqu'on veut former des consciences athées, il faut bien prendre ces précautions. De même, l'histoire donne des enseignements tout différents, selon que le maître professe les doctrines matérialistes ou spiritualistes.

L'importance de l'enseignement philosophique et moral est encore plus grande dans un pays républicain que dans un pays monarchique. Là où l'électeur participe à tout moment à la direction des affaires publiques, là où, par son vote, il influe davantage sur les lois, sur les mœurs, sur l'âme nationale, il est indispensable qu'il connaisse mieux ses devoirs, que la formation de sa conscience soit plus développée, que sa moralité soit plus élevée.

Quelle différence entre l'homme qui a formé sa conscience et celui qui ne l'a point formée, c'est-à-dire entre l'homme qui, maîtrisant ses instincts, son tempérament, ses passions, cherche la vérité et veut y conformer sa vie, et l'homme qui ne dirigeant pas sa vie, la laisse aller suivant les lois de la nature, à la dérive des idées reçues, des usages et des préjugés du vulgaire !

Or, de même que chacun de nous est maître de former ou de déformer sa conscience, de même chaque société, chaque groupement, chaque peuple est maître de se former une conscience collective. C'est par elle que s'affirme la solidarité qui relie tous les membres du groupement, qui leur donne cette cohésion sans laquelle il formeraient un agrégat d'individus et non pas une société, un peuple, une unité morale, une force.

Dans les sociétés particulières, la portée de la conscience collective est assez étroite, elle se borne à quelques idées communes et au but poursuivi en commun. Elle suffit cependant pour créer un état d'esprit, une mentalité spéciale. Il y a tout un monde entre la mentalité d'un franc-maçon militant ou d'un anarchiste et celle d'un moine quelconque. Il y a même une différence entre la mentalité de ce moine et celle d'un prêtre séculier, bien que tous deux aient reçu la même culture intellectuelle et morale, aient les mêmes idées générales et que leur vie soit consacrée au même but, le service de Dieu et de l'Église ; tant est grande l'influence des habitudes d'esprit, des compagnies et des intérêts.

Il est une conscience collective plus générale dans laquelle devraient s'harmoniser toutes les mentalités particulières, c'est la Conscience nationale.

D'où provient-elle ? Des qualités caractéristiques de la race, de la mentalité que nous tenons de nos ancêtres, de l'héritage moral qu'ils nous ont transmis, héritage mêlé de gloires et d'infortunes, souvenirs des luttes passées pour la défense du droit ou la conquête des faibles. Elle provient encore de ces habitudes inconscientes que créent en nous l'éducation, la religion, la tradition, la langue, le climat, les intérêts solidaires, en un mot, le milieu social.

Quiconque détient une part d'autorité contribue à l'éducation de cette conscience. Elle se forme ou se déforme à la voix des gouvernants et à celle des politiciens, à la voix des journaux et des livres, des penseurs et des savants, des prêtres et de leurs ennemis, des sociétés, des groupes et des ligues, à la voix de ceux qui parlent et de ceux qui agissent.

Il n'est peut-être pas inutile de remarquer ici que les caractères généraux de ce que nous appelons la Conscience nationale, et aussi la Conscience contemporaine, ou encore l'Esprit moderne, sont inspirés par des principes que nous puisons dans l'Evangile, comme dans leur source la plus pure.

Sans doute, la Foi profonde qui animait nos ancêtres est inconnue des générations actuelles, et l'on voit même des gens proposant de déchristianiser la France, au nom des revendications sociales. Si mince que paraisse la couche de christianisme qui recouvre encore notre civilisation, elle a, pendant trop de siècles et trop profondément pénétré l'Europe, pour ne pas avoir formé sa mentalité pour une longue suite de générations.

Nous devons à l'Evangile l'idée de la Fraternité des hommes et de la Charité universelle. Nous avons changé ces noms en celui de Solidarité, mais l'idée est la même, qui s'est épanouie, de nos jours, en d'innombrables sociétés de bienfaisance, en une foule de mutualités, de coopératives et d'associations de toutes sortes. Sans aucun doute, la science économique en a favorisé le développement ; elle est ainsi venue en aide (sans toutefois le remplacer) au principe de la fraternité chrétienne. Nous sentons que l'homme ne peut vivre, prospérer, ni se perfectionner tout seul, que le sort de chacun, au moral comme au physique, est lié au sort de tous, que l'Humanité est toujours vivante et progresse en chacun de nous et que nous nous devons à cette grande famille, dont nous sommes les membres conscients, et pour laquelle le Christ est mort, nous disant : « *Aimez-vous les uns les autres* ». Tel est le précepte. Nous tendons lentement et presque inconsciemment vers son application.

Nous devons encore au développement latent de la doctrine évangélique le principe, chaque jour mieux compris, de la dignité humaine et des droits de l'individu. Si le Christ est mort pour chacun de nous, c'est donc que chacun de nous a une valeur infinie, c'est que chacun de nous a une destinée morale qu'il a le droit absolu de poursuivre librement. Il en résulte qu'il y a une limite aux droits de l'homme sur l'homme et qu'il y a aussi une limite aux droits de l'État sur l'homme (G. Fonsegrive).

Enfin, nous trouvons dans l'Evangile ces principes supérieurs de justice qui inspirent une partie de notre droit public et qui devront présider aux nombreuses améliorations sociales, caractéristiques de notre époque. L'Encyclique *De Conditione opificum* les rappelle magnifiquement, lorsqu'elle réclame pour les faibles et les opprimés de la vie des conditions de travail plus douces, un juste salaire et une honnête retraite pour la vieillesse, pour tous le droit de développer leur âme et d'élever leurs enfants, non en animaux, mais en fils de Dieu.

C'est peu de chose, semble-t-il, après dix-neuf siècles de christianisme, que ces bribes d'idéal chrétien, alors que toute notre civilisation devrait en être imprégnée ; mais, dans le domaine moral plus encore que dans le domaine matériel, le progrès est lent. Et nous devons nous tenir pour satisfaits de voir que, consciente d'elle-même depuis peu d'années seulement, la mentalité contemporaine incline de plus en plus vers l'application générale, dans les rapports sociaux, de principes que nous revendiquons comme chrétiens.

Aussi, en face de ce peu de chose qu'est la moralité d'un État moderne, il me paraît utile de rappeler quelques principes de morale politique dont l'oubli peut entraîner un État aux pires catastrophes.

En premier lieu, tous les actes humains, qu'ils soient politiques ou non, sont soumis aux mêmes lois morales, et, s'il en est pour la moralité desquels on puisse se montrer plus difficile, ce sont bien les actes politiques, pour cette raison qu'imposant des devoirs collectifs et modifiant les rapports réciproques d'un grand nombre d'individus, ils ont un retentissement plus considérable que les actes individuels.

L'acte, politique ou non, est bien en soi ou mal en soi ; ce ne sont pas les circonstances qui modifient en plus ou en moins sa moralité, et ceux-là se trompent étrangement qui s'appuient sur la maxime fameuse que la fin justifie les moyens. Aucune considération de victoires et de gloire ne peut justifier les guerres injustes de Napoléon Ier ; quelle que soit la grandeur de l'Allemagne, elle a une tache originelle ineffaçable : le mensonge de Bismarck à Ems. La baïonnette de la guerre injuste, comme le mensonge diplomatique, sont assimilables au couteau du bandit et à l'écriture du faussaire.

La conclusion à tirer de ces principes est qu'il n'est jamais permis de faire le mal moral, même s'il doit en résulter le plus grand bien pour l'Etat, et, par conséquent, l'action de l'Etat pour faire le bien est limitée dans les moyens d'exécution par le mal moral.

La Morale nouvelle, de quelque nom qu'on l'appelle, morale indépendante, ou scientifique, ou socialiste, a toujours pour objectif la négation de la Morale chrétienne.

Celle-ci s'appuie sur deux dogmes : la chute originelle et la rédemption ; elle explique ainsi l'origine du mal et sa nature. Le premier homme ne commit pas seulement une faute individuelle ; lui, le fondateur de la famille humaine, de la société humaine, commit une faute sociale. En haine de cette doctrine, la morale socialiste déclare que l'homme est né bon, que c'est la société qui le déprave. Ainsi se trouvent justifiées toutes les révoltes.

De plus, l'idée chrétienne de fraternité et de charité est remplacée par le principe de solidarité.

Tous nos actes, nous dit-on, dépassent le cercle étroit de notre vie individuelle. Nous devons ce que nous sommes aux générations passées, nous vivons par elles ; l'héritage légué par les ancêtres et l'initiative des générations nouvelles, voilà les deux facteurs dont le concours, l'harmonie ou la lutte, tantôt accélèrent, tantôt ralentissent la marche de la civilisation. Nous ne pouvons pas nous renfermer égoïstement en nous-mêmes ; nous ne sommes pas des êtres isolés, mais des associés ; nous bénéficions du travail de tous, de la pensée de tous, des découvertes intellectuelles ou scientifiques et des efforts moraux de tous. En dehors de l'association humaine, nous ne sommes rien, nous ne pouvons rien et nous ne méritons pas, moralement, de faire partie de l'association, si nous ne la remboursons pas du bien que nous tirons d'elle. Donnant, donnant : vis pour les autres, puisque tu vis par eux. Tel est le principe de la solidarité humaine.

Tout cela est relativement exact, mais comment assurer l'observation du précepte ? Comment le faire accepter par toutes les volontés et lui donner ainsi la valeur d'une loi morale ? Comment répandre et populariser cette nouvelle forme du devoir ? Et puis, quelles que soient les méthodes, il ne suffira point de les répandre et de les populariser, il faudra quelqu'un pour les mettre en œuvre et pour leur assurer une sanction.

Ce quelqu'un, ce sera l'Etat.

Puisque sa prospérité et sa vie même sont étroitement liées à l'observation de ces devoirs, l'Etat a le droit de les imposer. Mais là est l'écueil, dit avec raison M. Calippe ; dès que la morale ne s'appuie plus sur Dieu, c'est-à-dire sur une autorité extérieure et supérieure à la société, elle ne repose plus que sur les mutuelles conventions des membres du corps social ; c'est le suffrage universel appliqué aux lois de la conscience, faisant et défaisant, instituant la règle des actions humaines, puis la modifiant, la bouleversant au gré des passions et des intérêts du jour.

La Morale ne devient indépendante de Dieu qu'à la condition de devenir dépendante de l'Etat, interprète hypothétique et absolu de la volonté générale.

Une telle morale est la préface de l'anarchie.

L'une des conditions premières de la Morale, c'est d'être basée sur des principes fixes et immuables comme des dogmes. Vouloir baser la Morale sur la Science, ou sur la conscience individuelle, n'a pas d'autre but que de soustraire la morale à un principe fixe et absolu, et, par là, proclamer le droit au changement, aux variations, à la liberté des interprétations. C'est le droit à l'anarchie.

La science ne s'est pas encore montrée capable d'améliorer la valeur de la conscience individuelle. L'individu affranchi du sentiment religieux ne se soumet pas pour cela à la morale scientifique ; il se soumet à son propre jugement, à son ignorance, à son caprice, à ses passions. C'est encore et toujours l'anarchie.

C'est pourquoi à l'indépendance de la raison humaine, l'Eglise oppose l'immutabilité du dogme, et, à l'indépendance de la volonté, l'immutabilité de la loi morale. La Morale s'appuie ainsi sur le dogme religieux, et l'on voit que, s'il est nécessaire qu'il y ait une morale, il est, par là même, nécessaire qu'il y ait une religion.

Les positivistes réclament contre cette conclusion en faisant observer qu'il y a entre les deux sciences une différence fondamentale. Dans la Morale, les règles sont intrinsèques et proviennent de la constitution même de la nature humaine, tandis que, dans la Religion, elles sont extrinsèques et prescrites par un pouvoir supérieur placé hors de l'homme.

Cette réclamation s'explique de la part de gens pour lesquels la Morale est un simple chapitre de la Physiologie cérébrale, mais j'ai déjà dit que comprendre ainsi la Morale, c'est la confondre avec l'hygiène et la thérapeutique.

De plus, bien que la Morale et la Religion soient distinctes sur certains points, elles ne sont jamais opposées ; jamais la Religion n'a prescrit de lois contraires à la constitution de la nature humaine ; elle proclame même que le Péché est un attentat contre nous-mêmes, tout autant qu'un attentat contre la majesté de Dieu. C'est une diminution de notre être, une tendance vers notre anéantissement.

La loi morale et la loi religieuse, distinctes si l'on veut dans la forme qu'elles donnent à leurs préceptes, s'appuient l'une sur l'autre pour imposer à l'homme les mêmes obligations.

La Religion est le couronnement de la Morale en ce qu'elle propose à nos efforts, à notre vertu, un but, une fin. Il est bel et bien de nous dire que nous devons être moraux pour l'amour de la morale, réfréner nos passions parce que c'est le devoir, lutter contre nous-mêmes sans l'espoir intéressé et dégradant d'une récompense, nous dévouer à tous et nous sacrifier même, par amour de la Science, de la Patrie, de l'Humanité ; ce ne sont que des mots.

L'Etat, la Patrie, la Science, l'Humanité sont des abstractions, et nous ne pouvons pas aimer des abstractions. Nous ne les aimons que quand elles se résument en des Êtres, et quel est, sinon Dieu, l'Être assez universel pour que tous les hommes puissent l'aimer d'un amour égal, et faire de son amour et de la soumission à ses lois la base de la morale universelle ?

Il faut aussi répondre à ce reproche stupide des incrédules que tout homme religieux n'obéit à la loi morale que poussé par un mobile dégradant, la crainte du châtiment, la peur de l'enfer et l'espoir d'une récompense.

L'homme religieux obéit à la loi morale parce qu'il sait que toutes ses prescriptions s'accordent avec sa propre nature et aussi avec les conditions de la vie sociale ; il sait qu'en s'y conformant il développe sa personnalité, il la perfectionne, et il se rapproche ainsi de Dieu qu'il aime et qui est sa fin dernière.

L'homme religieux n'a point besoin de la peur de l'enfer pour agir ; il laisse cette peur à ceux qui, n'ayant jamais voulu vivre de l'amour divin, se sont bien condamnés à connaître un jour la crainte du châtiment et les épouvantements de la mort.

Entre les idées religieuses et morales d'un peuple et sa prospérité matérielle, il y a une solidarité indéniable.

C'est ainsi que nous pouvons attribuer à des raisons morales, bien plus qu'à la dégénérescence physiologique, la dépopulation de la France, son appauvrissement en hommes, et, comme conséquence, l'affaiblissement de sa puissance dans le monde. La poursuite de l'argent, du bien-être, des jouissances, a développé des pratiques immorales, la stérilité volontaire, l'infécondité réfléchie. L'enfant est devenu un obstacle au plaisir, une source de soucis, une gêne permanente, et on le supprime.

Qui donc a autorité pour rappeler l'homme et la femme à l'observation du devoir familial, le citoyen à l'observation du devoir social ? Ce n'est pas l'État ; il ne peut offrir qu'un dégrèvement d'impôts ou de service militaire, dont l'histoire a démontré l'inutilité. Ce n'est pas l'instituteur ; son manuel de morale civique ne rappelle que les préceptes généraux de la loi naturelle ; il est même des ouvrages qui prêchent une certaine amoralité, sinon immoralité. Seul, le ministre d'une religion peut parler avec autorité de l'accomplissement des devoirs les plus intimes, et protester, au nom de Dieu, contre les manquements aux lois divines.

La vie religieuse, étant la forme supérieure de la vie humaine, règle et discipline toutes les activités inférieures. Il y a concordance et harmonie entre elles ; le bien-être matériel, la vie religieuse et morale peuvent et doivent marcher de pair.

LA QUESTION RELIGIEUSE

L'on rencontre des gens qui non seulement n'ont pas la foi, mais qui ont l'inintelligence complète des questions religieuses. Ils n'en comprennent rien, et cela se conçoit, ils n'en ont jamais rien étudié. Quel est celui d'entre nous assez sot pour pérorer sur l'algèbre, ou la philologie, sans jamais avoir ouvert un livre de ces sciences ?

C'est ce que font, cependant, tous les jours, les journalistes, les romanciers, les philosophes, les hommes de science, les politiciens qui s'efforcent de déchristianiser la France, confondant, les uns volontairement, les autres inconsciemment, religion avec superstition, cléricalisme avec christianisme.

La soif des jouissances, l'immoralité de la vie, l'orgueil, l'ambition, la crainte du ridicule détruisent en eux l'amour d'une vérité qui leur déplaît. Ils ont besoin de justifier leur situation à leurs propres yeux. Leur incrédulité est irréductible, parce qu'ils ont besoin de cette incrédulité.

Et cependant l'expérience de tous les temps prouve que ce n'est pas la science, c'est la superstition qui gagne au déclin des croyances religieuses. Notre siècle n'échappe pas plus que les autres à la loi commune ; le rationalisme, qui se vante d'avoir affranchi pour toujours la science du joug de la foi, préside à l'éclosion des sectes occultistes, des petites religions, aux manifestations boudhiques du musée Guimet, en attendant qu'il préside aux guerres sauvages, fratricides, et aux grandes destructions.

A côté de ces raisons d'ordre particulier, il en est d'ordre plus général qui expliquent les progrès de l'incrédulité. L'abbé Gayraud attribue la crise de la Foi :

1° A l'esprit philosophique dévoyé de notre époque. L'on a renversé les fondements de la certitude et tué la confiance de la raison en elle-même. La théologie, la métaphysique, tous les systèmes bâtis sur l'abstrait ont successivement croûlé; il ne reste plus qu'une philosophie positiviste scientifique qui ne se croit pas le droit de sortir du domaine de l'expérience et qui interdit à l'esprit humain de s'occuper de ce qui ne tombe pas sous les sens.

Faisons en passant cette remarque : Au milieu du siècle dernier, l'abbé Bautain avait cru pouvoir étendre le domaine de la foi aux dépens de celui de la raison humaine; le fidéisme fut condamné par l'Eglise. De nos jours, c'est le rationalisme qui rétrécit à son tour le domaine de la raison en le limitant à l'expérience et l'Eglise le condamne également; c'est-à-dire que l'Eglise défend les droits imprescriptibles de la raison humaine contre les excès, de quelque côté qu'ils viennent;

2° L'esprit critique attaque la révélation dans les Saintes Ecritures en s'efforçant de n'y rencontrer que l'œuvre des hommes et du temps. Les représentants du criticisme n'ont pas toujours trouvé chez les défenseurs de la révélation des adversaires d'un talent égal au leur;

3° La passion politique a rejeté l'Église en dehors de la société, en laïcisant la notion du gouvernement, en enlevant à l'autorité religieuse l'enseignement et toutes les influences dont elle peut disposer. Là encore la défense de la foi a été d'une incroyable faiblesse.

Cette faiblesse n'est pas imputable entièrement aux catholiques. Voilà plus d'un siècle que, par tous les moyens, par la ruse et par la force, l'autorité civile accapare l'une après l'autre, les libertés. Elle feint de respecter l'Église et lui enlève toute influence. Il a fallu subir la violence avec Napoléon Ier, imposant les articles organiques et un régime de surveillance policière exécrable; il a fallu subir l'hostilité sourde de Louis-Philippe; il faut aujourd'hui subir les attaques hypocrites d'abord, puis déclarées maintenant du gouvernement jacobin. C'est là le point de départ, de la faiblesse de toute une catégorie de citoyens, traités en parias dans leur propre patrie.

En quel pays sauvage sommes-nous donc pour que l'exercice d'un culte religieux soit ainsi, aux yeux des chefs, une cause de déchéance ? Est-ce que le christianisme n'a plus le droit à la vie, et, nous fera-t-on croire que, pout assurer la dignité humaine, il faille détruire dans l'homme toute foi, toute espérance, tout idéal ? Les événements qui se préparent montreront une fois de plus, hélas ! ce qu'un peuple perd à perdre la notion de Dieu.

———

Les hommes peuvent être divisés en deux catégories. Il en est, et c'est, hélas ! le grand nombre, qui sont tellement absorbés par la matière qu'ils ne vivent que de sensations et de passions. L'existence se passe, pour les uns, dans l'amour du plaisir, qui oblitère toute faculté de s'élever vers Dieu; pour les autres, dans une telle lutte contre la misère, que les préoccupations de la faim, du vêtement, de l'abri, ne laissent pas à leur âme le loisir de penser, de se développer; la misère du corps l'anéantit. Pauvres âmes auxquelles Dieu demandera bien peu pour en faire les heureux de l'autre vie.

Il en est, par contre, qui, détachés de la matière, marchent dans une clarté merveilleuse. Ils subissent, comme tous, les conditions, de la vie; ils luttent, ils souffrent et ils pleurent, ils aiment et ils meurent, et tout cela n'est rien pour eux qu'un moment d'attente. Ils savent que tous les liens se brisent, que tous les sentiments se transforment; ils savent que les plus douces choses du monde, l'amitié, la piété filiale, l'amour, amenant avec elles leurs épreuves, ne sont pas le terme de la vie. Comme ils ne se sentent pas faits pour la terre, ils ne font que la traverser, dans le pur amour des biens infinis, prêts à tous les sacrifices, jusqu'au don de soi-même.

En tous les temps et sous toutes les civilisations il s'est trouvé des hommes pour proclamer l'inutilité de Dieu et l'absurdité d'une religion. Et cependant à aucune époque, dans aucun pays, l'homme n'a su se passer de Dieu. Pour moi, qui me place ici surtout au point de vue pratique, je constate que cette foi obstinée en un Être suprême, origine et fin de toutes choses, est l'un des principes constitutifs de toute société humaine. Ceux-là qui veulent la destruction de la société et l'établissement de l'anarchie sont logiquement athées, et cette constatation me suffit pour comprendre la nécessité d'une religion.

Aussi avec quelle tristesse profonde nous lisons dans une lettre intime des blasphèmes comme celui-ci : « ..... Et il y a des philosophes et des prêcheurs qui parlent d'une sagesse souveraine, d'un plan des choses, des causes finales, etc., tandis qu'il est si clair que nous sommes les jouets d'une force brutale, sans conscience comme sans justice, impitoyable parce qu'elle est aveugle, et qu'il faudrait haïr, si elle savait ce qu'elle fait. »

Ainsi écrit Jules Ferry, l'un des chefs de la République française ; et l'on est effrayé en songeant que celui qui formula de façon si violente et si amère le *Credo* anarchiste fut grand maître de l'Université. Si c'est la force brutale, aveugle, impitoyable, qui est la maîtresse du monde, arrière la bonté, la générosité, la vertu ! Nous n'avons plus de temps à perdre à ces niaiseries ; place à la matière, place à la brute !

Qu'on ne s'y trompe pas, le jour où l'athéisme serait devenu une institution sociale, l'homme se trouvera délivré de tous devoirs, il ne sera plus question des liens de la famille, des droits de la propriété, des obligations réciproques, du respect, de la contrainte, cela est vrai ; l'homme sera libre, il ne vivra que pour lui seul ; mais ce jour-là aussi, je le répète, commencera le règne du plus fort, du plus violent, du plus rusé, du plus perfide.

Ce règne, nous l'avons entrevu ; les jeunes peuvent s'en faire quelque idée en lisant *Les Convulsions de Paris*, de Maxime du Camp. Cet ouvrage montre à l'œuvre ce que Zola a très justement appelé *La Bête humaine*, débarrassée de tous principes et de tout frein. Cette bête, féroce et cruelle, fait horreur ; et, précisément parce que l'expérience est venue confirmer là, sous nos yeux, les prévisions du raisonnement et du bon sens, j'en conclus la nécessité de Dieu.

Les épouvantables brutes, dont la folie furieuse a été

heureusement circonscrite à Paris, ont dépassé sur plus d'un point les sauvageries de la Terreur. A les voir, l'on regretterait le paganisme, et l'on respecte presque le fétichisme des peuplades africaines.

L'on objectera sans doute que nous coudoyons chaque jour dans la rue des athées qui sont les meilleures gens du monde, et que l'on en trouve même parmi les plus grands savants. La chose est possible. Il y a, en effet, des savants fort ignorants des choses de Dieu. La foi est un don, et tous ceux qui l'ont reçu ne le conservent pas ; après avoir été accordé, il peut être retiré. Il y a aussi des faibles qui ne veulent point de religion, parce qu'ils s'effraient des obligations religieuses. Pour vivre bien tranquilles, à l'idée de Dieu ils opposent ou la science, ou les nécessités sociales, ou tout autre prétexte, comme un débiteur indélicat oppose à son créancier la prescription.

Ces athées peuvent n'être pas des anarchistes, mais ils collaborent, plus ou moins inconsciemment, au triomphe de l'anarchie et du despotisme qui suit toujours l'anarchie.

« Si un peuple veut être libre, dit Tocqueville, il faut qu'il ait des croyances, et, s'il n'en a pas, qu'il serve. »

Le Déisme est la formule religieuse d'un nombre assez considérable d'hommes qui, tout en consentant à reconnaître l'existence d'un Être suprême, le déclarent placé trop haut et trop loin pour s'occuper des misères humaines ; ils en concluent qu'à cette divinité vague, indéterminée, inaccessible, il n'y a point de culte à rendre. Il y a chez les déistes autant de systèmes religieux que d'écrivains, et, malgré leur préoccupation évidente de réduire au minimum la somme des devoirs, ils n'arrivent pas à s'entendre même sur le minimum.

M. Jules Simon a été le représentant le plus autorisé de ce système philosophique incomplet, mais c'est M. Buisson qui en a formulé la doctrine avec le plus de précision.

A la base de cette doctrine, que j'appellerais volontiers l'Irréligion de l'avenir, M. Buisson place le rejet de tout surnaturel. « Toutes les religions, dit-il, professent cette prétention de nous apporter des vérités que notre raison n'aurait pas trouvées et ne peut pas contrôler; toutes nous donnent des solutions supra-naturalistes du problème de l'univers; ces solutions, c'est pour nous un simple devoir de probité intellectuelle de les écarter, comme dénuées de valeur quant à la forme et quand au fond.

« Toutes les fois qu'il s'agira de connaître, notre esprit n'a pas d'autre instrument à employer que la science avec ses conditions, ses méthodes et ses lois. Toutes les fois qu'il s'agit de vouloir ou d'agir, c'est à la conscience de nous guider, elle seule a qualité ou autorité pour le faire.

« Science et conscience, en d'autres termes, la raison s'appliquant souverainement au domaine théorique et au domaine pratique, à l'intelligence et à l'action, voilà le roc sur lequel est fondée notre éducation libérale. »

Mais alors quelle est la fonction de la religion; car le savant conférencier n'en nie pas l'utilité. La religion, d'après lui, est une force humaine, une puissance sociale, un agent de civilisation. Elle n'apprend rien de science certaine, ni ce que je suis, ni d'où je viens, ni où je vais, mais elle m'empêche d'oublier que ces questions se posent; elle m'interdit de croire que je suis seul au monde; elle ne me fait pas posséder l'infini, mais elle me fait échapper à la prison du fini.

Si la religion ne sert qu'à cela, ce n'est guère la peine

d'en avoir une, et voilà vraiment un pauvre service rendu à l'intelligence humaine que celui de ne lui apprendre rien de certain, mais de poser simplement des problèmes mystérieux, et d'en donner des solutions supra naturalistes, sans valeur quant à la forme et quant au fond. M. Buisson ajoute, il est vrai, qu'au point de vue du sentiment « la religion est un besoin éternel de l'âme humaine. . . . , besoin qui dépasse toutes nos conceptions, et que ni la science ni la morale ne nous autorisent à nier. »

Mais ce besoin, cet ensemble d'aspirations qui nous poussent toujours vers l'au-delà, vers ce que la science n'atteint pas, vers ce que l'expérience ne vérifie pas, vers ce que la pratique ne réalise pas, qui donc l'a mis en nous ? Nous aspirons vers l'au-delà, mais vers quel au-delà ?

M. Buisson se garde bien de préciser, car il lui faudrait parler de Dieu, et sa religion, composée de science et conscience, peut à la rigueur se passer de Dieu. Il en parle néanmoins en termes convenables, tout en prenant soin de nous avertir que ce que nous considérons comme l'essence de Dieu, le Beau, le Vrai, le Bien n'existent pas comme quantités fixes. « Il n'y a de fixe que le travail de l'esprit humain qui les poursuit. »

C'est tout ce qu'a de mieux à nous offrir en guise de religion l'un des hommes les plus éminents de l'Université : une religion sans Dieu, et un effort perpétuel de l'esprit humain dans la poursuite de biens indéterminés. C'est peu consolant. J'avais donc raison de le dire au commencement de ces reflexions : le déisme aboutit à l'irréligion, le rationalisme aboutit à l'athéisme. Et cependant, M. Buisson le déclare : « Voilà le roc sur lequel est fondée toute éducation libérale. »

L'esprit du christianisme compte peu de partisans. Je parle là du christianisme actif, de celui qui ne consiste pas uniquement en dogmes, en rites et en paroles, mais de celui qui consiste à réaliser dans la vie les enseignements du Christ.

Car ce qui caractérise essentiellement l'esprit chrétien, c'est : « l'humilité, le recueillement habituel opposé à la dispersion de la vie, le goût du silence opposé au gaspillage ordinaire de la pensée et de la parole, la charité sincère envers le prochain, fruit de l'humilité et de l'exacte connaissance de soi, le contrôle vigilant de sa vie intérieure, et, en général, le juste prix attribué à cette vie invisible d'où celle qui se voit s'écoule incessamment en paroles et en actes. » (F. Pécaut.)

Le christianisme donne donc plus et mieux qu'un système philosophique, qu'une règle intellectuelle, qu'une direction morale; il est un principe de vie. Qui est au Christ vit en lui et par lui, il ne souffre pas que la vie animale domine, il vit de la vie divine. C'est ce qui explique pourquoi le christianisme est mis en quarantaine par les savants avec dédain, par les ignorants avec indifférence, par les jouisseurs avec fureur. Croire est déjà difficile, vivre en conformité de ses croyances est trop dur. *Durus est hic sermo, et quis potest eum audire* (Jean, VI, 61). Après la soumission de l'intelligence, la soumission de la volonté; voilà qui dépasse toute mesure.

Pour exposer l'influence sociale du Christianisme, je ne saurais mieux faire que d'emprunter à Taine, l'une de ses plus magnifiques pages :

« Sous son enveloppe grecque, catholique ou protestante, le Christianisme est encore pour 400 millions de créatures humaines l'organe spirituel, la grande paire d'ailes indispensables pour soulever l'homme au-dessus de lui-même pour le conduire à travers la patience, la résignation et l'espérance jusqu'à la sérénité ; pour l'emporter par delà la tempérance, la pureté et la bonté, jusqu'au dévouement et au sacrifice.

« Toujours et partout, depuis 1800 ans, sitôt que ces ailes défaillent ou qu'on les casse, les mœurs privées et publiques se dégradent. En Italie pendant la Renaissance, en Angleterre sous la Restauration, en France sous la Convention et le Directoire, on a vu l'homme se faire païen comme au 1er siècle ; du même coup il se retrouvait tel qu'au temps d'Auguste et de Tibère, c'est-à-dire voluptueux et dur ; l'égoïsme brutal et calculateur avait repris le dessus, la cruauté, la sensualité s'étalaient. Quand on s'est donné ce spectacle et de près, on peut évaluer l'apport du christianisme dans nos sociétés modernes, ce qu'il y introduit de pudeur, de douceur et d'humanité ; ce qu'il y maintient d'honnêteté, de bonne foi et de justice. Ni la raison philosophique, ni la culture artistique et littéraire, ni même l'honneur féodal, militaire et chevaleresque, aucun code, aucune administration, aucun gouvernement ne suffit à le suppléer dans ce service. Lui seul peut enrayer le mouvement de notre nature vers ses bas fonds, et le vieil Evangile, quelle que soit son enveloppe présente, est encore le meilleur auxiliaire de l'instinct social. »

Voilà donc lumineusement exposé le rôle du Christianisme dans le monde. Mais ce n'est pas assez dire.

Les socialistes sont partisans de la loi du nombre; à les entendre, la majorité a le droit d'écraser la minorité. C'est le règne de la force et l'apologie de la tyrannie.

L'Eglise, qui est autrement libérale, professe qu'aucun homme n'a, par lui-même, le droit de commander à un autre homme; que deux hommes n'ont pas de droits sur un troisième et que dix millions d'hommes n'ont pas plus de droits qu'un seul. Tous les hommes, fils du même Père, sont rigoureusement égaux, et la conscience de chacun d'eux est tellement indépendante de toute autre conscience, qu'aucune contrainte n'est légitime.

Qui est le maître? Le Père seul. Sa loi, seule, oblige la conscience. La loi humaine n'oblige qu'en tant qu'elle n'est pas contraire à la loi divine. Mais comme la société ne peut subsister qu'avec des pouvoirs régulièrement établis, l'obéissance est due à ces pouvoirs, en tant qu'ils ne commandent rien de contraire à la loi divine, à la conscience. S'ils la froissent, c'est alors seulement que l'insurrection devient le plus sacré des devoirs, non l'insurrection violente, mais l'insurrection patiente et légale.

Or, qui décide des cas de conscience entre l'homme et le pouvoir? Si ce n'est l'Eglise chrétienne; quelle autorité tracera le devoir, fixera la limite des droits et justifiera soit la contrainte de la part du souverain, soit le refus d'obéir de la part du sujet?

Si ce n'est l'Eglise chrétienne, quel homme, ou quel groupe d'hommes, et en vertu de quels principes, prononcera avec autorité et dégagera les consciences, soit la conscience de l'individu en face d'un maître inique, soit la conscience d'un peuple devant un pouvoir devenu oppresseur?

Quelle est enfin la société qui maintiendra, de siècle en

siècle, les principes, toujours les mêmes, du droit et de la justice, les limites, toujours les mêmes, de l'autorité et de la liberté, de telle sorte que l'humanité ne soit pas ballottée à tout vent de doctrine, et condamnée par des variations incessantes, à l'erreur et à la déchéance, mais qu'elle ait un idéal de vérité, fixe et stable, une doctrine identique à travers les siècles et toujours conforme à la nature de l'homme, laquelle ne varie pas.

Ce service immense de sauvegarder l'idéal de l'humanité et de maintenir les principes directeurs, le christianisme le rend depuis deux mille ans et le rendra jusqu'à la fin des temps.

Ce n'est pas être clérical qu'affirmer ce fait, ni rêver le retour de la théocratie qu'affirmer qu'il convient que cela soit ainsi. Les ministres de l'Eglise ont pu abuser, à certains moments, de la docilité des peuples pour affermir leur pouvoir temporel et augmenter leurs privilèges; ils peuvent encore quelquefois confondre leur mission religieuse et morale avec le rôle social et politique désiré par plusieurs d'entre eux; je ne m'occupe pas des cas isolés ni des faits secondaires; je ne m'occupe pas des théories, toujours discutables des membres du clergé; je m'occupe de la doctrine même de l'Eglise, et je constate que de toutes les autorités qui ont dirigé ou qui dirigent le monde, monarchies, démocraties, sociétés publiques ou secrètes, presse, opinion publique, je n'en trouve aucune qui puisse, comme l'Eglise, avec une autorité incomparable et une unité que rien d'humain n'explique, poser la doctrine, redresser les erreurs et donner à l'humanité une direction intellectuelle et morale.

La Science a, je le sais, la prétention de donner désormais à l'humanité cette direction, mais, je l'ai dit plus haut, que les savants commencent par se mettre d'accord, et nous discuterons ensuite.

Oui, certains savants prétendent qu'un maximum de connaissance correspond à un minimum de foi, c'est-à-dire que, plus il devient facile de savoir, plus il devient difficile de croire ; plus l'on demande à la raison et aux méthodes scientifiques, plus l'on se détache du prêtre et de ses enseignements, qui ne sont plus considérés que comme des hypothèses.

Cet état d'esprit est l'un de ceux qui s'opposent le plus à l'acquisition de toutes connaissances autres que les connaissances d'ordre matérialiste.

Si la self-reliance, l'habitude de ne se fier qu'à soi-même est bonne dans la conduite de ses affaires privées ; si l'emploi des procédés méthodiques et expérimentaux est nécessaire dans la recherche des vérités scientifiques, il n'en est pas de même pour la conduite de la vie intérieure, où le mystère nous environne de toutes parts.

Aucun homme ne peut se créer à lui-même une religion complète, développer et perfectionner sa vie morale seul et sans appui. Les sentiments solitaires sont rarement féconds, et, plus encore que d'autres, le sentiment religieux, pour atteindre son maximum d'effet utile, a besoin de se communiquer et d'être partagé.

Aucun homme n'est capable de déterminer par lui-même son origine et sa fin dernière, ainsi que les problèmes qui s'y rattachent. Et si aucun homme ne peut le faire, qui donc le fera ? Précisément un organe surhumain ; cette assemblée d'hommes qui suivent celui qui a dit : Je suis la Voie, la Vérité et la Vie.

Insistons sur le prétendu antagonisme entre la Science et la Religion, car il est la pierre d'achoppement de beaucoup.

Et d'abord qu'est-ce que cette science qu'on rêve de substituer aux croyances chrétiennes ? Sur quels points fixes et certains s'appuiera la foi nouvelle ? Les savants s'accordent sur bien peu de théories scientifiques et la partie philosophique de chaque science est loin de supporter une vérification probante qui exclue le doute et la négation. Il paraît surtout chimérique de rêver une sociologie et une morale, bâties sur les ruines de la croyance chrétienne, et qui obtiendraient de tous une foi assurée et une fidélité inébranlable.

Puis, la foi positiviste supposerait le concours mutuel, l'accord des savants de tous pays sur certains principes fixes de cette religion philosophico-scientifique. Nous connaissons plutôt les savants sous un autre aspect, celui de leurs rivalités et de leurs défiances réciproques. On ne les voit pas organisés pour imposer silence à la foule, lui apprendre à renoncer à ses croyances pour en accepter d'autres, et diriger l'humanité vers de nouveaux cieux. L'orgueil des demi-savants est déjà passablement insupportable, que deviendrait l'orgueil des savants organisés en grands prêtres du genre humain ?

La religion positiviste existe cependant ; elle compte peu d'adeptes, ce qui s'explique étant donné que le but n'en est guère défini. Ce ne sont pas les lignes suivantes, dues à l'un de ses principaux philosophes, qui me décideraient à suivre le nouveau culte.

« L'humanité, dit Longchamps dans son *Essai sur la Prière*, c'est non pas l'espèce humaine, ni l'universalité des hommes, c'est la mémoire des morts inspirant et guidant les vivants ; c'est l'ensemble de toutes les hautes pensées, de tous les nobles sentiments, de tous les grands efforts, rapportés à un seul et même être dont cet ensemble forme l'âme, et dont les vivants constituent le corps. »

La religion des temps nouveaux est donc, d'après ce philosophe, un homme sans âme, sans Dieu, sans liberté, ayant pour objet de son culte un être informe, immense, qui a un corps, ce sont les vivants, et une âme, ce sont les morts. Tout cela est peut-être de la plus haute philosophie, mais celle de l'Évangile me paraît plus facile à comprendre.

A un nombre considérable d'ignorants, il suffit qu'un hâbleur vienne déclarer que la science contredit les assertions de la religion pour qu'ils se considèrent comme déshonorés s'ils soutenaient la religion. Comment la défendre, la tolérer même, puisque la Science la condamne ?

Propos de table d'hôte, conférences soi-disant scientifiques et plutôt politiques, livres d'apparence sérieuse et dénués de philosophie, autant d'occasions pour les esprits faibles de se laisser aller au doute et à la négation.

Dans un livre intitulé : *Le Conflit*, œuvre de polémique plutôt que de science, l'auteur a voulu démontrer l'antagonisme irréductible, la lutte nécessaire et fatale entre la Science et la Religion ; il n'a précisément pas démontré le conflit : il a simplement affirmé le dogme matérialiste et l'inutilité de Dieu. Sur ce point rien de nouveau et qu'on ne trouve dans tous les ouvrages matérialistes et athées.

Entre celui qui affirme Dieu et celui qui le nie il y a bien contradiction, conflit, mais l'opposition de principes et d'idées entre un homme religieux et un savant irréligieux ne prouve pas que la science doive nécessairement être antireligieuse.

Un savant n'est qu'un savant, il n'est pas la science, et c'est ce que beaucoup oublient. Aucun savant n'a le droit de parler au nom de la science, parce qu'aucun savant n'est assez versé dans toutes les branches de la science pour imposer son autorité à tous. Puis la science n'est-elle pas en mue perpétuelle ; son titre de gloire est précisément de changer et de varier sans cesse pour toujours progresser ; le savant d'aujourd'hui n'est qu'un enfant ignorant pour les savants des siècles prochains ; de quel droit le savant d'aujourd'hui dogmatise-t-il sur des questions presque toujours étrangères à la science qui l'occupe ?

Les conceptions philosophiques des savants, leurs systèmes, sont l'œuvre propre et personnelle de celui qui les édite ; c'est le résultat de son tempérament, de son éducation, de ses recherches, de ses trouvailles générales, et aussi de ses erreurs. Tant qu'il s'appuie sur une méthode scientifique rigoureuse, il a droit à la créance des autres hommes, mais ses inductions ne sauraient être plus étendues que les faits d'où elles partent, et il n'a le droit d'affirmer que lorsqu'il apporte des preuves répétées et contrôlées. Là où il a recours à l'hypothèse, ses affirmations perdent toute valeur scientifique.

Ainsi, quand un auteur vient nous répéter, après tant d'autres, que la vie, l'âme et la conscience ne sont que le développement progressif de la matière, une synthèse fortuite qui s'est produite à un moment donné, il affirme une hypothèse, puisqu'il ne démontre pas expérimentalement l'homogénéité de la conscience et de la matière ; puisque, dans aucun laboratoire, on n'a reproduit cette synthèse fortuite de la vie. Les explications que la religion donne du problème de la vie ne sont pas scientifiques, il est vrai, et sont hypothétiques, si l'on veut, en ce sens que les questions de l'origine de l'homme ne se prêtent pas à l'expérimentation ; la science n'aura toutefois le droit de repousser ces explicacations que quand elle aura trouvé la cause première de la vie dans les êtres eux-mêmes.

Un véritable savant ne dogmatise donc pas sur des hypothèses, il n'oublie pas si facilement que le mystère est au seuil de la science, comme il est au fond des temples, comme il est dans notre conscience même. La science a sa mission qui est d'étudier les lois de l'univers et d'améliorer la vie matérielle de l'homme ; la religion a aussi sa mission qui est de graver la loi morale dans les cœurs, de transformer l'homme et de donner un sens surnaturel à sa vie. La science est le culte de ce qui est et la religion est le culte de Celui qui est ; où voit-on là une cause d'antagonisme ? toutes deux cherchent la vérité et toutes deux passionnément ; mais dans des domaines différents ; il doit y avoir entre elles une collaboration loyale puisqu'à tout progrès dans les idées doit correspondre un progrès dans les mœurs.

Et il semble bien que dans la réalité les choses se passent ainsi, car qui oserait prétendre que l'humanité ne soit pas actuellement plus éclairée et plus morale qu'au temps du paganisme ? Lequel d'entre nous ne préfère pas l'état intellectuel et moral du peuple de nos jours à celui des siècles passés ? La science a puissamment contribué à cet immense progrès, sans doute, mais nous constatons aussi que si les idées de justice, de solidarité sociale, de fraternité humaine et d'égalité sont plus répandues, ce sont précisément et expressément des idées chrétiennes.

Il n'y a pas antinomie entre la raison et la foi, entre les exigences doctrinales de l'Eglise et celles de la Science ou de l'esprit moderne, entre le développement du catholicisme et le progrès de l'esprit humain. Il n'y a que les libres-penseurs qui proclament ce conflit.

Où a-t-on vu qu'il faille mettre d'un côté sa raison et de l'autre côté sa foi, en désespérant de pouvoir jamais les voir d'accord ? Le chrétien n'est-il pas un homme complet; la raison lui fait-elle défaut, ou lui est-il interdit de s'en servir ? Ou bien, pour s'en servir, s'imagine-t-on qu'il doive faire comme s'il n'était pas chrétien ? C'est tout le contraire.

« L'Eglise, ajoute M. Ollé Laprune, qui, sans la foi, ne serait pas, commence par condamner comme contraire à la pure essence de la foi une doctrine qui réduirait tout à la foi. L'ordre de la foi n'est assuré que si l'ordre de la raison est maintenu. L'Eglise condamne les orgueilleuses prétentions de la raison et lui impose des limites, mais l'Eglise défend la raison contre ses détracteurs et lui assigne une valeur réelle. Ce n'est pas une des moindres marques de l'extraordinaire existence de l'Eglise que ce sage tempérament, et ce complet dans la vérité, si je puis dire, en une question où les philosophes se portent si facilement d'un excès à l'autre, exaltant la raison ou l'abaissant outre mesure. »

C'est la doctrine même du Concile du Vatican qui professe l'autonomie et l'indépendance légitime de la raison dans les sciences extérieures expérimentales et déclare qu'il ne saurait y avoir de conflit, la foi et la raison venant toutes deux de Dieu qui les a données à l'homme pour connaître et affirmer la vérité.

Qu'est-ce, en effet, que la foi catholique, sinon un ensemble de vues sur Dieu, l'homme, le monde et leurs rapports réciproques ? C'est par ces vérités que la foi entre en contact avec l'intelligence humaine. Il n'y a pas de foi possible sans un certain nombre de connaissances, sans un certain degré de formation mentale. La foi est donc fondée sur la raison, et c'est pourquoi tout chrétien doit passer par une période d'instruction. « Le catéchisme lui apprendra non pas des négations sur toutes choses, mais des affirmations sur l'origine du monde et de l'espèce, sur sa destinée, sur ses rapports envers Dieu et envers ses semblables, sur sa place et ses droits dans l'œuvre de la création.

« Quand l'enfant du catéchisme sera devenu grand, dit Jouffroy, il n'hésitera pas davantage sur le droit naturel, sur le droit politique, sur le droit des gens, car tout cela découle avec clarté et comme de soi-même du christianisme. »

« Ainsi les plus humbles des croyants ne sont point désemparés au milieu des tempêtes que le siècle soulève. Ils peuvent orienter, en connaissance de cause, leur vie individuelle, civile et religieuse. Pour se guider, d'autres n'ont guère que des intérêts et des passions ; eux, ont une idée... Ils savent dans quel sens il faut, pour qu'il progresse, diriger le monde. » (Calippe).

Le Christianisme se présente sous trois formes principales : la grecque, la protestante et la catholique. Le même mystère, le même dogme est à la base de ces trois formes religieuses : le dogme de la divinité de Jésus-Christ et le mystère de la Rédemption, par son sang, de l'humanité déchue.

Mon intention n'était pas, dans le principe, de discuter des questions religieuses qui demandent une compétence spéciale, mais je suis amené à le faire, du moins très sommairement, par les considérations suivantes :

Depuis une vingtaine d'années surtout, le protestantisme

a pris dans les pouvoirs publics une situation prépondérante. Dans les administrations, et notamment dans l'Instruction publique, les principales places ont été confiées à des protestants. Chacun sait qu'actuellement il suffit de professer la religion catholique pour être systématiquement exclu des situations laissées à la nomination du Gouvernement et privé de toutes chances d'avancement. L'on sait avec quel cynisme les amis du Pouvoir prétendent que les catholiques n'ont pas droit à la liberté, la liberté n'étant due qu'à ceux qui la veulent complète, sans aucunes limites.

Il existe donc de la part des pouvoirs publics une hostilité déclarée contre le catholicisme et une prédilection marquée pour le protestantisme, et nous avons vu des personnages des plus importants, ministres ou anciens ministres, soutenir qu'il faut *protestantiser* la France.

J'ai donc le droit d'examiner si, tant au point de vue social qu'au point de vue religieux, une telle prédilection est justifiée et quel avantage il y aurait à protestantiser la France.

Il est certes des protestants pour lesquels j'ai plus que de l'estime, un respect profond, dû à leurs hautes qualités et à leurs vertus. Les ouvrages de maints pasteurs sont remplis des sentiments les plus élevés et de la piété la plus sincère, et, grâce à eux, il est des cercles protestants qui jouissent d'une vie religieuse intense. Toutefois, l'estime et la considération dues aux personnes ne doivent pas faire perdre de vue la doctrine et ses conséquences.

En les étudiant, mon plus vif désir est de ne pas froisser la susceptibilité la plus légitime de toutes, celle de la conscience religieuse.

Bossuet a écrit l'*Histoire des Variations de l'Eglise protes-tante*, et il a conclu que, la Vérité étant une et invariable, une Eglise qui varie dans ses dogmes ne peut représenter la vérité. Cet argument est sans réplique.

Le Protestantisme a diminué, plus que toutes les autres hérésies, l'ensemble des vérités professées par l'Eglise chrétienne, et nous avons vu de ses pasteurs, et non des moindres, rejeter la personnalité divine du Christ, la réalité de sa résurrection et l'inspiration des livres canoniques, cessant ainsi de faire partie de l'Eglise chrétienne.

« Nous n'avons plus aucun souci des opinions individuelles des évêques (anglicans), écrit, dans le *Times*, un clergyman anglican, M. H.-M. Middleton Evans. Il est notoire qu'ils ne s'accordent pas entre eux doctrinalement, et qu'un évêque n'est jamais sûr que son successeur, sur le même siège, pensera comme lui. Nous n'entendons point changer de religion pour nous mettre d'accord avec leurs opinions successives... » Voilà où l'on en est arrivé dans la Haute-Eglise protestante.

Et cependant, malgré toutes ces variations et ces divergences, le Protestantisme vit, et les nations qui le professent sont parmi les plus puissantes du monde. Il a donc en lui-même une vertu propre, une source de vie qui lui permet de résister aux causes de division et de décomposition qu'on accuse en lui. Où est cette source de vie ?

Elle est d'abord dans la foi au Christ rédempteur. Pour les protestants, encore chrétiens (car je suis obligé de faire cette distinction) comme pour les catholiques, le mystère de l'Incarnation est la base de la vie spirituelle ; c'est par la foi en Jésus que nous sommes sauvés du péché, notre devoir est de le connaître de plus en plus, et de renaître en lui.

Un second principe de vie pour les protestants est le respect de la parole de Dieu consignée dans les Saintes Ecritures. Les catholiques lisent peu l'Evangile et pas du tout le reste de la Bible ; les protestants s'en nourrissent ; ils déclarent que la parole de Dieu leur suffit et ils n'acceptent comme règle de leurs croyances rien de ce qui n'est pas expressément contenu dans l'Ancien et le Nouveau Testament. La Tradition n'a pour eux qu'une importance très secondaire ; ils la considèrent comme sujette aux variations et à l'erreur, parce qu'elle comporte trop d'éléments humains. Il en est de même des œuvres des Pères de l'Eglise qui, sur plus d'une question (secondaire et libre), ne sont pas unanimes. Ce n'est pas sur la parole des docteurs et des papes que la loi protestante repose, mais sur la seule parole du Christ et de ses apôtres immédiats.

S'appuyant sur ces principes, le Protestantisme estime que le libre examen des Ecritures n'offre aucun inconvénient, qu'il est, au contraire, rationnel . nécessaire. Rationnel, parce que Dieu ne nous demande pas une foi aveugle, mais un acquiescement libre et réfléchi de l'esprit aux vérités de l'ordre surnaturel ; et, il n'y a pas de conviction libre s'il n'y a eu auparavant un examen libre et une réflexion personnelle. Puis, nécessaire, parce que des convictions imposées n'engendrent pas une vie morale active, et que ceux-là seulement sont des chrétiens dont la foi est agissante, parce qu'elle est fondée sur des recherches et des convictions personnelles.

Peu importe donc, d'après eux, que celui-ci croie à tel point de doctrine et que celui-là rejette tel autre ; peu importe que tel groupement de fidèles garde des formes liturgiques ou s'en passe ; peu importe que telle Eglise soit épiscopale, ou presbytérienne, ou libre ; la base de l'unité pour les protestants, c'est le respect de la parole de Dieu et la liberté pour chacun d'y conformer sa vie, selon ce qu'il la comprend.

Que la croyance doive être fondée sur la raison, nous le proclamons tous, mais dire que chaque homme est indépendant et ne doit compte de ses croyances qu'à sa propre et individuelle raison, c'est oublier que la vérité existe par elle-même, en dehors de l'esprit humain, et ne dépend pas des raisons individuelles; en d'autres termes, chaque esprit n'est pas libre de se faire à lui-même sa vérité ainsi qu'il la comprend ou la désire.

A côté de quelques rares esprits cultivés qui sont en mesure d'étudier ces grands problèmes, combien d'esprits ignorants, ou inaptes, ou préoccupés d'autre part, manquent de loisirs, de science et de la possibilité de se faire une religion par eux-mêmes.

Une telle méthode serait la justification de l'incrédulité brutale de la foule qui manquerait de religion parce qu'on la mettrait ainsi dans l'impossibilité de la trouver.

De plus, dans la pratique, non seulement il est absolument impossible à l'immense majorité des hommes de se bâtir pour eux-mêmes un système religieux, de se construire leur propre *Credo*, d'après leur intelligence individuelle des Saintes Écritures; mais il leur est même impossible de comprendre le sens des Écritures, s'il ne leur est expliqué par des commentateurs et par les ministres de la religion.

L'Évangile lui-même, si simple en apparence, a souvent, à côté du sens littéral, un sens caché qu'il n'est pas donné à tous et au premier venu, de découvrir du premier coup. En plus de l'intelligence ordinaire et des connaissances spéciales, il y faut le sens religieux, la piété, la grâce.

Sur ce point précis, les protestants sincères n'échappent donc pas à l'autorité doctrinale. Ils rejettent celle des Docteurs de l'Église, mais il leur faut en accepter une autre, qui ne vaut pas l'autorité de l'Église, parce qu'elle est beaucoup plus restreinte et moins sûre, étant variable à l'infini. Et tout incertaine qu'est l'autorité des pasteurs ils l'acceptent, parce qu'elle leur est indispensable.

Enfin, je répète qu'une Eglise n'a pas pour but unique l'affirmation de vérités dogmatiques, mais surtout, par l'affirmation de ces vérités, le perfectionnement moral de ses membres. Or, je prétends qu'il n'est point d'homme qui soit assez fort, assez sûr, assez éclairé pour trouver en soi-même les motifs de son progrès moral. Le progrès moral qui ne s'appuie que sur la raison humaine n'est guère stable, et les passions ont vite fait de reprendre le dessus. Quand ce ne sont point les passions sensuelles, c'est l'orgueil de l'esprit. Et, en fait, dans notre pays du moins, le Protestantisme est devenu le lieu d'élection de la philosophie naturaliste.

Ne nous attardons pas à des controverses dogmatiques; notre époque n'en a pas le goût.

Entre l'Eglise orthodoxe-protestante et l'Eglise catholique, il n'y a pas l'abîme qu'on s'imagine et avec quelque droiture et bonne volonté, d'un côté, et le cœur un peu large, de l'autre côté, la transition ne serait point si difficile. La différence est donc ailleurs que dans les matières de foi.

Elle est dans l'esprit même de la Réforme en ce qu'il a d'opposé à l'esprit catholique. Ce terme d'esprit catholique est-il même bien celui qui convient, et ne ferais-je pas mieux d'employer celui d'esprit ecclésiastique ou clérical ?

Quand la Réforme éclata, elle s'appuya pour combattre le catholicisme sur les abus qui le défiguraient alors : la vente des indulgences, la simonie, le pullulement à l'infini des couvents dont le recrutement et la vie intérieure prêtaient à maintes critiques; l'accaparement par le clergé de biens considérables, l'esprit ecclésiastique de domination s'appliquant à tous les actes de la vie privée et publique, etc., etc..... Le développement excessif de la vie ascétique et celui des biens de main-morte étaient de nature à entraver le développement de la vie économique et sociale, à laquelle l'invention de l'imprimerie et les inventions suivantes devaient donner un si grand essor, et l'on voulait briser ces entraves.

Pourquoi nier ces faits ? L'Eglise, en tant que société humaine, n'est pas sans ride et sans tache, et si quelques-uns de ses membres ont commis des fautes, la Réforme les lui a fait durement expier.

Si la Réforme s'était bornée à mettre fin à des abus et à affranchir les peuples d'une tutelle trop étroite, si elle n'avait fait qu'aider la société civile à se constituer, en secouant le joug politique d'un clergé devenu trop riche et trop absorbant, si elle n'avait appris qu'à vivre en dehors d'une conception purement ecclésiastique, à travailler plus activement et à s'assurer, par le développement du commerce et de l'industrie, plus de bien-être matériel et plus de jouissances légitimes, nous n'aurions que des sentiments de gratitude à exprimer vis à vis de la Réforme.

Malheureusement, le bien ne se fait jamais sans quelque mélange de mal, et ici la question se pose si le mal social produit par le principe protestant ne dépasse pas maintenant les avantages matériels qu'il a procurés.

Le principe de l'indépendance complète de l'individu en matière religieuse est tellement faux que les ministres réformés eux-mêmes prévoyaient dès l'origine ses conséquences funestes. Dans son *Exposition de la doctrine de l'Eglise catholique*, Bossuet rappelle qu'au Synode de Charenton, tenu en 1644, les ministres censurèrent ce principe comme « autant préjudiciable à l'Etat qu'à l'Eglise ». Les évènements ont prouvé le bien fondé des craintes exprimées par le Synode.

L'individualisme politique, lequel a détruit toutes nos traditions nationales, aboutit de nos jours à ce régime parlementaire fait de corruption et d'impuissance. L'individualisme économique aboutit de son côté aux luttes de classes et à la crise sociale, dont nous serons les témoins, sinon les victimes.

Pourquoi, me dira-t-on, faire remonter au principe protestant l'état d'anarchie dans lequel se trouve la France, pays catholique, alors que l'on n'observe pas d'anarchie dans les États protestants ?

Parce que, de par la nature et le génie de la race, nous poussons les principes à leur application, et ce jusqu'à leurs conséquences extrêmes. Notre besoin inné de logique nous conduit jusqu'à l'extravagance. C'est ainsi qu'en France seulement l'on voit ces partis, qualifiés de doctrinaires, qui sacrifient tout à un système, ces intransigeants de tous les régimes qui ne savent pas s'arrêter même devant une énormité, comme ce duc et pair insensé s'écriant : « Périssent les colonies plutôt qu'un principe » ; comme les sectaires jacobins couvrant la France de larmes et de sang, comme aujourd'hui les théoriciens du bloc détruisant toutes les libertés au nom de la liberté, comme ces malheureux socialistes qu'on endoctrine à travailler au bonheur de l'humanité future fondé sur la ruine générale.

Dans les pays étrangers, l'on y met plus de tempérament et de sens pratique. Le Protestantisme n'y a pas produit tous ses effets, parce que ses principes n'y ont pas été appliqués dans toute leur rigueur ; il s'y est transformé en religion officielle, en religion d'État.

L'armature qui soutient le trône et la constitution de chaque pays soutient en même temps le temple ; si les doctrines n'ont pas échappé aux variations, le corps extérieur de l'Eglise a été maintenu, il est sous la sauvegarde directe du pouvoir civil.

Or, là où il y a protection, il y a par contre restriction et limitation du pouvoir d'agir.

En France, depuis un siècle surtout, le Protestantisme a joui d'une liberté sans entraves et sans limites ; ses principes s'y sont développés dans toute leur plénitude, ils ont atteint leurs conséquences extrêmes, et, sous ce rapport, l'on peut, malgré les apparences contraires, considérer notre pays comme le plus favorable qui soit au Protestantisme.

———

Que, dans l'ordre des intérêts matériels, l'esprit d'initiative des protestants, leur vigueur, leur habitude de ne point demander une direction au dehors mais de compter sur eux-mêmes, expliquent leur prospérité tant comme peuples que comme individus, je n'y contredirai point. J'irai même plus loin, et je reconnaîtrai que la prédication des pasteurs n'est pas étrangère à cette valeur spéciale du Protestantisme. Ils prêchent peu de dogmes, ce qui est une lacune, mais ils prêchent l'action, le sens de la vie, la dignité de la vie, non pas seulement d'une vie intérieure, mais de la vie extérieure, de la vie de contact avec l'homme et avec la nature. Ils reprochent aux catholiques, aux évêques surtout, de s'occuper beaucoup du Pape, de vivre comme hypnotisés par la pensée de Rome. Combien de lettres pastorales, qui devraient être consacrées à l'enseignement de l'Evangile et de ses préceptes moraux, ne sont que des exercices de rhétorique sur la grandeur du Pape, la soumission au Pape, l'amour du Pape, etc.,

etc (1). Cet état d'esprit, d'après eux, détruit toute spontanéité, toute virilité, et conduit à l'inertie et à la stérilité (2).

Ils nous reprochent encore la déviation du sens religieux, due à l'influence des Réguliers qui vulgarisent un mysticisme irrationnel, par des dévotions dont la forme matérialiste et quasi-païenne, loin de prêter au relèvement des énergies est plutôt affadissante et féminisante. De là vient cette apathie intellectuelle pour les choses religieuses, cette anémie qui semble rendre tant de catholiques indifférents à une vie morale active, et qui les amène à mettre toute leur religion dans l'observance de formalités puériles, et de rites qui n'ont qu'un rapport très indirect avec la pure essence du Christianisme.

(1) « L'amour du Pape, la dévotion au Pape, sont un signe de prédestination. » (Mgr de Ségur.)

(2) L'enseignement personnel des Evêques, purement local, n'a pas à être mis en cause ; ce qui gagnerait parfois à être modifié, c'est l'enseignement permanent, celui qui est donné à tous les fidèles jusqu'à leur première communion, et qui est contenu dans le catéchisme.

Le catéchisme est consacré, dans sa plus grande partie, à l'enseignement dogmatique, lequel, pour la masse, est difficilement compréhensible ; et même, dans un grand nombre de leçons, il est tellement métaphysique et abstrait qu'il rebute l'esprit, et n'est presque d'aucun profit. Les explications des rites et des pratiques de dévotion pourraient être reléguées à l'arrière plan, pour laisser à l'enseignement moral toute la place qui lui convient. Le catéchisme pourrait, peut-être, enseigner plus explicitement ces vertus capitales dont M. F. Buisson faisait naguère, devant le Parlement, et très gratuitement, l'apanage exclusif de la morale laïque, à savoir : « la claire notion du devoir, les idées de justice et de bonté, l'habitude de la réflexion, la culture de la conscience, l'amour du travail, le sentiment des droits de l'homme et de la dignité humaine... » comme si ces vertus n'étaient pas le résumé des préceptes et de la vie même du Christ, avec d'autres devoirs que M. F. Buisson oublie.

Une modification dans ce sens de l'enseignement catéchistique répondrait aux besoins particuliers de notre époque, et alors le catéchisme, au lieu d'être le livre que l'on ferme après la première communion pour ne jamais le rouvrir, serait tout à la fois le livre de piété, expliquant les principes élémentaires de la vie intérieure, et le livre de direction morale pour la conduite de la vie.

Il serait inutile d'incriminer ces reproches dans ce qu'ils peuvent avoir de fondé, mais, fussent-ils entièrement fondés, pourrions-nous en conclure que, supérieures aux catholiques dans l'ordre des intérêts matériels, les nations protestantes leur sont encore supérieures dans l'ordre moral ?

Non pas. Et pour le prouver, il suffit d'observer l'attitude prise en ce moment même par chacune des trois grandes nations protestantes.

Aux Etats-Unis, des considérations économiques, bien plus que des considérations d'humanité, ont amené la terrible guerre de la sécession et la suppression de l'esclavage. Depuis plus d'un demi-siècle, il semblerait que les dissensions civiles ont dû s'apaiser ; il n'en est rien ; les blancs continuent de considérer les noirs comme des êtres inférieurs et refusent de leur reconnaître la dignité d'hommes. Il y a là un peuple entier qui, au mépris des enseignements du Christ et de ses Apôtres, au mépris de toute justice, a exploité toute une race pendant de longues années, l'a traitée comme une troupe d'animaux, et continue de la rejeter en dehors de l'humanité. La moitié des Etats-Unis s'est soulevée de colère et d'indignation en apprenant que le président Roosevelt a osé inviter un nègre à sa table.

Ces faits, rapprochés de la corruption politique, de la course effrénée vers les richesses, et d'autres faits qu'il serait trop long de rappeler, démontrent que la moralité publique aux Etats-Unis en est encore à la période de formation.

L'Angleterre ne nous offre pas un spectacle plus consolant avec cette misérable guerre du Sud-Africain. Certes si le Transvaal n'avait pas de mines d'or, il n'aurait pas excité la cupidité des aventuriers et des oiseaux de proie de la finance anglaise. Le côté attristant de la guerre est la facilité avec aquelle un orgueil national mal compris et un esprit de lucre et de cupidité naturel à la race, ont entraîné l'un des plus grands et des plus puissants peuples du monde à oublier tous sentiments de modération et d'humanité pour poursuivre à fond une guerre exterminatrice contre une petite nation faible et abandonnée de tous.

En cette occasion, l'Angleterre a dévoilé la faiblesse de sa moralité publique.

L'Allemagne n'a pas beaucoup plus de motifs de se glorifier. Nous avons vu que la conquête de l'Alsace a été amenée par un mensonge impudent ; précédemment, la conquête des Duchés avait eu le caractère d'un acte de brigandage. Depuis, l'Allemagne, arbitre de l'Europe, n'a fait servir sa toute puissance qu'à couvrir et permettre les odieux massacres d'Arménie. L'empereur allemand a sans cesse à la bouche le nom de Dieu ; il prêche comme un pasteur ; et cependant c'est grâce à sa complicité morale que le sultan a pu faire égorger 300,000 chrétiens, puis continuer d'en faire égorger en sourdine. L'Europe n'est pas intervenue par le fait de l'empereur allemand.

Fausseté, hypocrisie, charlatanisme, maquignonnage, aucune trace de moralité et d'esprit chrétien.

La moralité protestante n'est donc point supérieure à la moralité catholique.

Et, en France même, sous quel aspect le Protestantisme se présente-t-il à nous ? Il nous apparaît de moins en moins comme une religion, et de plus en plus comme un parti politique, dont la fraction dite libérale suit le sillage de la Franc-Maçonnerie.

Le conflit entre les deux formes religieuses n'est donc pas restreint à une lutte entre deux écoles théologiques, il se fait sentir dans toutes les branches de l'activité sociale. Notre vie publique en reçoit le contre-coup, et l'on peut dire, en toute vérité, que la question religieuse est au fond de toutes les questions qui divisent le pays.

Les protestants, et avec eux les rationalistes, les intellectuels, les politiciens et *tutti quanti*, reprochent aux catholiques de ne pas aimer l'esprit moderne fait de liberté et de tolérance réciproque; ils affirment l'incompatibilité absolue entre les aspirations de l'humanité et la contrainte chaque jour plus grande que l'Eglise impose à l'intelligence des fidèles par la définition de dogmes nouveaux et inacceptables; ils relèvent dans le *Syllabus*, notamment, des propositions d'une telle intransigeance qu'elles démontrent le divorce qui s'est opéré, disent-ils, entre l'Eglise et la société contemporaine; enfin l'attitude des catholiques dans les questions politiques, leur opposition aux idées républicaines et démocratiques obligent à les considérer comme des ennemis et à les combattre par tous les moyens légaux et extra-légaux.

Reprenons ces reproches un à un.

L'esprit moderne, nous dit-on, est fait de liberté et de tolérance et l'Eglise devrait se l'assimiler. C'est une affirmation qui reste à prouver.

Les protestants qui se réclament de toutes les libertés : liberté philosophique, liberté politique, liberté économique, n'en ont oublié qu'une dans les pays où ils sont les maîtres : la liberté religieuse. Partout où ils l'ont pu, ils ont évincé les catholiques et ils les ont souvent persécutés. Certes eux-mêmes ont été victimes de violentes persécutions, mais les représailles ne doivent pas s'éterniser pendant des siècles, et, au commencement du xxe siècle, nous voyons que, dans les Etats protestants, il est des fonctions interdites aux catholiques, non parce qu'ils sont incapables, ou personnellement indignes de les remplir, mais parce qu'ils sont catholiques.

Nous ne pouvons pas oublier non plus les applaudissements des protestants à l'exode de nos religieux préférant s'exiler plutôt que se soumettre aux exigences arbitraires d'un ministère notoirement hostile. N'est-ce pas avec l'encouragement des protestants que sont prises toutes les mesures propres à décatholiciser, et par là même à déchristianiser la France ?

Les catholiques ont, très légitimement, vis-à-vis du régime auxquels ils sont soumis les sentiments que leur suggère le caractère de ce régime. Il leur est bien permis de ne pas s'enthousiasmer pour une Société, pour un Pouvoir, qui les traite systématiquement avec dédain et avec hostilité, qui leur jette à la tête des injures comme celle-ci, que nous devons, entre tant d'autres, au plus brillant de nos hommes d'État, Gambetta : « Nous appliquerons aux catholiques la légalité jusqu'à ce qu'ils en crèvent. »

Les catholiques ont bien le droit de se défier d'un état d'esprit soi-disant libéral dans lequel on voit des intellectuels, comme ceux de la *Revue Blanche* et de la *Revue de Métaphysique et de Morale*, demander, au nom de la philosophie, la suppression du catholicisme, l'exclusion, même violente, de toute religion qui se manifeste au dehors par des livres et des costumes.

Si c'est là l'esprit moderne, si c'est là la liberté et la tolérance dont il est fait, nous sommes payés pour nous en méfier. L'Eglise refuse, avec raison, de s'identifier avec lui, car c'est un très vieil esprit d'orgueil et de tyrannie.

Elle n'est pas sur la terre pour se laisser guider par l'esprit de l'homme et se faire la servante, tantôt de l'absolutisme royal, tantôt des libéraux et des démocrates, tantôt des philosophes et des savants, tantôt des fureurs jacobines et des foules en délire. Sa mission consiste, au contraire, à guider l'esprit humain dans ses variations et ses évolutions, en lui rappelant sans cesse les enseignements invariables de l'esprit de Dieu. A-t-elle rempli cette mission ? Qu'on nous dise quelles sont les vérités qu'elle a définies, puis contredites ; quelles sont les erreurs qu'elle a condamnées, puis adoptées ?

Aussi, et c'est le second reproche que j'ai à examiner, je ne suis point en peine de comparer les aspirations de l'humanité toujours en mouvement, toujours en quête de jouissances et d'acquisitions nouvelles, toujours à la recherche d'un progrès indéfini et illimité, avec l'immutabilité (1) dogmatique de l'Eglise et avec la contrainte intellectuelle croissante qu'elle impose aux siens.

Je dis aux siens, car ceux-là seuls ont qualité pour se plaindre de la contrainte qui la subissent, et je ne comprends pas comment les dogmes anciens et nouveaux excitent tant d'indignation chez des hommes qui, ne faisant pas partie de l'Église, devraient être pour le moins indifférents à des règles et à des prescriptions qui ne les touchent point.

Les vérités scientifiques, celles du moins qui nous viennent des sciences expérimentales, ne sont ni précisés, ni durables : il suffit d'une découverte nouvelle pour les mettre à mal. Elles durent cent ans, disait Arago. Comment fonderait-on une religion et une morale sur de pareilles données.

(1) Il faut distinguer, dans le dogme, la substance, qui est d'origine divine, de la formule dogmatique, qui est de contexture humaine, et par conséquent relative et inadéquate à son objet. Elle a évolué dans sa préparation ; une fois fixée par la définition, elle devient immuable ; mais, ce qui n'est pas immuable, c'est la conception qu'en ont les générations successives. Qui pourrait dire comment sera comprise et appliquée, dans deux cents ans, la formule nouvelle et encore inachevée, de l'infaillibilité pontificale ? Par là s'explique comment l'Eglise accepte la loi d'évolution et le progrès dans l'intelligence de la vérité religieuse.

La morale courante fondée sur la loi naturelle ne change pas; quelles que soient les évolutions des sciences, il n'y a pas un iota à modifier au Décalogue.

La morale de la perfection, fondée sur l'enseignement du Christ, n'a pas à tenir compte davantage des progrès de la science; elle lui est indépendante et supérieure. « Le Ciel et la Terre passeront, mais mes paroles ne passeront pas ». C'est sur ces paroles du Christ que repose l'immutabilité du dogme.

C'est une erreur inexplicable de la part de certains savants de reprocher à la science religieuse l'intolérance et l'intransigeance de ses dogmes. Mieux que d'autres, ils doivent comprendre que la vérité est impersonnelle, au-dessus de toute transaction possible. Ils oublient que la science, dont ils se réclament, procède exactement comme la religion.

Les sciences positives sont intolérantes et intransigeantes; intolérantes, en ce qu'elles classent immédiatement parmi les malades et les fous quiconque ne s'incline pas devant les résultats acquis; intransigeantes, en ce qu'elles ne font et ne peuvent faire aucune concession.

Et là même est la force de la science. Si elle admettait les transactions, les maquignonnages ou encore les incohérences d'une libre pensée scientifique, quelles garanties offrirait-elle à l'esprit humain ?

Elle s'appuie sur l'immutabilité des lois de la nature. C'est son dogme à elle, dogme fondamental et nécessaire, car s'il n'y avait pas de lois immuables dans la nature la science serait réduite à l'étude des phénomènes sans pouvoir rien en conclure; science sans issue; et, comme le dit M. Brunetière, « le progrès ne serait qu'une stérile agitation de l'esprit à la recherche d'une vérité qui le fuirait toujours ».

La science et la religion sont bâties sur le même fondement ; toutes deux, illibérales, ne reconnaissent d'autre droit à l'individu que celui de coopérer de toutes les forces de son intelligence et de son cœur à toute œuvre de vérité et de justice.

Quant aux dogmes nouveaux, il y en a deux. L'un regarde exclusivement la vie mystique de l'Eglise ; les rationalistes n'ont pas à s'en occuper. Je veux bien reconnaître que la forme insolite dans laquelle il a été proclamé a été pour quelques-uns, et notamment pour des protestants éclairés, comme une pierre d'achoppement. Pie IX s'est donné la gloire de faire cette proclamation seul, et sans le concours d'un Concile, mais non point sans le concours de l'Eglise. Il a eu soin de préciser qu'il s'appuyait sur la tradition et sur l'assentiment de tous les évêques ; il était donc l'organe de l'Eglise du passé et de l'Eglise du présent, et aucun dogme n'a été accepté avec plus de piété.

En ce qui concerne le dogme de l'infaillibilité pontificale, je comprends qu'il soit une cause de récriminations amères, d'autant plus qu'il a donné lieu de la part de certains théologiens à des exagérations manifestes. L'Eglise saura y mettre ordre. Mais, ce qui exaspère les rationalistes, ce n'est point encore tant le côté dogmatique de l'infaillibilité que les conséquences sociales du dogme.

Il a été imposé en effet par les nécessités sociales ; il répond au besoin de vivre naturel à toute société. La nature procure aux animaux malades les plantes qu'ils vont chercher d'instinct et qui les guérissent ; aux sociétés malades l'Eglise procure comme naturellement, et par suite d'une évolution normale, les principes de guérison et de salut.

Nous sommes divisés, émiettés à l'infini, désagrégés en poussière d'hommes par les doctrines individualistes, l'Eglise nous offre le spectacle d'une société fortement unie, sous un chef unique. Nous flottons au hasard des doctrines imprécises, emportés par un vent de septicisme et de négation, l'Eglise nous oppose un docteur, juge souverain des doctrines, souverain affirmateur de la Vérité.

De la liberté des doctrines nous sommes passés à la liberté des actes, au mépris de toute règle, au règne de la force, à l'anarchie sociale; l'Eglise nous répond par la diminution de la liberté chez elle-même, et par la proclamation du principe d'autorité; elle nous dit que la liberté en elle-même, la liberté absolue, est un élément de dissolution pour les sociétés et qu'elles ne peuvent subsister par la liberté sans une autorité qui la règle. Et ses membres se soumettent à l'autorité, prêchant ainsi d'exemple.

La Raison n'a rien à y perdre; la société a tout à y gagner.

Car la soumission à une autorité absolue, infaillible, n'aura point, pour l'Eglise, l'inconvénient de supprimer toute liberté, toute spontanéité chez ses membres, ni pour la société, l'inconvénient non moins grand de former l'esprit des catholiques à une servilité continuelle de l'intelligence et de la volonté, à une méfiance instinctive des institutions libres et du libre examen nécessaire au développement de la science.

En aucune façon. L'autorité doctrinale n'est pas une tyrannie qui détruise toute spontanéité. Si nous voyons cette spontanéité diminuer chez nous, cela tient à des causes particulières et locales. Si, par exemple, l'épiscopat français montre vis-à-vis de Rome des dispositions à une sujétion que Rome même regarde avec quelque dédain, il n'en est pas de même de l'épiscopat d'autres pays qui ont su mieux se maintenir et dans les traditions catholiques et dans les traditions nationales.

Evêques, prêtres et fidèles se sont accoutumés à avoir les

yeux sans cesse tournés vers Rome pour demander ce qu'ils doivent penser et ce qu'ils doivent faire. A force d'exalter le pasteur suprême, à tout propos et hors propos, l'on perd de vue l'autorité des pasteurs immédiats, lesquels ne sont plus que des fonctionnaires. Cet état d'esprit a été soigneusement entretenu par les Congrégations, mais l'inconvénient, encore une fois, n'est guère sensible qu'en France, et Rome même saura y apporter le remède.

Ce serait mal comprendre l'Eglise que la considérer comme une machine dont toutes les parties sont mues du centre par un moteur unique. « En dépit de la concentration graduelle de tous les pouvoirs en une seule main, l'Eglise demeure un corps vivant, composé de membres et d'organes vivants qui, d'une extrémité à l'autre de ce corps gigantesque, conservent cette grande chose, la spontanéité de la vie..... Rome n'est pas le moteur, d'où tout part, c'est le centre ou tout aboutit et qui coordonne tous les mouvements. » (Anatole Leroy-Beaulieu).

Enfin, j'en viens au reproche que j'ai formulé en dernier, celui qui a trait à la soi-disant désaffection des catholiques pour les institutions libérales et à leur attitude dans les questions politiques. Cette attitude, la mauvaise foi avec laquelle on l'a interprétée, les malentendus multipliés à plaisir, les divisions inévitables qui en ont été la conséquence ont été exposés d'une manière magistrale, par M. G. Fonsegrive, dans ses divers ouvrages, et notamment dans *La Crise sociale*. Je me borne à résumer, et, le plus souvent, avec ses propres termes, les arguments par lesquels il a si bien montré que les catholiques, loin d'être réfractaires aux idées modernes, n'ont aucun effort à faire pour s'y rallier.

La forme extérieure et tangible sous laquelle se présentent les idées modernes pour la masse d'un peuple est la forme républicaine. Or, la République n'est pas seulement un mot, une étiquette, qui permet à un parti, à une secte, à quelques aventuriers, d'exploiter, sur une dénomination acceptée de la majorité, un régime de centralisation et d'essence monarchique ; l'acceptation de la forme républicaine entraîne l'acceptation de certains principes, de certains moyens de gouvernement, et par conséquent d'un certain esprit.

Le premier de ces principes est la substitution du principe d'élection au principe d'hérédité. Sans entrer en ce moment dans la discussion des avantages que présentent ces deux systèmes, observons seulement que le système héréditaire est destiné à disparaître à mesure que les peuples avancent en civilisation, et en vertu de la loi universelle qui fait passer toutes les actions humaines du domaine irréfléchi de l'instinct au domaine délibéré de la réflexion et du choix. La forme républicaine marque, en soi, un état social plus avancé que la forme monarchique absolue ; les citoyens d'une République représentent un état de l'humanité supérieur à celui des sujets d'un autocrate ; ils jouissent de plus de liberté et de plus d'autorité ; ils participent plus directement à la vie nationale ; ils ont, par conséquent, plus de responsabilité, donc, plus de valeur morale.

Constatons, en passant, que l'Eglise, qui est une société complète, dotée d'un gouvernement régulier, n'est jamais passée par la forme héréditaire et monarchique, mais que, chez elle, l'autorité dérive de l'élection. La magistrature suprême a été, dès la première heure, fondée sur le principe électif, et c'est à ce principe que les catholiques français devront revenir lorsqu'ils voudront voir l'influence religieuse se développer dans le pays. L'élection des évêques par les fidèles, ou par les chapitres, redonnera à l'épiscopat une valeur intellectuelle et une autorité morale qu'on ne peut attendre de nominations faites par un Napoléon Ier ou par un vulgaire chef du bureau des Cultes.

Il faut aller jusqu'au bout du principe et reconnaître que si l'esprit moderne et l'Eglise reconnaissent la légitimité du pouvoir issu de l'élection, si tout citoyen, comme tout fidèle qui a les qualités requises, peut nommer un citoyen aux fonctions les plus augustes, celles de législateur ou de juge ou de magistrat suprême, tout citoyen a lui-même le droit de prétendre à ces fonctions. Il nomme, donc il peut être nommé.

C'est ce qu'affirme la Déclaration des Droits de l'Homme, stipulant, dans son article 6, que tous les emplois de l'Etat sont également accessifs à tous, « selon leur capacité et sans autre distinction que celle de leurs vertus et de leurs talents. » Cette conception de l'égalité naturelle de tous les hommes, qui est la base du régime démocratique, c'est encore l'Eglise qui, la première, l'a mise en pratique, et la réalise encore de nos jours.

Elle enseigne d'abord le principe fondamental du Christianisme social que tous les hommes sont égaux devant Dieu, et que tous, avec l'aide de sa grâce, qui ne leur fait jamais défaut, doivent également prétendre à la sainteté. Dieu ne fait pas acception des personnes ; pour lui, la naissance n'est rien, ni la fortune, ni la dignité ; seule vaut la vertu, seul vaut l'effort que fait l'homme pour remplir son devoir, pour accomplir sa fonction, dans le domaine de la conscience et dans le domaine social. Est-il un principe plus démocratique ?

De plus, l'Eglise ne tient aucun compte de la naissance

séculière des prêtres ou des religieux ; elle choisit ses pontifes et ses évêques dans tous les rangs sociaux. Les ordres religieux élisent de même leurs chefs sans avoir égard à autre chose qu'à leurs qualités et leurs mérites personnels. Si le Christianisme a été une grande école d'égalité, l'Eglise catholique a été la plus grande institution démocratique qui ait jamais existé

Le principe de l'élection entraine avec lui, pour le régime moderne, le droit et le devoir de former le sens social des électeurs, de leur donner les idées et les sentiments dont est constituée la conscience nationale ; de développer en eux l'intelligence des choses, des idées, des partis entre lesquels il est appelé à choisir, le jour du vote.

Dans une monarchie héréditaire, où il n'y a qu'un roi et des sujets, le roi seul est citoyen, lui seul, et les siens, ont besoin de recevoir une formation intellectuelle et morale appropriée à leur fonction ; mais, à mesure que la monarchie devient parlementaire, c'est-à-dire qu'elle incline vers la République, à mesure que le sujet s'achemine à la dignité de citoyen, le devoir social devient plus complexe, la formation sociale plus minutieuse à la fois et plus nécessaire. La monarchie exige et peut se contenter de l'obéissance extérieure ; la République exige un assentiment intérieur, une volonté sans cesse renouvelée de respecter l'ordre. La monarchie est une puissance d'ordre mécanique et matériel, la République est, en plus, une puissance d'ordre spirituel et moral ; elle nécessite donc une instruction civique d'une nature particulière, une formation spéciale du citoyen.

Là encore le régime moderne se retrouve d'accord avec l'Eglise, qui a toujours revendiqué le droit de former l'âme sociale du chrétien, en tant que chrétien, et de surveiller cette formation.

On voit donc par là, que notre troisième République a eu raison d'introduire dans le programme scolaire une instruction civique et morale, et les républicains ont raison de soutenir que la loi d'obligation scolaire, avec l'enseignement civil et moral qu'elle édicte, est une loi essentiellement républicaine, et, en ce sens, intangible, c'est-à-dire que la République ne saurait l'abandonner sans se renier elle-même et travailler à son suicide.

Mais, on voit aussi que l'idée nationale, et, à plus forte raison, l'idée morale et sociale, n'est nullement en opposition avec l'idée religieuse, et plus spécialement avec l'idée catholique. Car il est de l'essence de la religion d'apprendre à l'homme ses devoirs, de le renseigner sur ses droits, et de lui rendre sacrés les uns et les autres en les faisant reposer sur l'idée éminemment sainte et vénérable de la législation divine.

Il est encore de l'essence du catholicisme de considérer en l'autorité la fonction et non la personne ; toute son économie sociale est identique sur ce point à l'économie républicaine ; tout pouvoir catholique est indépendant des personnes qui l'exercent ; c'est toujours à la loi religieuse et jamais à un homme que l'on obéit, de même qu'en République personne ne doit jamais être sujet que de la loi.

Le catholicisme, en développant chez le fidèle l'esprit d'obéissance, ne l'asservit pas ; mais bien loin de l'asservir, il lui apprend à discerner l'autorité légitime, à se tenir debout devant toutes les tyrannies, comme aussi à accepter avec souplesse les ordres légitimes de l'autorité. Et cette discipline d'obéissance n'est nulle part plus utile que dans une République où l'ordre ne peut être maintenu que par la bonne volonté concertante des citoyens libres. Si d'ailleurs il est vrai, comme personne ne le conteste, que les disciplines morales du catholicisme excellent à produire la maîtrise de soi-même, la liberté intérieure en face de l'esclavage des passions, tout dans le catholicisme, notion de l'autorité, conception de l'obéissance et discipline intérieure, concorde avec ce qu'exige l'idée, l'essence de la République. Et par conséquent il n'y avait aucune nécessité pour la République à proscrire des écoles les maîtres et les idées catholiques.

« Le catéchisme, loin de s'opposer au manuel d'instruction civique, peut et doit faire avec ce dernier très bon ménage, et, pour qui sait voir, le manuel n'est qu'une spécialisation appropriée des principes généraux qui se trouvent dans le catéchisme ». (G. Fonsegrive.)

Lors donc que certains républicains proscrivent le catholicisme, exilent les prêtres, interdisent aux fonctionnaires les pratiques religieuses, ils ne le font pas, quoiqu'ils disent, en tant que républicains, et la défense républicaine est plutôt compromise par leur manière d'agir; ils le font en tant que matérialistes et athées, pour lesquels le but à poursuivre est la suppression de toute morale gênante. Dieu les gêne, ils suppriment Dieu et quiconque le représente.

Parlant de la Déclaration des Droits de l'Homme, Victor Cousin en disait que c'est la page de raison et de justice la plus grande, la plus sainte, la plus bienfaisante qui ait paru depuis l'Evangile.

Aucune page de notre histoire ne montre mieux l'infiltration des sentiments chrétiens dans l'âme française, encore bien qu'assurément il n'entrait pas dans les intentions des législateurs de la Constituante de formuler une Constitution basée sur les principes chrétiens. Ils l'ont fait cependant, et si les principes qu'ils ont mis à la base de notre droit public sont conformes à la foi catholique, n'est-ce pas la preuve qu'il n'y a aucune incompatibilité entre le christianisme et l'esprit moderne ? C'est parce que l'un et l'autre se sont harmonieusement développés, côte à côte, le long des siècles, qu'aujourd'hui, malgré des préjugés contraires, malgré les récriminations des réactionnaires et des révolutionnaires, nous saluons dans la Déclaration des Droits de l'Homme la plus solennelle protestation du droit des peuples opposé à la théorie du droit divin des rois, et la proclamation de cette liberté complète pour laquelle il semble que, même après plus d'un siècle, nous ne soyons pas encore mûrs, puisque nous ne savons pas encore la distinguer de la licence.

Montrer la corrélation des principes de la Déclaration avec les principes chrétiens demanderait tout un volume; laissons de côté la théorie, et reconnaissons qu'au point de vue pratique, malgré les anathèmes des théologiens qui, à la suite de J. de Maistre, ont traité les principes de 89 de sataniques, ils nous sont aujourd'hui une utile sauvegarde, et, plus que toute autre association de citoyens, l'Eglise est intéressée à leur maintien.

L'Eglise, en effet, était autrefois protégée par le pouvoir, elle faisait corps avec lui; elle considérait cette situation comme privilégiée; nous considérons, nous, que c'était pour elle une cause de faiblesse et de corruption; en tous cas, l'Eglise se trouve maintenant face à face avec la société démocratique qui, non seulement par nature, ne reconnaît pas de privilèges, mais qui éprouve une jalousie inquiète et soupçonneuse, une défiance particulière de toute société, comme de tout individu, qui pourrait prétendre à l'hégémonie. C'est l'instinct de conservation qui lui inspire ce sentiment.

Or, s'il est une société qui puisse justifier cette défiance jalouse, c'est bien l'Eglise avec son organisation puissante et disciplinée, avec l'influence immense que lui donne son sacerdoce et ses quarante mille chaires, avec l'esprit dominateur de son clergé qui, habitué par sa fonction même à dogmatiser sur les questions les plus élevées qui puissent occuper l'esprit humain, est toujours disposé à parler avec autorité sur les questions contingentes de la politique et de l'économie sociale.

« L'Eglise, dit l'abbé Brugerette, est donc un obstacle que l'Etat rencontre sur son chemin, et comme il ne peut se flatter de la gagner tout à fait, de la conduire jusqu'au bout de sa volonté, il se trouve dans la nécessité ou de se faire obéir par l'Eglise ou de limiter les droits de la puissance rivale. Quelles garanties restent alors à l'Eglise si elle ne va les chercher dans sa part légitime et inattaquable de la liberté commune ? Elle doit donc s'appliquer à maintenir fermes les principes d'un droit qui peut seul, de nos jours, l'abriter contre les caprices des gouvernements et les passions des partis. On est toujours fort sur le terrain des libertés communes contre les abus d'un pouvoir arbitraire. »

C'est ce qu'avait si bien compris Lacordaire lorsqu'il s'écriait, dans l'Oraison funèbre d'O'Connell : « Catholiques, entendez-le bien, si vous voulez la liberté pour vous, il vous faut la vouloir pour tous les hommes et sous tous les cieux. Si vous ne la demandez que pour vous, on ne vous l'accordera jamais; donnez-la donc là où vous êtes les maîtres, afin qu'on vous la donne là où vous êtes esclaves. »

Et, sachons le reconnaître, si aujourd'hui une sorte de persécution inique sévit sur certaines fractions de l'Eglise catholique, en France notamment, si des congrégations religieuses sont supprimées et exilées, c'est parce que les principales d'entre elles ne paraissent pas reconnaître le droit social nouveau issu des principes de 89 ; c'est parce que cette partie du clergé, s'appuyant à l'excès sur le principe d'une autorité restrictive de toute liberté, se montre ainsi hostile à l'idée démocratique, c'est parce que si des prêtres ont béni en 1848 des arbres de la Liberté, et s'ils chantent le *Domine salvam fac Rempublicam*, on les suppose désireux de chanter le *Te Deum* d'une restauration monarchique; c'est enfin parce que l'on a encore dans les oreilles ce mot immoral prêté à un écrivain catholique, Louis Veuillot : « Nous vous demandons la liberté au nom de vos principes : nous vous la refusons au nom des nôtres. »

Il y a, en tout cela, une sorte d'équivoque qui explique en partie le malaise pénible dans lequel se débat l'Eglise au milieu de notre société démocratique. Que la Déclaration des Droits de l'Homme soit incomplète, cela est certain; elle offre des imperfections et des lacunes; sur certains points elle prête à des réserves, mais elle n'en est pas moins pénétrée de l'esprit chrétien. Le respect de ses principes est une garantie pour les droits de la société religieuse aussi bien que pour ceux de la société civile.

LES RAPPORTS

DE

L'ÉGLISE ET DE L'ÉTAT

Par ce qui précède, nous avons vu que tout vient de la Religion et tout y aboutit; sur toutes les questions de principe elle a son mot à dire, qu'il s'agisse de philosophie, de morale, de droit ou d'économie sociale. Que chacun de nous l'accepte ou la repousse pour la direction de sa vie privée, elle n'en est pas moins un fait social, le plus universel de tous. C'est pourquoi, en maintes occasions, le pouvoir civil est amené à entrer en contact avec le pouvoir spirituel.

Les rapports des deux pouvoirs constituent l'un des problèmes les plus complexes et les plus délicats de la politique. Il importe que les droits de la société civile ne soient point sacrifiés au désir de sauvegarder les intérêts spirituels; il n'importe pas moins que, sous le prétexte d'assurer l'indépendance de la société civile, on ne porte pas atteinte aux droits de la conscience religieuse, et que celle-ci ne soit pas exposée à une oppression qui deviendrait vite intolérable.

Aucun problème de politique sociale ne demande donc de la part des parties en présence plus d'esprit de justice et de modération, plus de réelle et sincère bonne volonté.

« Les notions premières de droit et de morale, prétendent les catholiques, les lois immuables qui seules doivent
servir de base à la société ont été révélées par Dieu, et
l'Eglise, seule, a qualité pour être juge suprême des lois
politiques et sociales. « L'infaillibilité du pouvoir établi de
Dieu pour promulguer et interpréter sa loi donne les garanties essentielles de la liberté sociale, tandis que l'infaillibilité des pouvoirs humains expose à toutes les servitudes. »
(Ch. Périn).

Ainsi, c'est entendu. Les laïques et la société civile
qu'ils constituent sont incompétents en fait de morale; il
s'ensuit qu'ils ne peuvent ni décréter le droit, ni punir le
crime, sans les lumières et le contrôle de l'Église. Le pape
est donc bien effectivement le souverain des peuples et des
rois et tous doivent lui obéir. Telle est la doctrine du *Syllabus* et celle qui, dans tous les séminaires, est enseignée
aux jeunes prêtres.

·Nous nous expliquons ainsi comment les conflits entre
l'Église et l'État n'existent que dans les États catholiques,
puisque seule l'Église catholique est un corps organisé et
prétend constituer un pouvoir auquel, suivant son dogme,
l'État doit être soumis. »

Ces réflexions sont d'un écrivain éminent, M. de Laveleye. Il est inutile d'ajouter que M. de Laveleye est protestant ou rationaliste; on le voit à l'exagération qu'il a donnée
à la thèse catholique. Il l'a non seulement exagérée, mais
dénaturée.

Certainement l'Eglise enseigne que les intérêts spirituels
doivent passer avant les intérêts matériels, et, qu'à ce titre,
l'Église, société des âmes, est supérieure à l'Etat. C'est là
la thèse, et l'on ne conçoit pas bien l'Église se rangeant à
l'opinion opposée et consentant à professer que, les intérêts

matériels devant passer avant les intérêts spirituels, elle a le devoir de s'effacer devant la société civile.

Par contre, l'Église n'a jamais soutenu qu'elle eût la mission et le pouvoir de diriger la société civile, elle n'a jamais considéré les princes comme ses mandataires, comme ses représentants, dans l'exercice de ses droits sur l'ordre matériel; elle reconnaît, au contraire, l'indépendance et la Souveraineté du pouvoir civil dans son domaine propre.

Des papes (1) ont pu abuser de leur puissance et outrepasser leurs droits vis-à-vis des princes et des peuples; la preuve en est dans maintes bulles et notamment dans la fameuse bulle : *Unam Sanctam;* la preuve en est aussi dans l'intervention fréquente, et souvent intéressée, des

(1) Il est, à notre époque, une disposition contre laquelle il est permis de réagir, c'est celle qui consiste à ne plus voir dans l'Eglise que le Pape. Il n'en était pas de même au moyen âge, où le Pape était vénéré et écouté comme le chef de l'Église, sans le concours duquel aucune décision dogmatique, ou disciplinaire, n'était valable, mais qu'on n'eut pas admis dirigeant chaque Église aussi directement qu'il le fait aujourd'hui.

Depuis, les Églises particulières ont disparu; l'Épiscopat a perdu presque toute influence sociale et beaucoup de son influence religieuse; la Papauté seule reste, qui a grandi sur ces ruines et semble tout absorber, tout au moins pour les observateurs superficiels; car, l'Eglise subsiste dans l'harmonie de ses proportions essentielles, corps parfait vivant en chacun et pour chacun de ses membres, que la tête n'absorbe point, n'annihile point, mais conduit et dirige dans un concert admirable avec le reste de l'organisme.

Ce qui fait illusion et trompe les esprits prévenus ou ignorants, ce sont les exagérations des théologiens ultramontains du xix⁰ siècle qui, pour faire leur cour à un pontife favorable aux conceptions les plus grandioses, en ont fait un demi-Dieu, à ce point qu'un des plus grands catholiques de France, Montalembert, s'est élevé avec indignation contre ce qu'il appelait: l'idole du Vatican. Les Réguliers ont contribué plus que tous autres à cette déviation du sens catholique; elle est leur œuvre propre.

Le pape actuel occupe, par ses vertus et par son génie, une si grande place dans la catholicité, que la tendance à ne voir dans l'Église que le Pontife suprême se trouverait, si cela se pouvait, justifiée en lui, mais il serait le premier à protester au nom de l'Église, dont il est le chef et aussi le serviteur : *Servus servorum Dei.*

papes du moyen âge dans les dissensions politiques des
Etats. Le fait que ces bulles et ces interventions furent re-
poussées, ou considérées comme non avenues, par des
princes et des peuples qui n'en restaient pas moins catholiques, démontre qu'aux yeux des uns et des autres la doctrine même de l'Eglise n'était pas en jeu. Si la bulle
Unam Sanctam avait été article de foi, la France, en la reje-
tant, aurait cessé d'être catholique. Aucun pape n'a émis
cette prétention; et Léon XIII, comme nous le verrons, a
posé et résolu la question dans un sens tout différent.

Quant au *Syllabus*, il n'y a pas de doute que la forme regrettable dans laquelle il a été rédigé et présenté peut donner
le change et prêter à une conception inexacte de la doctrine.
Il serait bon que ceux qui le combattent sachent au moins
le lire, et ce n'est pas souvent le cas; ils lui imputent mal à
propos des erreurs et des assertions qui n'y sont point contenues, et dont Mgr Dupanloup, entre autres, a fait pleinement justice. Ce sujet sort de notre cadre.

Avant d'aller plus loin dans cette discussion, il paraît
utile de préciser le sens des mots. Lorsque nous parlons
des rapports de l'Église et de l'État, est-ce bien de l'Église
que nous parlons, de l'Église, société des âmes, unies dans
l'amour du Christ, uniquement préoccupées du Royaume
céleste, c'est-à-dire de charité et de bonnes œuvres, Église
souffrante, militante et priante. Celle-là est la société divine,
et celle dont nous avons à parler est la société humaine,
avec ses grandeurs, mais aussi avec ses faiblesses, avec ses
docteurs et ses héros, mais aussi avec ses ambitieux.

A côté des questions de doctrine l'on sent parfois des
questions d'intérêt, et c'est cette considération qui donne à
la politique religieuse une acuité particulière.

Il est des esprits tellement fermés, ou tellement hostiles, à tout ce qui relève de l'idée religieuse que, d'après eux, l'Etat doit ignorer toutes les religions, les considérer comme non existantes et refuser d'avoir avec aucune d'elles aucun rapport, sous ce prétexte que leur royaume n'est pas de ce monde et qu'elles ont pour objet un soi-disant domaine du surnaturel dont l'État n'a pas à tenir compte.

Certes, la religion n'a pas pour objet les choses de ce monde, mais elle vit dans ce monde, elle vit dans le temps et par les hommes. L'Évangile, qui est son code, trace la ligne des devoirs du chrétien vis-à-vis de ses semblables. S'il ordonne la charité, par exemple, et l'aumône, c'est parce que le bien de l'âme est lié dans une certaine mesure au bien du corps et qu'un minimum de bien-être matériel est nécessaire à tous.

L'Église non seulement ne se désintéresse pas de ce bien-être matériel, mais elle ordonne aux siens de le procurer, suivant leurs ressources, à ceux qui ne l'ont pas, afin que la pratique de la vertu leur devienne possible.

L'Église ne peut donner que l'enseignement de ces devoirs sociaux, il ne lui appartient pas d'en assurer l'accomplissement; ce serait intervenir dans la direction des intérêts économiques et matériels de la société. Elle enseigne donc le devoir social dans ce qu'il a de commun avec le devoir moral; dans ce cas, la question sociale étant une question morale, ne peut se traiter qu'avec l'Église ou contre l'Église.

Et s'il est vrai, comme le dit Saint-Simon que « toutes les institutions sociales doivent avoir pour objet l'amélioration physique et morale de la classe la plus nombreuse et la plus pauvre », il faut avouer que ces institutions sociales ne sont possibles qu'avec l'appui du sentiment religieux. La religion seule peut persuader aux individus et aux peuples de sacrifier volontairement l'intérêt privé à l'intérêt social, de renoncer à la liberté absolue, source de l'égoïsme et de la licence, de faire prédominer dans les rapports sociaux l'égalité, la fraternité et la justice sur le droit de la force. Sans ces sacrifices, et d'autres encore, que la religion enseigne et commande, tout progrès serait impossible.

Donc, à tous ces titres, l'Etat ne peut pas ignorer l'Eglise, et il a avec elle des rapports nécessaires.

Que les matérialistes le veuillent ou non, ce ne sont pas uniquement les préoccupations matérielles qui dirigent la conduite des États; l'idée que chaque nation se fait de son rôle dans le monde, de sa mission particulière, de ce qu'elle peut faire ou ne pas faire à l'intérieur ou à l'extérieur, cette idée est la résultante des opinions philosophiques, des tendances morales et des doctrines religieuses de la nation.

Qu'y a-t-il de moins matériel que l'élan généreux qui poussa la France à voler au secours de l'Amérique, dans la guerre de l'Indépendance; ou encore que ce principe des nationalités d'où sont sorties les guerres constitutives de l'Europe actuelle? De même, dans la politique intérieure de chaque nation, les considérations matérialistes des purs athées sont insuffisantes à expliquer les conflits sociaux. Quand la Franc-Maçonnerie déclare la guerre au catholicisme au nom de la défense républicaine, quand elle proclame de la sorte un dogmatisme anticatholique, que fait-elle, sinon soumettre les intérêts temporels les plus évidents à la réalisation d'une théorie purement spirituelle, aboutissant à la suppression de la loi divine? (Fonsegrive.)

Aussi ceux qui prétendent qu'aucune religion ne doit intervenir dans les actes de la vie civile et politique commet-

tent-ils une singulière méprise. La religion ou l'irreligion
interviennent dans tous les actes de la vie.

Ce que l'on doit dire, c'est que le clergé d'aucune religion
ne doit intervenir, et qu'il doit, au contraire, se tenir à l'écart
des conflits politiques, car, s'il y prend part, comme il
jouit à cause de ses fonctions d'une autorité morale particulière, on pourrait lui reprocher d'abuser de cette autorité
en faveur d'un parti. Qu'a-t-il à y gagner du reste, même
auprès de ses propres fidèles ? son incompétence, ou ses in-
succès, en matière politique amèneraient à discuter sa compétence en matière spirituelle, et il récolterait la défiance là
où il croyait pouvoir compter sur la confiance et sur la soumission des esprits. Tous les efforts, toute l'énergie, tout le
dévouement du clergé doivent être réservés par lui à l'accomplissement et à l'enseignement des devoirs religieux.

Sous l'ancien régime, l'on voyait toujours des évêques
dans le Conseil privé, et souvent à la tête du gouvernement ; les Suger, les d'Amboise, les Richelieu, les Mazarin
ont été, certes, de grands ministres, chacun à leur manière ;
mais les sociétés modernes ont une telle volonté de ne pas
laisser compromettre la marche des affaires publiques et la
conduite de l'État par des querelles de conscience qu'elles
écartent, comme naturellement, des affaires les ministres des
cultes.

Pour apprécier ce que sont aujourd'hui les rapports de
l'Église et de l'État, il est indispensable de se reporter aux
siècles passés, de demander à l'histoire ce qu'étaient autrefois leurs relations et comment elles sont devenues ce que
nous les voyons. Écoutons l'un des hommes les plus éminents qui aient étudié ces questions, M. Étienne Lamy :

La situation sous l'ancien régime, dit-il, telle qu'elle résultait de l'ordre établi par l'Église elle-même, lorsqu'elle civilisa les Barbares, et depuis, reposait sur cette certitude que Dieu a révélé aux hommes, avec le christianisme, les lois conformes à leur nature et nécessaires à la vie des sociétés.

Par ses institutions fondamentales : le régime de la famille, l'enseignement, les devoirs des classes les unes envers les autres, l'État sanctionnait les principes chrétiens; par les respects et les privilèges accordés au clergé, aux moines, aux corporations pieuses, il aidait, par une conséquence nécessaire, à l'accroissement de l'influence religieuse. Qui se séparait de la société religieuse était retranché de la société civile. Le droit appartenait à la société de défendre, même par le fer et par le feu, ses croyances nécessaires, et, la loi humaine s'inclinant devant la loi divine, le pouvoir politique tendait à devenir le serviteur du pouvoir religieux.

Cette tutelle de l'Église, d'abord chère aux peuples et utile aux princes, devint-elle, par la suite, trop lourde pour ceux-ci? Cela est probable, et, vint un moment où ils refusèrent de reconnaître et d'appuyer les volontés des moines, des évêques et des papes par les faveurs et les contraintes de la force publique. Ils émirent la prétention de ne pas mettre sans examen leurs lois, leurs juges et leurs bourreaux au service d'une puissance étrangère. En France, le désaccord prit un caractère aigu entre Philippe le Bel et Boniface VIII; il se continua avec Charles VII et la Pragmatique sanction de Bourges, puis avec Louis XIV et la déclaration du clergé gallican de 1682.

La tactique du Saint-Siège fut assez simple. Il avait le plus souvent pour adversaires les princes d'un côté, l'Église nationale de l'autre. Les princes se souciaient peu des théories; ils ne secouaient l'arbre que pour en avoir les fruits; ils voulaient nommer aux dignités de l'Eglise, se choisir ainsi une clientèle puissante, lui distribuer les bénéfices ecclésiastiques, et, en cas de vacance des sièges épiscopaux, s'en approprier les revenus. Le pape cède sur tous ces points, ne se réservant que l'investiture canonique. Telle est la base du Concordat intervenu entre Léon X et François Ier. L'Eglise n'est plus au-dessus de l'Etat; elle traite avec l'Etat, de puissance à puissance.

Par contre, toute tentative poursuivie au nom de la vérité religieuse et par des ecclésiastiques, pour limiter les droits de Rome, est combattue avec une rigueur inflexible. Les désaccords entre le Saint-Siège et les Eglises nationales étaient une question de principe et affectaient l'orthodoxie, et la Papauté devait maintenir, même au prix des schismes les plus douloureux, sa suprématie dans l'Eglise. Elle perdit l'Angleterre et l'Allemagne, elle aurait perdu sans sourciller la France et l'Espagne, plutôt que d'abandonner un principe.

En France, les tendances particularistes de l'Eglise nationale furent donc vaincues; mais, en même temps qu'elle sauvegardait l'unité religieuse, la Papauté s'était amoindrie, tandis que la monarchie, désireuse d'assurer son omnipotence politique, confiait les dignités sacerdotales aux clercs les plus dociles.

Par suite a disparu de cette Eglise quelque chose de fort et de généreux, cette collaboration active et hardie à la vie, aux idées, aux réformes, qui avait fait si longtemps la sève et la liberté de la République chrétienne et qui avait inspiré à un historien anglais, Gibbon, cette belle phrase : « Les « évêques ont fait la France, comme les abeilles font leur « ruche ».

Telle fut donc, sous l'ancien régime, l'union de l'Eglise

et de l'Etat, fondée sur ce que le souverain, s'appuyant sur le droit divin, enseigné par ses évêques et, possédant l'autorité comme reçue d'en haut, il se présentait comme possédant aussi la vérité et imposait à ses sujets la meilleure religion. Il y avait unité de foi. Les sujets étaient à la fois croyants et citoyens; quiconque professait une religion différente était poursuivi par l'Eglise comme hérétique, et poursuivi par le monarque comme rebelle.

A mesure que le Protestantisme se développa, malgré des répressions terribles, à mesure que le citoyen put professer un culte différent de celui du souverain, et même n'en pas professer, alors l'union de l'Eglise et de l'Etat ne répondit plus aux conditions de la société. Le pouvoir était devenu, du reste, le simple enjeu de la lutte des partis, l'autorité était discutée, et elle ne représentait plus par elle-même la vérité. D'où une conception différente de la religion qui devint de plus en plus une affaire tout intime, tout individuelle, soustraite à l'action de l'Etat, lequel n'a aucune compétence pour discerner et choisir entre les diverses formes religieuses.

La Révolution accomplit brusquement dans les faits la séparation qui s'était déjà faite dans les esprits, et elle s'appliqua à mettre en pratique les doctrines philosophiques du xviiie siècle, suivant lesquelles la raison est une lumière donnée à chaque homme pour discerner le bien et le mal, diriger sa vie personnelle et coopérer à la vie sociale. Les conflits religieux allaient finir dans cette liberté, chacun devenant maître d'accorder ou de refuser obéissance à l'autorité de l'Eglise.

Malheureusement cette liberté n'était que théorique, et, chez les Jacobins, la haine contre le catholicisme l'emportait encore sur la haine contre la monarchie, de même qu'aujourd'hui elle fait encore le fond de la politique dite de défense et d'action républicaine. Et, spectacle curieux, cette Révolution qui se vante d'avoir établi en France la liberté de conscience a, en moins de dix années, imposé à la France quatre religions différentes. C'est d'abord la Constitution civile du Clergé, puis le paganisme avec le culte de la Déesse Raison, puis Robespierre restaure l'Etre suprême, enfin Lareveillère-Lepeaux fonde le culte des Théophilanthropes. La raison humaine a de quoi être fière.

Bonaparte, qui voyait dans l'Eglise la seule force morale capable d'inspirer l'obéissance aux sujets, la reconnut officiellement par le Concordat. Il ne voulut point cependant, et il ne pouvait pas, admettre le principe d'une religion d'Etat. Les cultes protestant et israélite sont reconnus à leur tour, et administrativement traités sur le même pied que le culte catholique. En cela, les doctrines de 1789 sont respectées. Enfin, tout rétablissement de la propriété ecclésiastique est défendu, toute fondation de piété ou de bienfaisance est interdite, les ordres religieux demeurent dissous, et les droits de haute police permettent au gouvernement de suspendre à son gré tous les avantages restitués à l'Eglise. Par là survit la politique révolutionnaire.

Mais Napoléon trouve que, même réduite à sa force morale de propagande, l'Eglise peut devenir encore trop puissante, et il promulgue, de sa seule autorité, les articles organiques, le code de prétentions odieuses de tout temps à l'Eglise. Le Saint-Siège proteste, mais subit cet acte de surprise et de déloyauté.

Le régime actuel est donc illogique et bizarre. L'Etat, ou le Prince, a considéré la religion comme nécessaire, il l'a rétablie, en l'affaiblissant le plus possible par des mesures arbitraires et iniques; puis, aujourd'hui l'Etat devient athée, et il n'en continue pas moins de subventionner de quarante millions par an un corps de fonctionnaires ecclésiastiques, chargés d'enseigner aux populations la doctrine catholique. Bien plus, par le choix des évêques, des chanoines, des vicaires-généraux et des doyens, par la censure exercée sur les actes épiscopaux et l'enseignement des séminaires, l'Etat entend donner une direction religieuse aux consciences.

Les relations de l'Eglise et de l'Etat sont donc basées sur un compromis à concessions inégales, une sorte de cote mal taillée ; peut-être est-ce à cause de cela que ce faux ménage dure. Tout le monde est mécontent, mais chacun craint de voir un changement lui faire perdre ce qu'il possède. L'Eglise rapetissée, le clergé un peu déconsidéré, se contentent néanmoins d'avoir le pain de chaque jour assuré, et le droit d'exercer leur ministère de piété auprès des âmes fidèles. Les adversaires de l'Eglise ont reconnu que si cela était la vie, cela était aussi la faiblesse, et, tout compte fait, ils préfèrent un traité conservateur de lois persécutrices qui dorment, mais qui peuvent être réveillées, à une séparation qui donnerait à l'Eglise des garanties de droit commun.

Misérable au point de vue civil et politique, la situation de l'Eglise l'est encore plus au point de vue moral.

Et d'abord, de par le Concordat, le clergé n'est plus composé, aux yeux du gouvernement, que de fonctionnaires publics (1), émargeant au budget, et, pour les situations supérieures, choisis avec soin par le pouvoir lui-même ; aussi l'esprit apostolique a fait place à l'esprit administratif. L'évêque apparaît comme un simple préfet violet, dans cette hiérarchie bureaucratique d'un nouveau genre. Sous l'an-

---

(1) Je n'ignore pas que le mot *fonctionnaire* appliqué aux membres du clergé est un terme impropre. Le prêtre ne tient pas sa fonction de l'Etat, mais de l'Eglise ; l'Etat peut lui enlever son traitement, obtenir son déplacement, mais il ne peut lui ôter son pouvoir spirituel, sa fonction. Le fait qu'il émarge au budget ne suffit donc pas pour que le prêtre puisse être considéré comme fonctionnaire, et, si j'emploie ce terme, c'est faute d'un autre qui indique la dépendance du clergé vis-à-vis de l'Etat au point de vue matériel et administratif.

cien régime, la vie scandaleuse de quelques évêques et abbés de cour, les excès de quelques moines, n'empêchaient pas maints apôtres de répandre autour d'eux les bienfaits de la vie chrétienne; aujourd'hui, il n'y a pas de place pour les apôtres. Tout prêtre est classé, catalogué, hiérarchisé, tenu d'avoir un œil ouvert du côté de l'évêque qui est toujours disposé à le désavouer, s'il montre quelqu'excès de zèle, et l'autre œil ouvert du côté du maire et du préfet, qui sont toujours disposés à supprimer son traitement au moindre écart.

Ajoutons que le clergé n'a même pas, pour conserver un peu de prestige, l'avantage de la supériorité d'instruction qu'il avait autrefois. Faut-il donc s'étonner qu'en face de ce clergé amoindri, et de ce culte organisé comme une fonction de gouvernement, la foule passe indifférente?

Et voici que cette situation, que j'ai qualifiée de misérable, le devient davantage de jour en jour, parce qu'à mesure que se développe l'esprit critique dans les masses, les contradictions et les contre-sens apparaissent et s'accusent davantage. Est-il rien qui soit plus choquant que de voir l'Etat, qui paie ces soi-disant fonctionnaires, affecter de les tenir en grand mépris, et par ses autres fonctionnaires, préfets, sous-préfets, membres du corps universitaire, et par la presse à son service, dénigrer en toute occasion l'obscurantisme catholique. Si le clergé est un fauteur d'obscurantisme, pourquoi le subventionner, lui accorder des honneurs et des préséances et négocier constamment avec lui?

A ce régime, le clergé et la République se déconsidèrent l'un et l'autre. Le régime de 1793, et celui de 1817, étaient tous deux plus francs et plus honnêtes.

Les rapports entre l'Eglise et l'Etat peuvent prendre quatre formes :

1° L'Etat est soumis à l'Eglise. Telle a été la prétention de certains théologiens ultramontains ;

2° L'Eglise est soumise à l'Etat. Telle fut la prétention des despotes, et notamment de Louis XIV, des Jacobins sous la Terreur et de Napoléon Ier ;

3° L'Eglise et l'Etat sont liés réciproquement par un traité. Telle est la situation actuelle en France ;

4° L'Eglise et l'Etat sont complètement séparés. Telle est la situation en Suisse, aux Etats-Unis, en Australie.

Il est infiniment probable que c'est vers cette dernière solution que les peuples se tourneront de plus en plus.

Est-elle celle que l'on doive recommander ?

L'assujettissement de l'Etat à l'Eglise constitue le régime théocratique ; il n'existe nulle part. Les écrivains protestants reprochent à la Belgique de s'en rapprocher, parce que les catholiques étant au pouvoir, le ministère est, disent-ils, à la discrétion des évêques. Le reproche n'est pas fondé, car pas plus en Belgique qu'ailleurs les évêques ne dirigent la vie politique du pays ; la liberté de conscience y est absolue, mieux respectée même qu'en France, et la constitution garantit les libertés nécessaires. De plus, la présence d'une opposition puissante assure le pays contre toute ingérence abusive du clergé.

Cet exemple montre combien, dans ces questions, il est indispensable de définir les termes. Faute de le faire, bon nombre de personnes parlent indistinctement de théocratie, de cléricalisme, de pouvoir temporel, de gouvernement des curés, prenant ces termes les uns pour les autres, comme si c'étaient mêmes choses, et montrant une confusion aussi grande dans leurs idées que dans leur langage.

La théocratie est la théorie d'après laquelle la souveraineté appartient au pouvoir spirituel seul ; le pouvoir civil lui est subordonné, comme le corps est subordonné à l'âme. Nous avons vu plus haut, page 130, sur quels arguments les partisans du principe théocratique fondent leurs prétentions.

Si, très sincèrement, je veux le croire, ils cherchent à établir le règne de Dieu dans la législation et dans les mœurs, il est aisé de voir qu'ils se trompent sur le choix des moyens. Dans leurs mains, la religion devient une sorte de police morale et sociale dont ils se constituent les policiers, une dictature de conscience dont ils assument gratuitement la responsabilité, une contrainte perpétuelle s'appliquant à tous les actes de la vie civile et politique.

La doctrine de l'Eglise est nettement opposée à cette théorie. Pour s'en assurer, il suffit de lire les Encycliques de Léon XIII, qui sait, au moins aussi bien que nos écrivains et nos rhéteurs antichrétiens, quels sont les droits de l'Eglise, et qui, pas plus que ses prédécesseurs, n'est homme à les sacrifier ou à les trahir.

Dans l'Encyclique : *Immortale Dei*, nous lisons les lignes suivantes :

Dieu a donc divisé le gouvernement du genre humain entre deux puissances : la puissance ecclésiastique et la puissance civile ; celle-là préposée aux choses divines, celle-ci aux choses humaines. Chacune d'elles en son genre est souveraine ; chacune est renfermée dans des limites parfaitement déterminées et tracées en conformité de sa nature et de son but spécial. Il y a donc comme une sphère circonscrite, dans laquelle chacun exerce son action *jure proprio*.

. . . .

Ainsi, tout ce qui dans les choses humaines est sacré à un titre quelconque, tout ce qui touche au salut des âmes et au culte de Dieu, soit par sa nature, soit par rapport à son but, tout cela est du ressort de l'autorité de l'Eglise. Quant aux autres choses qu'embrasse l'ordre civil et politique, il est juste qu'elles soient soumises à l'autorité civile, puisque Jésus-Christ a commandé de rendre à César ce qui est à César, et à Dieu ce qui est à Dieu.

Et dans l'Encyclique : *Sapientiæ Christianæ*, nous retrouvons le même principe énoncé non moins clairement :

L'Eglise, sans nul doute, et la société politique ont chacune leur souveraineté propre ; par conséquent, dans la gestion des intérêts qui sont de leur compétence, aucune n'est tenue d'obéir à l'autre dans les limites où chacune d'elles est renfermée par sa constitution.

Cette reconnaissance formelle de la souveraineté du pouvoir civil, en tout ce qui a trait à la direction des intérêts matériels et à la gestion des affaires publiques d'ordre civil, ne ressemble guère à la théocratie, à cette prétention de s'assujettir l'Etat, que l'on reproche à l'Eglise, alors qu'elle professe, nous le voyons, une doctrine toute différente.

Quant aux cris contre le cléricalisme et le gouvernement des curés, souvent entendus en temps de réunions électorales et chez les partis avancés, chacun sait que ce sont cris de guerre, ayant pour but de détourner l'opinion publique sur un péril imaginaire, de telle façon que puissent s'installer subrepticement au pouvoir et un autre cléricalisme, celui de la Franc-Maçonnerie, et d'autres curés, qui ne sont pas des curés catholiques.

S'il y a pour l'Etat un danger sérieux d'assujettissement, c'est de ce côté qu'il peut le craindre ; et, pour l'apprécier, il suffit de jeter un coup d'œil sur l'œuvre législative et administrative des dix dernières années, et de voir avec quelle hâte l'on diminue et l'on supprime les libertés publiques, les unes après les autres, et combien de monopoles l'on rêve de confier à l'Etat, c'est-à-dire au parti gouvernemental, au détriment de la liberté des citoyens et de l'activité nationale.

C'est là une leçon de choses qu'il ne faut pas perdre de
vue, quand on parle de l'assujettissement de l'Etat par la
théocratie.

L'assujettissement de l'Eglise à l'Etat n'est pas plus admissible que la thèse opposée.

Si la religion est une affaire tout intime, si les croyances
religieuses ont pour sanctuaire la conscience de chaque
homme, de quel droit l'Etat pénétrerait-il dans ce sanctuaire pour interdire telle ou telle croyance, proclamer tel
dogme ou proscrire tel autre, favoriser un culte, lui accorder
des privilèges et exiler les autres cultes ?

Reconnaître de tels droits à l'Etat, ce serait se soumettre
à la tyrannie la plus abjecte et la plus intolérable. L'Etat, et
surtout l'Etat moderne est, par nature, neutre ; c'est-à-dire
que sa mission doit être le plus possible restreinte à la protection et au développement des intérêts matériels ; en tout
ce qui touche les doctrines philosophiques et religieuses il
doit rester neutre ; il n'a aucune compétence pour choisir
entre l'une ou l'autre. Toute tentative de domination par
l'Etat sur le domaine religieux expose un pays à la tyrannie
et à la guerre civile.

Louis XIV, le plus absolu et le plus orgueilleux des monarques, a dû y renoncer, et Joseph II après lui. Napoléon Ier,
malgré sa puissance, s'y est usé ; et nos Jacobins d'aujourd'hui, si peu éclairés, aboutiront piteusement, comme leurs
grands ancêtres de 1893, à l'anarchie, puis au despotisme
brutal d'un soldat de fortune.

La théorie de l'asservissement de l'Eglise a été présentée

dans la dernière moitié du siècle passé sous une formule qui correspond à la mentalité actuelle des masses et à leur ignorance ; c'est Gambetta qui l'a donnée, du haut d'un balcon, en s'écriant : « Le cléricalisme, voilà l'ennemi ».

Si, par cléricalisme, l'on entendait exclusivement la domination du clergé dans l'ordre civil, la société laïque serait justifiée d'y voir un danger et de chercher à l'éviter ; mais, par cléricalisme, il faut entendre toute action, toute influence du prêtre, même dans le domaine moral. La formule de Gambetta est au fond, la réédition, en termes moins grossiers et moins francs, de cette autre formule : « Ni Dieu, ni Maître ».

Est-ce bien alors de l'assujettissement de l'Eglise à l'Etat qu'il s'agit ; n'est-ce pas plutôt de la suppression complète de l'Eglise ?

La séparation de l'Eglise et de l'Etat est la solution que prêchent tous les écrivains de l'école libérale, comme la seule conforme aux institutions politiques modernes, celle qui permet le mieux à l'Etat de défendre son indépendance et les libertés confiées à sa garde. Je me permets d'être d'un avis différent.

En premier lieu, et se plaçant au point de vue de la théorie, les catholiques déclarent qu'ils n'admettent pas le principe de la séparation. La religion n'est pas pour eux, comme pour les protestants et les déistes, seulement affaire intime, individuelle, elle concerne aussi la société en tant que société. Si l'on reconnaît qu'un groupement d'hommes, une association, un pays, a des devoirs moraux, on lui reconnaît par là même des devoirs religieux, toute question de culte mise à part. « Il est absurde, dit Léon XIII, que le citoyen révère

Dieu, et que l'ensemble des citoyens, la cité, le méprise ». On ne conçoit pas, en effet, un homme agissant différemment comme croyant et comme citoyen.

Puis, proclamer le principe de la séparation et l'équivalence devant l'État de toutes les religions soulève une autre objection. C'est, dit-on, proclamer l'équivalence de l'erreur et de la vérité. Si le mahométisme vaut le christianisme, si le boudhisme ou le fétichisme doivent être traités sur le même pied que le protestantisme et le catholicisme, mieux vaut enseigner au peuple l'insignifiance de toute religion.

Ces motifs ont leur importance, sans doute ; il en est d'autres, d'ordre plus pratique, qui ne font pas non plus désirer la séparation de l'Eglise et de l'Etat. M. de Laveleye les a résumés dans son bel ouvrage sur *le Gouvernement dans la Démocratie*. Je les reprends, tout en les modifiant :

1° Le clergé vit en France par le budget des cultes ; lui supprimer ses traitements, c'est s'exposer à le rendre hostile aux institutions démocratiques. Plus il sera persécuté, plus il recueillera de sympathies, et sera tenté de les utiliser pour combattre un régime oppresseur ;

2° Les prêtres réduits à la besace de l'apôtre, indépendants, maîtres de leur parole, n'ayant plus rien à ménager, acquerraient d'autant plus d'autorité sur le peuple. Les congrégations prendraient alors ostensiblement la direction du clergé séculier, qui disparaîtrait peu à peu, et l'on sait de quelles exagérations les moines sont capables ;

3° En échange du budget des cultes, l'Etat a un droit d'intervention dans les nominations des évêques et des curés ; il peut exercer une grande influence sur le clergé national tout entier. Tout lien étant rompu, les évêques, nommés exclusivement par Rome ou par leur clergé, seraient en meilleure posture pour lutter contre les tendances despotiques de l'Etat et contre l'égoïsme individuel. Ils dirigeraient les œuvres avec plus de liberté et de succès ; et peut-on affirmer que ces œuvres seraient exemptes de tendances politiques ?

4° La suppression du budget des cultes amènerait la création d'une caisse commune du clergé, la reconstitution, sous une forme ou sous une autre, de biens de main-morte ; autre source de conflits et d'abus ;

5° L'Eglise est une institution si intimement mêlée à notre histoire et à notre vie publique que, malgré les progrès de l'idée laïque de la neutralité d'Etat, nos mœurs ne semblent pas encore prêtes pour une transformation aussi considérable. La réaliser brusquement et sans préparation équivaudrait pour l'Eglise à une véritable persécution.

Malgré ces inconvénients, et, sans doute parce qu'ils ne sont pas assez connus, l'on réclame la séparation de l'Eglise et de l'Etat, comme aux Etats-Unis, dit-on, dans l'ignorance des difficultés auxquelles donne lieu là-bas la question des écoles.

D'excellents catholiques voient aussi dans la séparation la perspective d'une plus grande liberté pour l'Eglise. Liberté pour la lutte et le combat, oui ; pour la vie et pour le développement pacifique de sa mission, cela est douteux.

Examinons plus à fond. La séparation de l'Eglise et de l'Etat est un principe inscrit depuis plus de cent ans dans le programme jacobin, aujourd'hui le programme radical-socialiste. Pourquoi ce principe n'est-il jamais appliqué ? Pourquoi de farouches radicaux et athées, arrivés au pouvoir, se contentent-ils de déclarer que la question n'est pas mûre, que le pays n'est pas prêt ?

C'est parce que la séparation n'est pas seulement une question d'organisation politique, auquel cas elle serait relativement facile à réaliser ; elle est plus que cela : elle est, chez nous, et dans l'esprit de ceux qui la réclament, une forme de la guerre à l'idée religieuse, un moyen de destruction de l'organisme religieux.

Or, si radical que soit un gouvernement, à moins d'être aux mains de fous, il faut qu'il tienne compte des faits existants, de cette union intime de la France et de l'Eglise dans le passé, de leur union plus superficielle, mais encore réelle, dans le présent. La France, quoiqu'en disent quelques milliers de francs-maçons, avec ceux des protestants et les juifs qui s'allient toujours à eux quand il s'agit de poursuivre les catholiques, la France est imprégnée de christianisme et la vie religieuse lui est nécessaire. Détruire chez elle l'organisme religieux, c'est détruire un organisme social, et un gouvernement qui se propose pour but l'affaiblissement et la destruction d'un organisme social, sans le remplacer par un équivalent, n'est pas un gouvernement, mais une anarchie.

Voilà pourquoi les intelligents parmi les radicaux réclament, quand ils ne sont pas au pouvoir, et ne réclament plus quand ils y sont, la séparation de l'Eglise et de l'Etat. Leur politique sur ce point manque de franchise et de clarté.

Une seule politique est claire, celle qui dit : Ré-christianisons. Le jour viendra peut-être où nous verrons le nouveau des monstres à face humaine, repris des accès de la folie furieuse et du délire homicide qui ont souillé la Terreur, puis la Commune, et, dans le but de déchristianiser la France, se faire les assassins des meilleurs citoyens. Néron en fit autant, et d'autres après lui jusqu'à Dioclétien. Ils avaient au moins cette excuse que la religion nouvelle bouleversait le statut civil et social de l'Empire. Les Boxers en Chine ont la même excuse. Mais, dans notre société actuelle, déchristianisation est synonyme de retour à la barbarie.

Qu'est-ce que le christianisme ? qu'est-ce qu'un chrétien ?

C'est celui qui, au point de vue individuel, croit au Christ rédempteur, et, par lui, s'efforce de vivre conformément à à la loi divine ; au point de vue social, c'est celui qui considère tous les hommes comme les membres de la même famille, frères créés par le même Père céleste, à chacun desquels est dû le respect de ses droits par la justice, l'aide et l'appui fraternels par un sentiment de solidarité qui doit aller jusqu'à la charité.

La Franc-Maçonnerie matérialiste a-t-elle un type supérieur d'être social à nous proposer, un meilleur citoyen que le parfait chrétien ? Oui, dit-elle, c'est l'homme formé par la Science, l'homme scientifique.

S'il est un point sur lequel la science reste impuissante, nous l'avons vu, c'est bien dans la tâche de la formation morale des individus et des peuples. Et ceux qui demandent la séparation de l'Eglise et de l'Etat, non seulement pour obtenir une organisation politique meilleure, ce qui serait légitime, mais pour arriver surtout, en déchristianisant la France, à produire l'homme scientifiquement moral, me paraissent ou des naïfs ou des hommes passionnés et peu sérieux.

Aussi, à ces trois solutions, je préfère la quatrième, celle de l'union de l'Eglise et de l'Etat ; l'union étant, en France, la solution la plus avantageuse à tous deux.

Je dis : en France, et peut-être surtout en France, parce que la France est un pays qui, malgré l'étiquette républicaine et démocratique, est resté asservi au pouvoir central. Le citoyen français attend tout de l'Etat, à ce point que si l'Etat, se refusant à tous rapports avec le pouvoir religieux, rejetait par là même le principe de l'idée religieuse, la masse du peuple serait peut-être facilement amenée à le rejeter également. Dans ce cas, séparation équivaudrait à déchristianisation. Mais n'anticipons pas.

J'ai énuméré tout à l'heure les inconvénients de la séparation, les conflits qui en résulteraient. Plus que tout autre, un gouvernement démocratique doit éviter de froisser les consciences et les cœurs ; s'il les trouble, sa sécurité est aussitôt menacée. Les Eglises représentent une force sociale trop puissante pour que l'Etat puisse la dédaigner, et elles-mêmes considèrent un gouvernement comme une chose trop accidentelle, trop précaire, pour craindre la lutte. A une entente avec le pouvoir religieux, c'est toujours l'Etat qui y gagne, parce que, pour maintenir cette entente et vivre dans la paix, il n'est pas de légitimes sacrifices auxquels le pouvoir religieux ne consente.

L'Eglise y a également intérêt. Que peut-elle demander à l'Etat ? Le libre exercice de sa mission ; rien autre chose ; c'est-à-dire la liberté du culte dans les limites compatibles avec l'ordre public, la liberté d'enseigner les devoirs religieux et moraux, avec la faculté de posséder les ressources nécessaires et au culte et aux exigences de son enseignement. Sous aucun prétexte et pour aucune considération, l'Eglise ne peut renoncer à cette mission d'élévation des âmes vers Dieu par la prière, ni à cette mission d'éducatrice des peuples qu'elle a reçue du Christ au moment de son ascension, et cette double mission, elle ne peut l'exercer en temps de persécution. La persécution est une occasion de scandale et de chute pour les faibles, et l'Eglise, pitoyable aux faibles, doit imiter Dieu qui mesure le vent à la brebis tondue. Pour ce seul motif, l'Eglise accepte de faire les concessions les plus grandes ; autant elle est inébranlable dans la doctrine, autant elle se montre libérale et généreuse dans l'application. Elle proteste contre la liberté de conscience, mais elle signe des concordats qui sont l'affirmation de cette liberté de conscience ; elle déclare le pouvoir civil incompétent en matière de morale et de discipline, et elle va jusqu'à lui abandonner la nomination de ses évêques !

L'Eglise trouve un autre avantage dans une alliance avec l'Etat : c'est que celui-ci reconnaît par là même le principe religieux ; il coopère à sa vie, à son développement ; il lui donne un caractère public, officiel. Le gouvernement nommant les évêques, les curés, c'est au nom de l'Etat, en même temps qu'au nom de l'Eglise, qu'évêques et curés remplissent leur fonction religieuse. Les gouvernants peuvent être athées, l'Etat ne l'est pas ; il est, au contraire, religieux.

Et que l'Etat ne s'effraye pas à la pensée de donner ainsi à la religion une influence trop grande ; nous avons vu déjà comment il sait la restreindre et presque l'annihiler. Qu'il se garde bien plutôt de provoquer la séparation, car, si la séparation se fait, l'Etat devient aussitôt athée, et alors les populations ne voient plus que deux principes en présence : non plus le cléricalisme, comme aujourd'hui, mais l'Eglise même, la foi, et, de l'autre côté, l'athéisme.

Il est bon de le répéter, aucune mesure ne serait plus maladroite de la part de l'Etat, et, pour la réclamer, il faut toute l'étroitesse d'esprit et l'inintelligence du parti jacobin. L'histoire nous montre, en France même, et M. Debidour l'a très justement indiqué dans son *Histoire des relations de l'Eglise et de l'Etat*, comment la violence faite aux consciences, les mesures législatives prises contre le développement du sentiment religieux, sont une cause de difficultés insurmontables, et de ruine même, pour un gouvernement athée.

Le sentiment religieux est une force nationale ; au lieu de le comprimer, le devoir et l'intérêt de l'Etat sont de le respecter et de le favoriser, sauf à prendre, vis-à-vis des clergés, des mesures sages et prudentes de contrôle et de répression en cas d'abus. Et à cela aussi servent les concordats.

Il est bien compris que l'on peut être partisan d'un Concordat sans admirer celui qui règle actuellement les relations de l'Eglise et de l'Etat en France, et qui, manifestement, n'est plus en rapport avec la situation morale et sociale, ni avec les besoins du catholicisme dans notre pays.

Napoléon I⁰ʳ avait cru garantir suffisamment l'avenir à son profit en réservant au pouvoir civil la nomination à toutes les places ecclésiastiques, depuis la simple cure jusqu'au cardinalat ; mais le système s'est montré défectueux, et il devient bien évident que la faiblesse relative de l'épiscopat français tient, en partie, à l'action du pouvoir civil, de moins en moins qualifié pour participer ainsi au gouvernement de l'Eglise.

L'Etat n'a aucun intérêt cependant à ce que l'épiscopat soit tel, car, à la plus petite difficulté, ceux de ses membres qui se sentent insuffisants en appellent aussitôt à Rome, qui se trouve ainsi, et souvent malgré elle, obligée d'intervenir dans bon nombre de questions qui pourraient, et devraient, être résolues sans cette intervention.

Et, à un autre point de vue, n'est-il pas intolérable qu'un protestant, qui passe pour être délégué par la Franc-Maçonnerie à la direction des cultes, soit le maître absolu de toutes les nominations ecclésiastiques et nous choisisse nos évêques comme il lui convient ?

Il ne serait guère admissible que le choix appartienne à Rome seule ; il y a donc autre chose à trouver. Peut-être le retour pur et simple aux règles communes du droit canon.

Le système actuel du traitement du clergé par l'Etat n'est pas non plus sans offrir de graves inconvénients. Les traitements sont supprimés de plus en plus souvent de la manière la plus injuste et la plus arbitraire. Une plainte sans fondement, due à une rancune électorale ou à la haine antireligieuse, suffit pour priver un prêtre de son pain quotidien. Si l'Etat considère les membres du clergé comme autant de fonctionnaires, qu'il les traite comme ses autres fonctionnaires, et non pas comme des hommes mis en dehors du droit commun.

Ce déni de justice, qui constitue l'état de petite guerre, amènera à désirer un autre système, tel par exemple, que la constitution d'une caisse du clergé, administrée et répartie par lui à ses risques et périls.

La reconnaissance du principe de l'association religieuse, la réglementation civile des ordres monastiques (1), la limitation des biens de mainmorte, et d'autres points encore, prêteraient matière à discussion; en tous cas, ces exemples, joints aux réclamations incessantes des partis extrêmes en faveur d'une dénonciation du Concordat, montrent bien que si le traité actuel n'est pas dénoncé, il devra tout au moins subir une révision qui le mette mieux en harmonie avec les besoins et les tendances de l'époque.

Les Concordats, de même que les Constitutions et les lois, ne valent que par la manière dont ils sont appliqués. Dans son dernier volume des *Origines de la France contem-*

(1) Mgr Fuzet a signalé, avec autorité, cette nécessité particulière d'un nouveau Concordat.

poraine, Taine a magistralement exposé comment le Concordat actuel a été conçu et appliqué, et quelles en sont les conséquences pour l'Etat et pour l'Eglise. M. Fonsegrive a montré, à son tour, ce que pourraient être pour l'Eglise les conséquences de l'abolition du Concordat.

Hâtons-nous d'ajouter, en matière de conclusion, que la situation de l'Eglise ne dépend que subsidiairement du régime concordataire ; elle dépend davantage de bien d'autres causes et de plus graves, et, parmi celles qui sont de nature à diminuer son influence sociale, j'indiquerai les suivantes :

En premier lieu, c'est le manque d'union entre les membres de l'épiscopat ; il semble que la prière : *Ut sint unum sicut et nos unum sumus* (Jean, XVII. 22) ne soit pas parvenue jusqu'à nous. D'où le manque d'action et la faiblesse dans la défense des intérêts communs.

Or, ce n'est là que l'exemple particulier d'un fait général. Car l'on peut se poser ce problème : A l'unité de foi, rigide et solidement maintenue, voyons-nous correspondre l'unité des sentiments, l'union des cœurs ? Dans les autres formes religieuses, cette union existe. L'on sait combien le Brahmanisme reste fermé aux impurs ; avec quel fanatisme les mahométans défendent leur foi ; quelle forte et puissante solidarité unit les membres de la communauté juive ; comment les protestants savent se soutenir entre eux. Dans le catholicisme, au contraire, le particularisme domine. Personne n'ignore l'antagonisme des réguliers entre eux, et l'antagonisme des réguliers et des séculiers. Parmi eux et parmi les laïques, très faible est le sentiment de solidarité dans la foi commune. Il n'est pas jusqu'au terrain politique sur lequel ne s'exerce l'esprit de division. En France, les conservateurs sont en majeure partie les catholiques, et il est inutile de s'appesantir sur leur émiettement, leur impuissance.

Par quelle mystérieuse déviation les ministres et les fidèles d'une religion de paix, d'union et d'amour réciproque, réalisent-ils si difficilement ces biens entre eux-mêmes ? Je constate et n'explique pas.

Quoi qu'il en soit, cet état d'esprit chez les chefs conduit logiquement à une tendance qui n'est pas sans inconvénients, c'est la préoccupation de maintenir le *statu quo* sur tous les points, de se refuser à toute nouveauté, à tout mouvement intellectuel ou moral qui ne se rattache pas directement au passé.

C'est dans l'enseignement ecclésiastique que cette tendance produit les plus fâcheux effets ; elle jette sur l'esprit des catholiques, qui réfléchissent et étudient, une sorte d'incertitude et de malaise pénibles. Pourquoi, dans certains milieux, cette crainte de la science ? Pourquoi cette défiance du mouvement scientifique et de la critique ? Les esprits timorés et pusillanimes s'effrayent des démolitions ; il y en a, en effet, qui sont quelque peu effrayantes ; mais, parmi ces matériaux, n'en est-il pas qui serviront, un jour, à faire les reconstructions ? Et qui dirigera ces reconstructions si ce n'est l'Église ? Et comment les dirigera-t-elle, si ses prêtres se tiennent systématiquement à l'écart de la science, de ses découvertes et de ses méthodes ?

Quelle pourrait être l'autorité de ceux qui s'obstineraient à prêcher, ou enseigner, des légendes inexactes, sous le prétexte de respecter les croyances des fidèles, comme si la croyance ne devait pas être fondée uniquement sur la vérité ? Quelle pourrait être l'autorité de ceux qui, dans leurs écrits, ne tiendraient compte que partiellement des découvertes et des données de la critique, et, par faiblesse, pour éviter des polémiques et des censures, dissimuleraient une partie de la vérité, se montrant ainsi indignes de la confiance qu'ils prétendent inspirer ?

L'on ne peut donc nier le besoin d'une rénovation intellectuelle du clergé ; le clergé lui-même s'en rend compte et la désire. Il sent combien lui manque cette supériorité dans les choses de l'esprit qui avait fait sa force et sa grandeur au xviie siècle. Il sait pertinemment que la direction des âmes lui échappe à mesure qu'il perd la direction des esprits ; il voit son influence décroître de jour en jour, et ce doit être vraiment un sujet d'amères réflexions pour tout prêtre éclairé que le détachement courtois, mais un peu dédaigneux, de ceux qui constituent l'élite intellectuelle du pays.

Les tentatives les plus honorables ont été déjà faites pour donner au clergé, avec la connaissance des méthodes nouvelles, l'esprit scientifique.

Il suffit de rappeler l'école menaisienne, l'école de l'abbé Bautain à Strasbourg, la restauration de l'Oratoire, la fondation de l'école des Carmes avec Mgr Dupanloup, et enfin les instituts catholiques et Mgr d'Hulst, cet admirable prêtre qui mourut à la peine.

Les obstacles les plus redoutables ne viennent pas toujours des adversaires. A chaque essai de rénovation, à la porte de chacune de nos grandes écoles catholiques, l'on sent dans l'ombre l'action inquiétante de gens, moines et laïques, qui s'imaginent avoir une mission providentielle à remplir, celle de découvrir et de terrasser l'hérésie. La doctrine est leur domaine propre ; en dehors d'eux il n'y a point d'orthodoxie ; esprits étroits et jaloux dont la plus grande joie est d'éteindre les flambeaux qui brillent.

Et c'est ainsi que les essais avortent et que le clergé piétine sur place, dans la surprise des progrès réalisés autour de lui et dans l'impuissance de défendre sa foi d'une manière adéquate ; hostile à la liberté de la science, hostile par voie de conséquence à l'esprit démocratique, hostile enfin à notre époque, et se rendant par là incapable de lui rendre les services dont elle a besoin.

Il faudrait pourtant s'entendre. Si l'Eglise est un théo‑rême vivant en voie d'évolution, si son dogme évolue lui‑même et se développe progressivement, suivant les néces‑sités religieuses et sociales du monde, alors la défense de la foi doit suivre cette évolution, s'approprier les découvertes de la critique et des sciences, rectifier les idées erronées, les systèmes insuffisants, et, sur toutes les questions qui ne font point partie du *Credo*, offrir loyalement les solutions conformes aux résultats acquis de l'exégèse et de la critique.

Du Christ lui-même, l'historien sacré a pu dire qu'*il croissait en âge et en sapience* (Luc, II. 52) ; est-il défendu de croire que l'Eglise, à son tour, doit également croître en sapience ? Et comment jetterait-elle l'interdit sur ceux des siens qui travaillent à l'œuvre de sagesse et de science, obéissant à la lettre au précepte de saint Paul : *Exhibeamus nosmetipsos sicut Dei ministros, in multa patientia..... in scientia, in longaminitate, in suavitate.....* (2ᵐᵉ *aux Corin‑thiens*, VI, 4) ?

Il ne paraît pas téméraire de traduire par le mot : *tolé‑rance*, cette longanimité et cette douceur dont l'apôtre Paul fait les compagnes de la science du prêtre. Il ne s'agit point, sans doute, de cette tolérance qui serait de l'indifférence et une sorte de complicité avec l'erreur, mais de celle qui vient d'un religieux respect de la Vérité, et qui fait qu'on ne l'affirme que là où l'esprit est certain de la posséder.

La dogmatique est l'un des éléments nécessaires à la vie religieuse ; le dogmatisme ne l'est pas. Il rétrécit comme à plaisir, et sans utilité, le cercle dans lequel l'intelligence humaine peut légitimement évoluer ; il aboutit à l'intran‑

sigeance et aux excommunications intempestives; il repousse et décourage les bonnes volontés.

De nos jours, les études critiques ont détruit trop d'affirmations, trop d'idées précédemment acceptées comme certaines, pour que les théologiens ne soient pas tenus à la plus grande réserve dans l'affirmation de tout ce qui n'est pas rigoureusement de foi. Aussi bien la religion ne consiste pas en un maximum de croyances; elle est une règle de prière et d'action plus encore qu'un code de dogmes, et à ce titre encore, l'intransigeance dans les systèmes théologiques sert mal les intérêts des âmes.

Mais ce n'est point le lieu de développer autrement ces questions qui sortent du cadre de notre chapitre sur les rapports de l'Eglise et de l'Etat. Il suffisait de les indiquer pour établir que, si grande que soit l'importance d'un Concordat, il n'est encore que d'une importance secondaire.

LES PRINCIPES SOCIAUX

Les considérations qui précèdent sur l'action de l'Etat au regard de la question religieuse nous amènent à examiner ce qu'est l'Etat, ce qu'est sa mission et quelles en sont les limites. Or, comme l'Etat n'est, à le bien prendre, que la manifestation d'une forme sociale, nous devons voir d'abord ce qu'est la société et sur quels principes elle repose.

L'homme, a-t-on dit, est un animal social (1); par nature il est fait pour vivre en société. En effet, s'il vivait isolé, sans lien avec ses semblables, il ne pourrait ni se procurer les objets nécessaires au maintien de son existence en tant qu'homme, ni prétendre à aucun progrès même matériel. L'expérience quotidienne que fait l'homme de l'exiguïté de ses ressources l'engage et le pousse à requérir une aide étrangère, le secours de ses semblables, l'appui de la société. La raison d'être de la société est donc le développement physique, intellectuel et moral de l'homme.

Et, en fait, l'humanité s'est ainsi développée, suivant des

(1) D'autres animaux sont également sociaux, tels que les abeilles, dont la société est la plus fortement organisée qui soit, les fourmis, les castors. Les animaux dont le père et la mère construisent les nids ou les terriers, et pourvoient à l'entretien de leurs petits, constituent une famille, et, par conséquent, un embryon de société. La zoologie fourmille d'exemples de l'instinct social chez les animaux.

lois qui ne sont pas encore connues, parce que l'étude des phénomènes sociaux date d'hier seulement. Ces phénomènes naissent du contact des diverses races, de leurs rapports, conscients ou non, de leur influence réciproque, de l'évolution de chaque race et de l'action de ses chefs.

La comparaison des faits enregistrés par l'anthropologie, l'ethnographie, l'archéologie, l'histoire et la géographie, tel est le but de la sociologie, qui s'appuie également sur l'étude comparative de la morale, du droit, de l'économie et de la politique. De même qu'il y a des lois qui dirigent les phénomènes physiques, il en existe d'autres dérivant de la nature même des relations humaines; véritables lois organiques, aussi certaines que les lois physiques.

Or, bien que nous ne fassions encore que commencer à les entrevoir, voici que dans l'interprétation des lois sociales nous nous retrouvons en face des deux éternels adversaires : matérialistes et spiritualistes.

Les premiers ont trouvé dans la doctrine darwinienne la forme scientifique de la sociologie et l'explication du rôle de l'humanité dans le monde. Pour eux, la race humaine est une race animale supérieure, nullement créée par l'action directe d'un créateur mystérieux, simplement produite par l'évolution lente de races animales inférieures. De légères différences entre celles-ci, leur degré plus ou moins grand d'avancement, l'influence des climats et d'autres causes ont donné naissance aux variétés de races humaines écloses distinctement les unes des autres sur les divers points du globe. L'homme, à notre époque, paraît avoir atteint l'apogée de son développement physique et la dégénérescence de la race est plutôt à craindre, mais sur ce seul point, le progrès intellectuel et moral étant indéfini. Aussi faut-il se garder de multiplier les naissances, parce que c'est s'exposer à multiplier des individus de qualité inférieure et amener ainsi la

dégradation progressive de la race. Il ne faut venir en aide
ni aux incapables, ni aux imprudents, ni aux paresseux et
aux vicieux, ni aux malheureux; s'ils sont réduits à la misère, c'est le résultat d'une loi générale et bienfaisante. Ils
doivent disparaître, comme dans les races animales disparaissent les individus faibles, malades, mal conformés; les
plus aptes à la vie survivant seuls. Le christianisme qui
prétend relever les faibles, les vicieux, les misérables est une
erreur antiscientifique.

Cette assimilation de la race humaine aux races animales
n'est rien moins que scientifique, et ce ne sont pas les hypothèses sur l'origine de l'espèce et sa descendance simiesque
qui lui donneront plus de valeur.

Les sociétés humaines sont régies par des lois qu'ignorent
les races animales. La valeur des individus ne dépend pas
de leur constitution, de leur vigueur physique seulement,
et leur disparition n'est pas à désirer parce qu'ils sont faibles
et mal conformés. Dans ce cas, il n'y aurait place sur la
terre que pour les puissants, les forts, les violents. Parmi
les puissants, il en est qui doivent leur situation à l'argent
ou à l'intrigue, et qui, physiquement et moralement, sont à
classer parmi les inférieurs; il en est d'autres qui, dans une
situation misérable, donnent l'exemple de toutes les vertus
familiales et civiques. Quand la charité privée par l'aumône,
et l'Etat par des lois de protection, viennent en aide à ces
faibles, ils ne font pas œuvre antiscientifique, mais œuvre
de justice réparative.

Il est naturel que des doctrines philosophiques aussi diver-
gentes quant à la nature de l'homme aient, sur la nature de
la société et sur ses devoirs, des théories tout opposées.

Le fondement de la société est la famille ; elle forme la première unité sociale ; les familles constituent les communes, et celles-ci l'Etat.

Nous retrouvons, quant au rôle de la famille, les divergences rappelées tout à l'heure entre les deux écoles philosophiques ; nous allons voir ce qu'ont fait et ce que proposent encore contre la famille certains groupes actifs du matérialisme.

La forme de la famille est déterminée par la nature même de l'homme, par le caractère de chaque sexe, par ses besoins physiques et moraux, ses instincts et ses sentiments ; elle ne changera pas. Ce que l'on peut désirer, c'est une réalisation plus complète de cette forme dont l'idéal se trouve dans la donnée chrétienne du mariage.

Il est étrange et triste que l'on soit obligé de défendre l'institution familiale ; à cause des tentatives de destruction auxquelles elle est exposée, rappelons qu'au point de vue moral et social, la famille remplit un rôle dans lequel aucune autre institution ne peut la remplacer.

Elle est l'éducatrice des enfants et de la jeunesse, la moralisatrice des adultes, la sauvegarde des vertus individuelles. Pour que la société se trouve dans une atmosphère de paix et d'ordre qui lui permette de progresser, ne faut-il pas que les citoyens soient des hommes honorables et vertueux, qu'ils aient acquis au foyer paternel les vertus domestiques qui sont le fondement des vertus publiques ? Où donc mieux que dans la famille la volonté sera-t-elle dirigée doucement vers le bien, la conscience formée, les habitudes de travail, de solidarité, de dévouement acquises ? (P. Ch. Antoine.)

En outre, la famille est la dépositaire et l'organe de transmission des traditions locales et nationales d'un peuple. Par ses relations, par ses intérêts, par les habitudes, par l'amour du clocher, par la propriété, la famille adhère fortement au

164

sol, et sa prospérité est liée à la prospérité du pays tout entier.

Enfin la famille est le centre de production des forces économiques. Pour satisfaire à ses besoins, l'homme est amené à travailler, et de ce travail dérivent et les capitaux et la richesse immobilière du pays. Plus la famille est composée d'hommes sobres, courageux, prévoyants, plus grande est la puissance de productivité du pays, plus grandes les ressources de l'épargne.

A ces avantages viennent se joindre ceux de l'association. La famille est le groupe de forces humaines le plus naturellement associé, le plus volontairement dévoué. L'association, c'est la fécondité; l'individualisme, c'est la stérilité.

La famille est donc, tant au point de vue moral qu'au point de vue de la prospérité matérielle d'un pays, le fondement du corps social, et il n'y a point à s'étonner que les militants du matérialisme, et j'entends par là les socialistes et les anarchistes qui veulent le renversement de la société, cherchent à détruire la famille.

La besogne a été commencée par les Jacobins qui, de 1789 à notre époque, ont imposé à la France la législation que nous subissons actuellement, et qui, sur certains points relatifs à la famille, est aussi antipatriotique qu'antichrétienne.

C'est ainsi que les formalités requises par la loi pour procéder au mariage sont longues, compliquées comme à plaisir, et semblent faites pour détourner du mariage. Autant, au contraire, le divorce est devenu facile; il suffira bientôt d'un consentement. Et pour aller plus vite dans la destruction, la libre-pensée matérialiste a inscrit sur son programme le remplacement du mariage par l'union libre. Que deviendront les enfants dans ces liaisons éphémères? Peu importe, paraît-il. Au surplus, l'union libre sera forcément stérile. Des parents qui ne savent pas s'ils seront encore ensemble demain n'auront aucun désir d'avoir des enfants à élever, alors même que l'Etat offrirait de s'en charger.

Certains économistes reprochent aux lois de succession, au partage égal des biens, de saper l'un des appuis de la société familiale par l'émiettement des patrimoines et la dispersion des biens. Je ne saurais entrer dans cet ordre d'idées. Les enfants d'une même famille ont un droit égal aux avantages de la famille. Ce serait, maintenant surtout où dominent les principes d'égalité civile et politique, bouleverser le corps social et créer des causes incessantes de discorde et de conflits que demander le partage inégal des biens, l'attribution de privilèges à l'un des enfants aux dépens des autres.

Ce n'est pas sur la possibilité de déshériter l'un ou l'autre de ses enfants, ce n'est pas sur des promesses de privilèges, ou des menaces de destitution et de misère, que doit être assise l'autorité paternelle.

Les anarchistes ont simplifié le problème en demandant la suppression des héritages, les biens devant faire retour à la nation. L'Etat seul héritier; soit; et alors qui donc sera assez naïf pour travailler et épargner au profit de l'Etat ?

S'imagine-t-on que le travail, la peine, les privations, acceptés allègrement par le père de famille pour procurer une situation meilleure à ses enfants, seront acceptés de même quand ce sera l'Etat qui bénéficiera du travail et de l'épargne ? Chacun produira alors tout juste ce qu'il lui faut pour sa jouissance personnelle et immédiate.

Et que l'on nous dise ce que deviendrait un pays où le travail serait réduit au minimum, où, par la suppression de l'épargne, il ne serait plus fait d'accumulation de richesses. Le Parlement français n'en aura pas moins à se prononcer, comme si c'était chose sérieuse et possible, sur la suppression des héritages, et des législateurs discutent gravement sur ce moyen héroïque d'équilibrer le budget.

Il est une autre menace pour la famille dans le programme socialiste et anarchiste, c'est de vouloir enlever les enfants aux parents pour les faire instruire et élever par l'Etat, suivant les méthodes et les principes de l'Etat. Cette question des droits naturels du père sur l'éducation de ses enfants et de l'incompétence de l'Etat mérite d'être examinée à part, et le sera au chapitre de l'Enseignement.

Enfin, la législation ancienne considérait et punissait la séduction comme un délit ; en interdisant la recherche de la paternité, le Code civil a assuré l'impunité aux séducteurs et les a ainsi débarrassés de la contrainte du mariage ; prime donnée à l'immoralité.

Parlerai-je d'une pratique abominable, une honte pour notre civilisation, celle qui consiste à arrêter les progrès de la maternité ? C'est ainsi que la législation d'une part, l'abaissement de la moralité publique d'autre part, se sont unis pour diminuer la solidité de l'édifice familial, et il reste vraiment peu de chose à faire pour arriver à ce cataclysme, rêvé par plusieurs, et dans lequel la société tout entière doit sombrer.

A la base de toute didactique sociale et politique, il faut mettre un assez petit nombre de principes essentiels, dont la discussion est inutile parce qu'ils ne reposent pas sur des preuves scientifiques. Ce sont des postulats, tel que celui qui commence tout livre de géométrie : la ligne droite est le plus court chemin d'un point à un autre.

S'il vous plaît de ne pas admettre ce principe essentiel, fermez le livre de géométrie, il n'est pas écrit pour vous : si vous l'admettez au contraire, il est la clef qui vous permettra de comprendre le livre.

Il en est de même dans l'ordre social pour les vérités suivantes :

L'humanité constitue une famille dont tous les membres sont solidaires ; le progrès des uns profite aux autres, les torts, ou la souffrance, infligés à ceux-ci retentissent sur ceux-là. C'est la loi de solidarité.

De cette loi découlent des devoirs et des droits réciproques entre tous les hommes ; chacun de nous a droit à la justice, et a aussi, vis-à-vis de ses semblables, un devoir de justice. C'est ainsi qu'à la base de la société se trouve la loi de justice.

Pour la détermination de ces droits et de ces devoirs réciproques, et pour l'application des sanctions qui en résultent, il faut la subordination de tous à un pouvoir régulateur ; d'où le principe d'autorité.

Toutefois, et malgré cette subordination nécessaire, l'homme ne perd pas ses droits au libre usage de sa raison, à la libre disposition de ses sentiments, de ses actes ; d'où le droit à la liberté.

Tels sont les principes essentiels sur lesquels repose la société ; toute atteinte portée à l'un d'eux compromet l'ordre social, et est un arrêt au progrès de l'humanité.

———

Loi de solidarité. — Nous avons l'habitude de ne penser qu'à nous-mêmes et de nous considérer comme le centre du monde. Nous ne jugeons guère les autres que suivant le degré d'utilité qu'ils peuvent avoir pour nous. L'homme du monde n'estime, parmi ses semblables, que ceux dont il peut se faire des relations, un moyen d'augmenter son influence ou ses jouissances ; il ignore systématiquement les autres. L'industriel a des ouvriers ; il ne les connaît, et ne veut les connaître, que pour les relations d'atelier ; une fois la barrière de l'usine franchie, il les ignore.

Est-ce là la vérité et le devoir ?

Ne devons-nous pas considérer l'être humain qui se trouve en face de nous, non pas comme un outil, ou un instrument, ou une unité, mais comme un homme semblable à nous, d'os et de chair, et doué d'une âme immortelle comme nous, un frère dans cette humanité, et que le Christ nous a ordonné d'aimer comme nous-même ?

Aucune parole ne contredit plus nettement notre égoïsme natif, et aucune, en vérité, n'a plus contribué à révolutionner le monde païen. Le dogme de la solidarité humaine forme le fond de la doctrine sociale du christianisme ; il a été enseigné par le Christ comme devant être appliqué directement aux relations des hommes entre eux, et il découle rationnellement de cet autre principe fondamental inscrit dans la Bible, et rappelé par le Sauveur à chaque instant de son enseignement : la Paternité divine (1).

Ce sont les Livres Saints qui nous donnent la claire et complète conception de la loi de solidarité dans la famille, dans la nation, dans la société. Nous y voyons Adam puni en lui-même et en sa postérité, les fautes des pères châtiées dans les enfants « jusqu'à la troisième génération » ; ainsi Acan lapidé avec sa famille entière pour son crime.

La solidarité poussée à ce point nous paraît injuste et

(1) M. Emile Faguet, dans son ouvrage sur *le Libéralisme*, écrivait récemment : « C'est certainement le christianisme qui a fondé les droits de l'homme ; je l'ai assez répété, et ce qui m'assure davantage, c'est que Taine l'avait dit avant moi, et ce qui m'assure plus encore, c'est que Montesquieu l'avait dit bien avant Taine. »

cruelle ; et cependant nous ne trouvons pas étrange que les enfants héritent de la gloire et des honneurs de leur père, nous montrons quelqu'orgueil d'appartenir à telle famille, de porter tel nom.

Il en est des nations comme des individus. Les nations ont des traditions séculaires faites des luttes et des efforts du passé, des conquêtes et des défaites, du souvenir des alliances ou des trahisons ; chaque génération subit les conséquences des fautes des générations précédentes ou profite de leurs grandeurs. L'histoire et la science s'unissent pour établir chaque jour plus indiscutablement l'interdépendance de tous les êtres, et par suite, leur solidarité nécessaire.

Rien n'est donc plus faux, plus antiscientifique et plus antichrétien que la théorie anarchiste sur la lutte des classes. Chaque classe de la société est solidaire des autres et intéressée à la prospérité des autres. La société étant fondée sur l'échange de relations continuelles d'homme à homme, sur l'échange universel et permanent des services et des produits, toutes les classes ont besoin les unes des autres, de sorte que ce qui fait prospérer l'une profite aux autres ; ce qui lui nuit, leur nuit. De cette harmonie sociale il résulte que nous devons nous élever dans notre sphère et chercher à y développer toutes nos facultés, en aidant nos semblables à faire de même ; le bien général étant la résultante des efforts individuels et des efforts collectifs. La paix et l'harmonie du monde sont à ce prix.

Loi de justice. — Si étroite que l'on puisse supposer la solidarité qui devrait unir les hommes, nous ne pouvons pas espérer qu'elle suffise à régler leurs rapports entre eux, ni leurs rapports avec la société ; une société dirigée par la seule loi de solidarité et d'amour est un idéal trop élevé qui ne se réalisera pas sur la terre.

Il y a en effet parmi les hommes une préoccupation dominante, celle de la distinction entre *le mien* et *le tien*. Cette question se pose non pas en vertu de l'égoïsme naturel à tous, mais en raison du développement de notre personnalité. Ce qui nous touche, ce qui vient de nous est comme un prolongement de nous-mêmes et nous confère des droits exclusifs de tous autres droits extérieurs. Le produit de notre intelligence, de notre travail, les conséquences de nos actes sont nôtres, et presqu'exclusivement nôtres; notre droit n'a pour limite que le droit des autres membres de la société. Il faut donc qu'un principe certain, applicable à tous, fixe le partage entre ce qui est à moi et ce qui n'est pas à moi, soit dans la conception des idées, soit dans l'élaboration des actes, soit dans la responsabilité morale ou civile, soit dans les produits obtenus, de telle sorte que l'individu ne soit pas frustré, et que la collectivité, qui a contribué pour quelque chose aux actes et aux produits et qui assure à l'individu des avantages incontestables, reçoive sa part proportionnelle de profit ou de perte.

La justice consiste donc dans la détermination tantôt de l'égalité, tantôt de la proportionnalité des droits.

Les hommes étant de nature semblable, ayant la même origine et la même fin, ont les mêmes droits sur tout ce qui concourt à cette fin : droit à la vie, droit au développement de leurs facultés intellectuelles, droit au perfectionnement moral, droit au bonheur. Ils ont les mêmes droits, parce qu'ils ont les mêmes devoirs. Mais si l'origine et la fin sont les mêmes, les conditions de l'existence sont bien différentes, et là, les inégalités apparaissent de toutes parts; de là découle la proportionnalité des devoirs et des droits.

C'est donc la justice qui est la base sur laquelle doivent se régler les rapports sociaux.

Malheureusement, l'injustice est partout, dans l'État et

dans les mœurs. Nous la voyons dans les lois de répression qui frappent les malheureux et qui s'arrêtent impuissantes devant les riches ; dans les lois d'exception ; dans la mauvaise répartition des impôts et des charges sociales, et aussi dans la mauvaise répartition des avantages sociaux. N'est-ce pas une injustice sociale que d'écarter des emplois publics une classe quelconque de citoyens, malgré le mérite et les droits acquis, et de confier ces emplois selon la faveur et le caprice ?

L'injustice est encore dans les mœurs qui consacrent le dédain du pauvre, le mépris du misérable, et qui réservent les honneurs et l'estime à une opulence souvent oisive ou mal acquise.

Le pape Léon XIII a signalé une injustice économique dans ce qu'il a appelé « la misère imméritée » des ouvriers, injustice qui les atteint dans les conditions de leur existence et dans la dignité de leur vie ; pauvres qui sont trop pauvres pour trouver même un emploi suffisant et gagner leur pain à la sueur de leur front.

Si les socialistes attaquent avec tant de violence le système social actuel, c'est parce qu'ils le considèrent comme fondé sur l'iniquité.

Cette revendication de la justice donne une certaine autorité à leurs théories, d'autant plus qu'à eux est due, en fait, l'initiative des principales lois d'amélioration sociale.

Tout en reconnaissant qu'ils ont raison sur beaucoup de points particuliers, je ne pense pas que leur conception de la justice sociale soit conforme à la nature et aux besoins de la société humaine ; à mon avis, elle n'est qu'une autre forme d'injustice. Toutefois, ils n'en sont pas moins fondés à réclamer plus d'équité dans les lois et dans les rapports sociaux et à proclamer qu'il n'y a point de solidarité, ni de vraie liberté, sans la pleine réalisation de la justice.

Le principe d'autorité. — Dans la société humaine, les éléments les plus divers se coudoient et les intérêts les plus opposés se heurtent ; elle est sans cesse agitée par les passions et arrêtée dans sa marche vers un progrès qu'il lui faut acheter au prix des sacrifices les plus douloureux ; pour arriver à sa fin suprême, qui est le bonheur de l'humanité, elle a besoin du concours de toutes les bonnes volontés, de l'union de tous les cœurs, mais comment obtenir ce concours et cette union, comment mettre l'ordre dans ce désordre, s'il n'y a pas une autorité qui dirige efficacement les membres de la société et qui ramène à l'unité leurs efforts et leurs actions ?

Il faut donc que, dans toute société, quelqu'un commande, quelqu'un dirige ; là où il n'y a pas d'autorité, où tout le monde est maître, tout le monde est esclave, dit Bossuet.

Et cependant qui se permettra de commander, qui assumera l'autorité, puisque tous les hommes sont égaux et libres ? Aucun homme n'a de droits sur un autre homme ; aucun homme ne possède d'autorité par lui-même ; c'est ce que le Christ rappelait à Pilate, en lui disant : « *Tu n'aurais point de pouvoir sur moi, s'il ne t'avait été donné d'en haut.* » Tous les hommes étant égaux et libres, l'autorité est donc en Dieu seul et vient de lui, parce que lui seul, et nul autre, n'a le pouvoir d'imposer à l'homme l'obligation morale, le devoir de conscience.

L'homme qui dispose de l'autorité n'en dispose pas en son nom propre, ni pour son propre bien, mais seulement pour le bien commun, afin que la société dont il est appelé à diriger les membres puisse atteindre la fin pour laquelle elle existe.

De même que tout acte contraire à la raison ou au droit n'est pas un résultat de la liberté mais de la licence, ainsi tout acte contraire aux intérêts du corps social ne relève pas de l'autorité légitime, mais de la tyrannie. C'est à la clarté de ces principes que doit être jugé le pouvoir et que doivent être déterminées ses limites.

Le principe d'autorité n'existe donc pas pour lui-même, ni pour ceux qui l'exercent; il n'existe qu'en faveur et au profit de ceux qui sont soumis à l'autorité. Et celle-ci n'est légitime que si elle est juste et paternelle; tels sont les caractères de l'autorité de Dieu sur l'homme, et si l'autorité humaine dérive de l'autorité divine, elle doit en reproduire les caractères. Lors donc que ceux qui détiennent l'autorité, à quelque titre que ce soit, dans l'ordre moral aussi bien que dans l'ordre matériel, se montrent injustes, faux, malveillants, oppresseurs, ce n'est pas au nom de l'autorité qu'ils agissent ainsi, ils abusent de leur pouvoir pour satisfaire leurs passions ou leur intérêt : l'obéissance ne leur est plus due, et il est bon de pourvoir à leur remplacement, afin qu'en leurs mains l'autorité ne dégénère pas en tyrannie, au grand dommage du corps social.

Autant et plus que toute autre forme sociale, la démocratie qui a mis au premier plan de sa triple devise : la liberté, a besoin de reconnaître le principe d'autorité. Tout homme a beau être libre et être l'égal de tous, il est nécessairement solidaire d'un cadre social, et par là engagé dans des rapports qui nécessitent sa subordination à une règle et à une autorité.

Que si l'on rejette la règle et l'autorité, que si la loi peut être impunément violée, ou par des émeutiers, ou par le gouvernement lui-même, alors il n'y a plus lieu de parler de démocratie, mais d'anarchie démagogique.

Le mépris du principe d'autorité est, sous ce rapport, plus nuisible aux démocraties qu'aux monarchies, car celles-ci tiennent aux pays par d'autres liens, et notamment par la continuité et la tradition. La République ne se soutient que par le respect de la loi, et dans un pays ou, sous le prétexte de liberté, il n'y a plus d'obéissance, tout est livré au désordre et la République est bien compromise.

L'autorité se manifeste sous trois formes : la propriété, la loi, la morale ; c'est-à-dire la forme personnelle, la forme sociale, la forme universelle et éternelle.

La propriété est l'autorité sur les objets, le droit d'en user, et, pour certains juristes, d'en abuser. La loi est, pour les sociétés, le droit de disposer des personnes, en leur imposant des contraintes et des impôts. La morale, qu'elle soit enseignée par les philosophes ou par les prêtres, est la mainmise sur le plus intime de l'homme, sur sa conscience, pour lui faire accepter l'idée de devoir, et par conséquent de soumission. Il y a toutefois cette différence entre la loi et la morale, que la loi n'est pas l'objet d'un choix libre et qu'elle s'impose, tandis que l'autorité de la morale peut être discutée point par point, acceptée ou rejetée.

L'autorité que donne la propriété est exercée par celui qui possède ; l'autorité qui dérive de la loi est exercée par ce que l'on appelle l'Etat, le Gouvernement, les Pouvoirs publics ; l'autorité morale est exercée par quiconque enseigne.

L'autorité civile et l'autorité spirituelle ne doivent pas être réunies dans la même main, sous risque de voir le pouvoir civil fausser la morale à son profit, et l'autorité morale abuser du pouvoir de coercition, qui est le propre de l'autorité civile, pour imposer ses dogmes.

Double tyrannie qui pèserait à la fois et sur les corps et sur les consciences.

Le droit à la liberté. — La liberté est la condition nécessaire de nos actions. Ou nous agissons librement, comme le prétendent les spiritualistes, et alors nous sommes responsables; ou nous sommes contraints, déterminés, comme le déclarent les matérialistes, et alors nous ne sommes pas responsables. L'on ne voit pas bien ce que pourrait être une société d'irresponsables ; ce n'est plus une société ; c'est un groupement. A des irresponsables on peut bien imposer une contrainte physique, des règlements d'ordre matériel, mais on n'impose pas une loi morale ; on ne leur parle pas de mérite et de démérite, de vice et de vertu, de punitions et de récompenses. Nous avons déjà vu comment des docteurs de l'école matérialiste sont amenés, par la logique même, à rayer du dictionnaire les mots *crime* et *délit*, pour les remplacer par le mot *maladie*, et comment ils proposent aussi de remplacer la prison par l'hôpital.

Il est impossible de deviner ce que pourrait être la société anarchique de l'avenir, basée sur un matérialisme aussi complet, eût-il les allures les plus scientifiques ; il est certain qu'elle ne pourrait pas fonctionner, ni même se constituer, précisément parce qu'elle ne reconnaîtrait pas à ses membres la liberté morale, et que sans liberté il n'y a pas de société.

Qu'est-ce donc que la liberté ?

Pour beaucoup de gens, c'est le pouvoir de tout dire et de tout faire dans une indépendance absolue, sans être contraint d'agir, ou empêché d'agir, par aucune autorité. Pour eux, la loi ne doit avoir d'autre objet que de permettre aux hommes de développer complètement leur personnalité, leurs facultés, leurs ressources ; l'intérêt personnel est le mobile unique de l'activité humaine ; la liberté individuelle absolue est le grand, le seul élément de progrès, d'harmonie et de paix sociale. Le pape Léon XIII n'a-t-il pas appelé la liberté : le don naturel le plus excellent ; elle est donc le bien par excellence, celui auquel il faut sacrifier tous les autres (1).

Cette théorie est celle de l'école libérale ; elle n'est pas la nôtre, bien que nous aimions la liberté et que nous y tenions, à l'égal de n'importe qui. La liberté pour la liberté est une chimère, parce que la liberté n'est pas un but, mais un moyen. Nous ne sommes pas libres pour le plaisir d'être libres, mais parce qu'étant libres, et conséquemment responsables, nous donnons à nos actions une valeur morale qu'elles n'auraient pas sans la liberté.

Nous sommes libres d'agir, mais dans l'ordre du bien, dans le sens de l'obligation morale et du devoir ; quand nous agissons en sens contraire, nous n'usons pas de la liberté, nous en mésusons. Est-ce en vertu de la liberté, et parce qu'il a le droit d'en user de la sorte, que le voleur s'approprie le bien d'autrui, que l'incendiaire le détruit, que l'assassin tue ? La bombe de l'anarchiste est-elle aussi le résultat d'un usage légitime de la liberté ?

Mais voilà, ce mot de liberté exerce une telle fascination sur les esprits, et on l'a tant mis en avant à tout propos et hors de propos, qu'un grand nombre de personnes ne peut pas comprendre que l'usage de la liberté est strictement subordonné à la raison et à la conscience. Il est encore subordonné aux nécessités de la vie sociale et civile, et limité étroitement par les droits des autres membres de la société.

Il n'est pas de problèmes auxquels ne se surajoute celui de la liberté ; les plus importants sont ceux de la liberté de conscience, de la liberté politique et de la liberté économique.

Par liberté de conscience l'on entendait autrefois la liberté de suivre un culte plutôt qu'un autre, ou de n'en pas suivre

1) Voir ce qu'il faut entendre par liberté, page 62.

du tout; l'on veut dire maintenant que la société civile ne se reconnaît plus le droit de contrainte sur les croyances métaphysiques ou théologiques, tout en leur laissant leur influence naturelle sur l'existence personnelle et domestique. La liberté de conscience retire aux métaphysiciens et aux théologiens la possibilité de recourir à l'autorité légale, à l'empire de la force, pour faire prévaloir leurs principes, mais il leur reste l'autorité morale que donne la persuasion. L'Etat, n'ayant pas qualité pour décider où est la vérité parmi les dogmes et les cultes divers, a renoncé au droit d'en imposer aucun, comme au droit d'en interdire et d'en punir aucun.

Toutefois, et bien que les opinions et les croyances soient libres, là encore la liberté n'est pas illimitée et ne peut aller jusqu'à la licence ; il est telles opinions dont l'Etat ne peut se désintéresser puisqu'elles aboutiraient à sa ruine; dans aucune société bien organisée l'apologie du vol et de l'assassinat ne sera tolérée, dans aucune l'on ne permettra de mettre l'immoralité en honneur ou de prêcher la haine entre citoyens. Les Etats où se passent de tels désordres ne sont pas mûrs pour la liberté, mais pour la servitude.

Ce que l'on entend par libertés politiques est bien confus et bien variable ; les uns voient la liberté dans l'abstention et l'annihilation de l'Etat qu'ils réduisent à n'être qu'un gendarme désarmé ; les autres font intervenir l'Etat dans toutes les questions et sont prêts à sacrifier à sa toute puissance presque toutes leurs libertés, pourvu que leurs adversaires n'en aient aucune.

C'est là le propre des partis de s'imaginer qu'il y a toujours assez de liberté là où ils sont les plus forts. La liberté n'existe au contraire que lorsqu'aucun parti n'est assez fort pour dominer les autres. La terreur n'est, du reste, nullement nécessaire pour détruire la liberté politique. Il suffit d'amener les citoyens à croire que pour gagner plus sûrement leurs procès, pour avoir plus de part aux places dont l'Etat dispose, pour obtenir plus de routes et de chemins de fer, il faut s'abstenir de critiquer les actes du Gouvernement (E. Pierre : *Politique et Gouvernement*).

Dans un autre ordre d'idées, il est évident qu'un petit fonctionnaire blâmé pour aller à la messe, ou pour envoyer ses enfants chez les sœurs, ne jouit pas de la liberté.

La mesure des libertés politiques chez un peuple se mesure assez exactement au degré de la liberté d'association dont il jouit. La liberté d'association doit être presque absolue, et limitée seulement au point où elle pourrait menacer l'indépendance de l'Etat.

Les républiques doivent exercer sur les associations une surveillance plus étroite que les monarchies, parce qu'une méthode de gouvernement fondée sur l'indépendance des votes se trouverait promptement faussée, si des forces collectives pouvaient s'élever en dehors du contrôle public, disposer d'argent et d'influence, et paralyser l'action du pouvoir dans ce qu'elle a d'utile et de légitime.

Telle est, en France, l'action funeste de la Franc-Maçonnerie, et les gouvernements qui n'ont cessé de la favoriser se sont rendus coupables d'une véritable trahison des droits de l'Etat.

Précisément la liberté complète d'association, dans les conditions que je viens d'énumérer, offre cet avantage que les unes peuvent contrebalancer les autres, et qu'il s'établit ainsi entre elles une sorte d'équilibre, ou tout au moins une moyenne, qui empêche les exagérations des partis extrêmes.

La forme la plus vive sous laquelle puisse être réclamée

la liberté politique est celle que l'on a appelée : le droit sacré à l'insurrection.

Est-ce bien un droit ? oui, sans doute, et si je consulte l'histoire, je constate que les libertés politiques ont toujours été le prix de la lutte ; elles ont été conquises et non acquises.

C'est pourquoi Gladstone, répondant à lord Salisbury qui lui reprochait d'exciter le peuple à la violence, disait le 30 octobre 1884 : « Si j'abhorre l'emploi de la force brutale, je ne veux pas adopter pour mon compte ces réticences efféminées par lesquelles on cache au peuple les leçons consolantes et les encouragements qu'il peut tirer de ses anciennes luttes, du souvenir des grandes qualités de ses ancêtres, et de la conscience que, ces qualités, il les possède encore. Si, aux époques de crises politiques, on n'avait jamais conseillé au peuple que d'aimer l'ordre, de détester la violence et de se montrer patient, les libertés nationales n'auraient jamais été obtenues. »

Nous ne pouvons qu'applaudir à un si fier langage.

Ce n'est pas en quelques lignes non plus que peut être traité le problème de la liberté économique.

Je le résumerai ainsi :

Par liberté économique, l'on entend l'application d'une liberté absolue et sans limites aux phénomènes de l'évolution sociale et de la vie matérielle, tels que les échanges, la répartition des richesses, les relations des classes sociales, les rapports du capital et du travail.

L'école libérale considère que les lois fondamentales de la vie sociale découlent des besoins physiques de l'homme, et entre autres du besoin de jouissance fondée sur la propriété ; il n'y a donc de rapports entre les hommes que ceux qui naissent de la propriété sous la forme de commerce et d'industrie, de production et de consommation. Il s'ensuit que les lois doivent tendre uniquement à assurer la liberté de cette propriété, liberté d'en disposer sans aucune restriction ; le bonheur et la paix sociale sont là. Laissez faire, laissez passer.

C'est singulièrement rabaisser la dignité de la vie humaine que lui donner comme but la jouissance, la satisfaction des besoins physiques ; le sensualisme et l'utilitarisme deviennent alors la base de la morale et cette conception matérialiste de la société justifie la doctrine anarchique.

Puis, dire que l'homme est à lui-même sa propre loi, qu'aucune réglementation ne doit entraver ses opérations, que l'intérêt individuel est sacré, c'est amener la collision des intérêts individuels et, par suite, la victoire des plus forts. Et comme dans la vie pratique ce sont les plus riches qui sont les plus forts, il faut que tous les autres plient sous ceux-là. Le libéralisme économique aboutit donc, de ce côté, au despotisme de la richesse, à une féodalité nouvelle non moins oppressive que la féodalité du moyen âge. Par l'éclosion surprenante des doctrines socialistes, il nous est permis de constater combien les libertés économiques ont peu satisfait les masses.

Il ne suffit pas, en effet, de prêcher la liberté des échanges, la liberté du travail, la loi suprême de l'offre et de la demande, et autres aphorismes chers aux économistes, il faut bien voir qu'après avoir supprimé les privilèges de la noblesse et du clergé, la bourgeoisie ne s'est guère souciée de faire participer le peuple au partage des dépouilles. Elle n'a pas fait battre les mares par les paysans pour faire taire les grenouilles, comme les seigneurs d'autrefois, elle a fait pire ; le temps n'est pas si éloigné où les patrons, bourgeois libéraux de 1830 et voltairiens à l'avenant, faisaient travailler les ouvriers quatorze et seize heures par jour dans leurs ateliers, et y recevaient les enfants de neuf ans pendant le même temps, dimanches compris. S'il y avait des libertés économiques, ce n'était toujours pas pour ces malheureux.

Pendant ce temps, la science officielle, l'économie politique, continuait de prêcher la doctrine du *laissez faire, laissez passer*, chacun pour soi, oubliant que l'homme ne vit pas seulement de formules, mais aussi de pain, et non seulement de pain, mais de toute parole tombée de la bouche de Dieu ; c'est-à-dire que l'homme économique, *homo œconomicus*, des savants n'existe pas, ce type d'homme abstrait sur lequel on bâtit des raisonnements ; ce qui existe c'est l'homme concret, réel, qui a des besoins et matériels et moraux, auquel on peut enlever Dieu, c'est-à-dire la nourriture morale, mais qui étant alors réduit à l'état de brute devient d'autant plus exigeant pour la satisfaction de ses besoins physiques. Cet homme-là, à force d'avoir été traité comme un outil ou une bête de somme, à force d'avoir vu son travail considéré comme une marchandise cotée d'après la loi de l'offre et de la demande, à force d'avoir entendu des promesses de liberté et de bonheur toujours renouvelées et jamais tenues, cet homme là, dis-je, ne croit plus qu'à une chose : aux besoins de son ventre et aux joies de sa haine.

Nous venons de voir que la société repose sur quatre principes fondamentaux : la solidarité, la justice, l'autorité et la liberté. La devise républicaine est différente : liberté, égalité, fraternité ; mais elle exprime un programme plutôt qu'une affirmation didactique de principes. De ces trois termes nous en avons examiné deux : la liberté et la fraternité qui se confond avec la solidarité ; nous devons d'autant plus examiner le troisième terme que l'inégalité des conditions est le plus grave grief que les collectivistes et les anarchistes formulent contre l'état social actuel, et ils voient la cause du mal dans le droit à la propriété individuelle.

Il est certain que la propriété individuelle consacre l'inégalité des conditions, mais cette inégalité est le résultat nécessaire des lois de la nature, elle n'est pas un mal, tant s'en faut, et la propriété individuelle est également une nécessité bienfaisante.

Lorsque la Révolution française inscrivit l'égalité dans le programme en trois mots dont elle promettait au peuple l'immédiate réalisation, elle avait une excuse dans l'excessive inégalité des conditions à cette époque, et surtout dans ce fait que l'aristocratie, qui jouissait de tant de privilèges, ne les méritait plus, ne rendant plus aucun service au corps social. C'est contre cette injustice que s'élevait l'article I de la Déclaration des droits de l'homme, déclarant :

« Les hommes naissent et demeurent libres et égaux en droits. Les distinctions sociales ne peuvent être fondées que sur l'utilité commune. »

L'égalité est vraie et réelle, en effet, considérée dans son principe supérieur qui est la solidarité humaine résultant de l'origine commune des hommes. Où trouvera-t-on jamais l'égalité, si ce n'est pas entre frères ? C'est ainsi qu'après avoir établi le dogme de la fraternité humaine et comprenant que les conditions de la vie sur la terre ne permettent de réaliser ni la fraternité, ni l'égalité qui en est la conséquence, la religion a corrigé les inégalités inévitables de la vie par l'espoir d'une vie future meilleure, au sein du Père commun.

Mais ce n'est pas cette sorte d'égalité que réclamaient les bourgeois et les manants de l'ancien régime, et que réclament aujourd'hui les farouches égalitaires du collectivisme; ce n'est même pas l'égalité devant la loi, déjà inscrite dans le Code ; c'est l'égalité des biens et des jouissances.

Il y a dans la société des riches et des pauvres, des savants et des ignorants, des patrons et des ouvriers, des supérieurs et des subalternes; à toutes ces catégories correspondent des droits et des devoirs différents, et aussi des avantages inégaux ; voilà les inégalités que le collectivisme prétend faire disparaître.

Quand l'inégalité était admise par tous comme une nécessité sociale, le peuple souffrait moins de l'infériorité de sa situation ; depuis que l'égalité est devenue l'un des articles de toutes les constitutions nouvelles, le peuple ne comprend pas qu'on laisse à la fortune les privilèges qu'a perdus la naissance. Après l'équilibre des droits, il veut l'équilibre des biens. Le quatrième État réclame pour la richesse ce que le Tiers-État a réclamé de la noblesse : une nuit du 4 août. C'est la réaction fatale du prolétariat contre la bourgeoisie.

Or, cette conception matérialiste de l'égalité est fausse, contraire aux lois de la nature et à la plus élémentaire justice.

La nature n'a rien d'égal ; sa loi souveraine est la subordination et la dépendance. Nous avons beau naître égaux en droits, nous ne naissons pas égaux en force physique, ni en intelligence, ni en qualités morales. En outre de ces avantages naturels inégalement répartis, quelques-uns sont doués de l'aptitude nécessaire pour développer leurs facultés, les perfectionner au point de devenir des hommes supérieurs aux autres hommes. Mieux doués, ils sont ainsi à même de rendre à la société des services que le commun des hommes ne peut rendre. Comment établir l'égalité des biens et des jouissances devant l'inégalité des services ?

La société doit donc avoir une hiérarchie de classes, comme la nature nous offre une hiérarchie de dons. De même que dans le corps certains organes sont subordonnés à d'autres organes, de même, dans l'organisme social, il y a des membres inférieurs, utiles à la vie de l'ensemble, mais subordonnés dans leur fonctionnement au jeu d'organes prépondérants. C'est une loi de la nature et les théories égalitaires n'y changeront rien. Ceux qui réclament l'égalité absolue des avantages matériels peuvent aussi bien demander pour tout le monde une taille égale ou la même chevelure.

Ce qui est injuste, ce n'est pas l'inégalité des conditions en elle-même, ce sont les inégalités dans le rapport entre le sort des hommes et leur valeur propre ; ce n'est pas que certains possèdent ou reçoivent plus que d'autres, c'est que certains possèdent ou reçoivent plus que ne comporte l'utilité de leur rôle dans la société (H. Léon). La différence des fortunes n'est qu'un fait extérieur sans importance pour chacun de nous, sans importance pour le corps social ; ce qui est important, c'est que cette différence soit conforme à la justice.

Le problème de l'égalité est donc un problème moral, et la poursuite de l'égalité devient légitime et louable quand elle a pour but de proportionner les avantages sociaux aux services rendus à la société, d'écarter les privilèges exclusifs de domination et d'exploitation, de garantir les faibles de la pauvreté dégradante et de la misère imméritée, de faire disparaître l'esclavage économique comme ont disparu l'esclavage personnel et le servage ; enfin, de rendre toutes les positions accessibles à tous, afin que chacun ait sa chance de pouvoir se développer intégralement et de rendre à la société le maximum de services.

En tout cela consiste la véritable égalité, celle à laquelle tous ont droit. Et maintenant, pour entrer dans la pratique de la vie, voyons sous quelle forme elle peut se réaliser pour les plus déshérités.

Certes, l'ouvrier courbé sous le joug du travail matériel éprouve un légitime besoin de relever la tête à certaines heures, et de se sentir l'égal de ceux qui ont la vie moins dure que lui.

L'égalité de bonheur et de dignité réside pour lui dans la possession d'un foyer, d'une famille, où la vie soit saine. Il a le droit de n'être pas entassé dans un chenil comme on en voit dans les centres industriels, où les ouvriers sont décimés par le rachitisme et la phtisie.

Par le fait même de son travail, l'ouvrier est exposé à plus d'accidents et à plus de maladies ; c'est rétablir l'égalité que d'écarter de lui toutes chances de mal, l'indemniser s'il en est atteint, veiller à ce que le travail lui-même ne soit ni prématuré s'il est jeune, ni excessif s'il est homme fait.

L'ouvrier est dans de mauvaises conditions pour développer son intelligence ; c'est rétablir l'égalité que de limiter le temps du travail et de multiplier les cours, les conférences, les lectures, de façon à ce qu'il reçoive l'instruction et la formation morale nécessaires à l'amélioration de sa situation sociale.

Il a droit à ce que ses enfants, comme ceux du riche, reçoivent l'instruction et l'éducation suffisantes. Les enfants riches ne sont guère exposés aux lectures malhonnêtes, démoralisantes ; l'ouvrier a droit à ce que ses enfants soient protégés contre cette peste ; il a droit aussi à ce que si, par malheur, l'une des siennes cède à la séduction, elle puisse être indemnisée et élever l'enfant aux frais du père qui lui a donné la vie. L'interdiction de la recherche de la paternité est un privilège inique que la bourgeoisie s'est octroyée et qui devra lui être enlevé.

Et si, cantonné dans une superbe indifférence, le patron déclare que les mœurs de son personnel ne le regardent pas, si, mettant ses fils et ses filles à lui dans des maisons chrétiennes, il ne fait rien pour préserver ses ouvriers et leurs enfants des écoles athées et du débordement du vice, alors il ne mérite pas que sa fortune matérielle soit épargnée par ceux dont il n'a pas sauvegardé le patrimoine moral. Comment maintenir l'hérédité des biens quand l'hérédité, beaucoup plus intéressante et plus sacrée, de la foi et des mœurs est impudemment niée et foulée aux pieds ? (Keller.)

L'ouvrier et ses enfants ont un droit égal à celui du riche à connaître Dieu, un droit égal à être grands et heureux en l'aimant, un droit égal à la vie morale qui domine et façonne la vie matérielle et qui fait la dignité et le bonheur de l'honnête homme.

L'inégalité des conditions, conforme aux lois de la nature, a pour corollaire le droit de propriété. C'est de ce principe que l'on est parti pour déclarer que le droit de propriété est sacré, inviolable et absolu, et que toucher à la propriété, c'est renverser les fondements de l'ordre social.

Le principe même est consacré par le VIIme commandement du Décalogue : « *Tu ne voleras point* » ; il n'est pas à discuter. Ce qui est discutable, ce sont les principes qui régissent le mode d'appropriation et de transmission, lequel n'a rien de sacré et d'inviolable, puisqu'il varie suivant les temps et suivant les peuples.

Cela signifie qu'une fois adoptée en vertu des mœurs et de la législation, toute forme de propriété devient sacrée et doit être respectée en celui qui possède, jusqu'à ce qu'une forme nouvelle vienne légalement et légitimement remplacer la première.

Les formes actuelles de la propriété peuvent donc subir, et subiront, des modifications. C'est ce que ne veulent pas comprendre les bourgeois, parce qu'ayant fait de la possession et de la jouissance des biens matériels le but des efforts et du travail de toute leur vie, ils n'entendent pas qu'on y touche, ni même qu'on pense à y toucher. Là encore se montre la conception matérialiste de la vie, et elle s'est traduite dans la législation par un ensemble de mesures uniquement consacrées à maintenir et à défendre la propriété et les propriétaires.

« En arrêtant sa pensée, dit Necker, sur la propriété et sur ses rapports, l'on est frappé d'une idée générale qui mérite bien d'être approfondie ; c'est que toutes les institutions civiles ont été faites pour les propriétaires. On est effrayé en voyant le Code des lois de n'y découvrir partout que le témoignage de cette vérité..... »

Le principe de propriété mérite-t-il tant d'honneur, et vaut-il que la plus grande partie des frais de l'établissement social, comme l'écrit Sismondi, soit destinée à défendre les riches contre les pauvres ?

Assurément non. La propriété, à quelque point de vue que l'on se place, ne constitue pas un droit absolu, mais un droit relatif. L'exagération de ce droit est même contraire aux principes fondamentaux de la morale chrétienne qui regarde la propriété comme un dépôt, dépôt dont l'usage, une fois qu'il a satisfait les besoins respectifs de la classe des propriétaires, doit être consacré au bien commun, notamment à celui des pauvres et des déshérités (Encycl. *Rerum novarum*).

Notons qu'il est question là de besoins, et non pas de gâchis et d'abus. Ces besoins sont essentiellement relatifs; un grand train de maison, un certain luxe, sont nécessaires dans certaines situations sociales et constituent des besoins. L'épargne, l'accumulation de richesses faite en vue d'établir convenablement des enfants est également légitime. Tout ce qui dépasse ces besoins doit être consacré à l'avantage commun.

Le régime de la propriété n'a donc pas pour but la satisfaction des jouissances et des appétits des propriétaires; il a pour but le bien commun et, à cause de cela, il implique des devoirs précis. C'est ce qui est trop oublié de nos jours; notre régime actuel s'éloigne de son but; la propriété privée a poussé son droit jusqu'à la dernière rigueur, sans souci et même à l'encontre de ses devoirs; ainsi se trouvent justifiées en partie les revendications socialistes et la volonté si nettement manifestée de transformer la propriété individuelle en propriété collective.

Y a-t-il à cela une impossibilité? Nous le verrons au chapitre du Socialisme. Remarquons seulement que la forme de la propriété n'a pas été la même à toutes les époques et, actuellement encore, varie suivant les pays. Les modifications s'opèrent sous l'empire des circonstances et lentement par l'évolution des mœurs; la législation ne fait que suivre. Tant que la propriété féodale a rendu les services que la société avait le droit d'attendre d'elle, elle s'est maintenue, puis a disparu pour faire place à la propriété individuelle. Celle-ci est arrivée maintenant au summum de son développement; elle constitue certainement un élément de force, un instrument de progrès, un principe d'ordre et de sécurité ; mais si ceux qui la détiennent oublient les devoirs sociaux qui leur incombent, la propriété individuelle disparaîtra comme a disparu la propriété féodale et fera place dans une certaine mesure à la propriété socialisée. Je dis : dans une certaine mesure, parce que la forme collectiviste a d'autant moins de chances de s'établir que, par ses tendances matérialistes et athées, elle ne correspond pas à un progrès des mœurs et ne tient compte ni de la nature des choses, ni de la nature de l'homme.

Le régime actuel n'est donc pas le terme définitif, ni l'idéal de la propriété ; celle-ci évoluera comme elle a déjà évolué. De même que ses formes primitives ont subi des altérations et des correctifs en rapport avec les nécessités sociales, de même le système d'appropriation individuelle subira des changements et des révisions ultérieures tendant au progrès des relations actuelles entre les hommes. Toutefois, et en admettant qu'elle se trouve restreinte dans l'avenir, que la propriété de certaines choses d'utilité générale telles que le sol, les mines, les transports, etc., puisse être socialisée (ce qui paraît encore bien chimérique), la propriété individuelle ne disparaîtra jamais, parce qu'elle est conforme à la nature des choses et à la nature de l'homme.

A la nature des choses. Certainement Dieu a fait la terre dans l'intérêt de tous, et, sous ce rapport, l'on a raison de dire que le sol, comme l'air, comme le soleil, appartiennent à tous ; mais s'agit-il de diviser la terre en autant d'hectares qu'il y a d'habitants dans un pays ? Non. Avec un partage égal des terres, la partie afférente à chacun serait fort petite et comment serait-elle cultivée ?

Or, la culture des terres est le plus grand intérêt de l'humanité, le plus urgent, et l'appropriation individuelle du sol est le moyen le plus efficace d'assurer et de développer cette culture. Quand la terre est à tout le monde, elle n'est à personne; elle ne produit ni fruits, ni moissons, mais des bruyères et des forêts. Sans la propriété individuelle, le genre humain serait vite réduit à l'insignifiante ressource des droits primitifs de cueillette, de chasse, de pêche et de pâture, c'est-à-dire qu'il ne serait pas sorti de la barbarie.

Sans la propriété individuelle des mines, des transports, des grandes industries, quel homme entreprendrait des travaux pénibles, pleins de risques, pour n'en tirer aucun profit personnel ?

L'Etat, dit-on, expropriera et fera exploiter le sol et le sous-sol et les industries, et partagera les bénéfices entre les membres de la collectivité. Or, l'Etat fait mal tout ce qu'il fait, très chèrement et sans profit; et puis, cette vie à frais communs, c'est encore le retour à la barbarie, parce que c'est le retour à l'esclavage sous la tyrannie étatiste.

A la nature de l'homme. La nature impose à l'homme le devoir en même temps que l'instinct de sa conservation; elle lui donne par conséquent le droit de s'emparer des objets nécessaires à sa subsistance. L'homme est sujet à la maladie, aux accidents, à la vieillesse; pour y remédier, il doit donc amasser au delà de ce qui lui est immédiatement nécessaire; il a donc le droit de s'approprier et d'accumuler. Puis, l'homme a des enfants, et la nature impose au père de famille le devoir de nourrir et d'entretenir ses enfants, de se préoccuper de leur avenir, de les aider à se créer une situation convenable; de là la légitimité de l'héritage. Le droit de propriété individuelle est donc nécessaire à l'homme pour l'accomplissement de sa destinée, pour l'existence et la conservation de la famille.

Il est, de plus, exigé par la nature sociale de l'homme. Sans la propriété privée, sans une certaine division des biens, il n'y a ni émulation dans le travail, ni amélioration du bien-être, ni progrès, ni civilisation. Supposons la propriété retirée à l'individu et transférée à l'Etat seul, comme le veulent les collectivistes, chacun éviterait un travail dont il ne retirerait qu'un minimum d'avantages et renverrait aux autres ce qui concerne le bien commun. La propriété privée stimule l'activité laborieuse et porte à son maximum l'intensité de la production ; l'homme, en outre, prend une conscience plus vive de sa valeur, de sa dignité et de sa responsabilité ; dans l'Etat collectiviste, au contraire, tout effort personnel, toute spontanéité, disparaissent en face d'une organisation compliquée, d'une armée d'employés d'Etat, d'une Administration despotique qui traite l'homme comme un rouage et un simple outil de production.

———

Une société ne saurait exister sans lois, car la loi est le lien qui réunit et retient ensemble les hommes associés dans un but commun. Or, qu'est-ce que la loi ?

C'est un acte de l'autorité souveraine qui règle d'une manière obligatoire et permanente la conduite et les droits des hommes.

Il y a lieu tout d'abord de distinguer entre les lois morales et les lois civiles. Les lois morales ont trouvé leur expression pratique la plus répandue dans le Décalogue ; elles sont obligatoires pour tous ; rien ne dispense de leur observation, parce qu'elles ont pour but et pour résultat le perfectionnement de la nature morale, intellectuelle et physique de l'homme. La loi civile ne vaut qu'en tant qu'elle n'est pas contraire à la loi morale. Concordance ou désaccord entre les deux lois, là est le point de vue duquel il faut juger la loi civile.

Qu'est donc celle-ci ? C'est, dit l'article 6 de la Déclaration des Droits de l'Homme, l'expression de la volonté générale. En théorie et en pratique, cette définition est inexacte. La loi est l'expression de la volonté du Pouvoir; que le Pouvoir soit aux mains d'un seul, ou aux mains d'une Assemblée délibérante, ou aux mains du peuple.

Dans une Monarchie, la loi peut être contraire à la volonté générale, et elle reste la loi. Dans un pays soumis au suffrage universel, la loi est l'expression du nombre, rien que du nombre; une voix suffit pour la créer et l'imposer à l'obéissance de tous.

On ne peut rêver un principe plus faux, une base moins satisfaisante, car, de quoi est composé ce nombre dont une unité suffit pour faire la loi générale? Il est composé de tous les citoyens.

« Tous les citoyens, dit l'article 6 de la Déclaration, ont le droit de concourir personnellement, ou par leurs représentants, à la formation de la loi. »

Et que sont ces citoyens appelés à collaborer à la formation de la loi ? Quelle compétence et quelles garanties offrent-ils comme législateurs ? En France, pour être citoyen, il suffit d'être Français, ou naturalisé, et d'avoir 21 ans. C'est peu. L'homme qui ne sait ni lire ni écrire est législateur au même titre que l'homme instruit et éclairé ; l'homme vicieux, débauché, ivrogne, à demi-idiot, concourt à la formation de la loi pour autant que le père de famille le mieux posé et le plus respectable. La masse ignorante et bornée, capricieuse et passionnée, sujette aux emballements, proie facile des rhéteurs, l'emporte sur l'élite éclairée, réfléchie et juste.

C'est à ce vice originel et capital que nous devons le nombre beaucoup trop considérable de lois auxquelles nous sommes soumis, leur incohérence et leur incapacité à atteindre le but pour lequel elles ont été édictées.

Les procédés actuels de formation de la loi sont inférieurs à ce qu'ils étaient sous l'ancienne Monarchie, en ce qu'il n'y a aucun contrôle, aucun obstacle à la promulgation de lois injustes ou dangereuses. Lorsque les rois détenaient le pouvoir législatif, ils trouvaient, dans l'exercice de ce pouvoir, un contrepoids, un contrôle, dans les Parlements qui délibéraient très efficacement sur les ordonnances royales et parfois en refusaient l'enregistrement. Tentatives d'indépendance heureuses, dont les lettres de jussion et les lits de justice avaient souvent raison, mais qui n'empêchaient pas moins le souverain, l'obligeaient à mettre un frein à ses fantaisies arbitraires, et à compter avec une opposition sévère.

Depuis 1789, le pouvoir de faire des lois est passé du souverain aux représentants de la nation, et le vote des lois appartient exclusivement au Parlement. Le chef de l'Etat promulgue, ou peut ne pas promulguer, la loi. Il a un droit de *veto* qu'en fait, il n'exerce pas, et qu'il est incapable d'exercer.

Il s'ensuit que l'on sent de moins en moins le rapport constant et nécessaire qui doit exister entre la loi et l'idée de justice. La loi, qui doit être la plus haute et la plus fidèle expression de ce qui est juste, bon, utile, n'apparaît plus souvent que comme un moyen de gouverner, de dominer, comme l'écho des passions, des préjugés et des intérêts du parti au pouvoir. Ce sont alors les hommes du pouvoir, les puissants du jour, qui règlent les droits et les actes des citoyens, et ils les règlent à leur propre profit.

La légalité varie ainsi suivant les pays et, dans chaque pays, suivant les époques. Chez nous, au moyen âge, elle péchait par l'arbitraire ; actuellement elle pèche par l'excès. (Séb. Faure).

C'est pourquoi nous devons nous montrer d'autant plus opposés à l'intervention de l'Etat, que l'Etat semble plus disposé à intervenir en multipliant les lois et tout ce qui a le caractère législatif, comme les décrets, ordonnances, règlements d'administration publique, circulaires ministérielles, arrêtés de toutes sortes, dont le but apparent est de faire appliquer la loi et dont le résultat est de l'aggraver, ou de l'éluder, ou de la dénaturer.

Trois mots résument le devoir de l'autorité législative : faire peu de lois, les faire justes et les appliquer sagement. Alors la légalité devient une garantie d'équité et de bonne administration des intérêts publics. L'intervention exagérée du législateur d'une part, du pouvoir exécutif d'autre part, intervention qui peut se chiffrer par plus de deux mille actes législatifs par an, offre ce grave inconvénient d'imposer au pays une législation pénible, inique, tracassière et incertaine.

Ainsi se trouve diminué dans les esprits le respect dû à la loi.

LE RÔLE DE L'ETAT

ET SES LIMITES

Qui fait les lois et qui les applique ? L'Etat. Le sens de ce mot est assez vague et imprécis ; tantôt il signifie toute société organisée et fonctionnant ; tantôt l'on désigne par là la personne morale de la nation s'incarnant d'une manière permanente dans des institutions politiques et sociales ; tantôt, enfin, l'on entend par Etat l'ensemble du gouvernement et des pouvoirs publics.

Parmi les sociologues, les uns revendiquent les droits de l'Etat, la souveraineté de l'Etat, l'omnipotence de l'Etat ; d'autres, au contraire, réclament son abstention et le respect par l'Etat des libertés individuelles. Les partisans de ces deux théories reconnaissent donc dans l'Etat non pas seulement une personne morale et en quelque sorte inerte, mais une force agissante et, par conséquent, concrétisée en des individus qui jouissent du droit et du pouvoir de contraindre.

L'Etat, tel que l'envisage cette étude, c'est l'ensemble des pouvoirs publics, puisqu'à eux reviennent l'autorité sociale, le commandement, la confection des lois et leur exécution. La nécessité de l'Etat ne se démontre pas ; elle tombe sous le sens commun ; et l'anarchie, c'est-à-dire une société sans lois et sans autorité, est la plus singulière niaiserie qui puisse être proposée comme l'idéal de l'humanité future.

Quelle est la mission de l'Etat ? C'est d'employer l'autorité à faire régner la justice dans les relations entre citoyens et à assurer aux individus les libertés nécessaires au développement complet de leurs facultés, c'est-à-dire à leur bonheur. L'Etat n'existe donc pas pour lui-même; il n'a pas pour but sa propre grandeur ni l'extension illimitée de son action ; son but est la prospérité individuelle de chacun de ses membres.

Quand Louis XIV disait : l'Etat, c'est moi, il méconnaissait la raison d'être de son autorité et donnait la formule de la tyrannie ; quand les socialistes entendent tout remettre aux mains de l'Etat et lui sacrifier toutes les libertés, ils méconnaissent également la raison d'être de l'autorité, qui est la direction bienveillante et la protection, et ils préparent un esclavage pire que la sujétion monarchique.

De même que l'autorité du père de famille n'existe pas pour elle-même, mais pour conserver, protéger et perfectionner la famille en chacun de ses membres, de même l'autorité plus étendue de l'Etat a pour but de conserver, protéger et perfectionner le corps social en chacun de ses membres, par le maintien de la paix entre eux, par le respect imposé à tous de la justice et des lois morales.

Les lois morales dont l'Etat doit imposer le respect sont tout d'abord celles que l'on connaît sous le nom de droit naturel. Le Décalogue, où elles se trouvent résumées, est à la base de toute convention sociale, quelle qu'en soit la forme. Tu ne tueras point, tu ne voleras point, tu ne feras pas de faux témoignage, sont des principes indépendants des formes religieuses et sans lesquels cependant la société civile ne saurait subsister. L'Etat doit donc en imposer le respect, par cela seul qu'ils sont justes et que là seulement est la justice.

Le Décalogue affirme l'existence de Dieu; c'est dire qu'un Etat qui met le Décalogue à la base de ses lois et de ses Codes ne peut être athée; il faut davantage, il faut que l'Etat soit chrétien, parce que dans la morale chrétienne se trouve la plénitude de la vie sociale comme de la vie individuelle.

Les préceptes du Christ sont clairs, et point n'est besoin de l'interprétation des Eglises pour comprendre l'influence que le Discours sur la montagne a eue sur le développement de l'humanité. La comparaison entre les Etats chrétiens et les non-chrétiens s'impose aussi, et je ne sache pas qu'aucun peuple d'Europe et d'Amérique envie la civilisation musulmane ou boudhique.

Sans doute les devoirs de tout citoyen, de tout homme, sont plus étendus et dépassent notablement le cadre de la loi naturelle et des préceptes purement sociaux de l'Evangile; certains de ces devoirs supposent la connaissance de nos rapports avec Dieu et dérivent de dogmes révélés; mais l'Etat ne s'occupe que des devoirs qui résultent de la nature même de l'homme et des nécessités sociales. S'il dépasse cette mesure, si, non content d'être la justice constituée, le droit constitué, il veut être la morale constituée, si, non content d'affirmer par les sanctions légales la distinction du bien et du mal, il entend dogmatiser sur la nature du bien et du mal, alors il sort de son rôle et outrepasse ses droits. Si l'Etat entend, et avec raison, être indépendant des Eglises et des écoles philosophiques, il doit commencer par respecter le domaine qui leur est propre.

L'on ne peut donc discuter sur le rôle de l'Etat sans qu'apparaisse aussitôt le problème religieux. Il est le fond de tout ; tout aboutit à lui ; nous l'avons déjà dit. C'est sans doute pour le simplifier qu'a été trouvée cette formule : la prédominance de l'Etat sur l'élément religieux.

Le *Syllabus* a nettement condamné cette proposition ; il fallait bien s'y attendre. L'homme a des devoirs formels vis-à-vis de Dieu et vis-à-vis de lui-même, devoirs dont la société civile ne peut le dispenser. Si l'Etat avait une autorité supérieure à celle de la religion, il pourrait accorder ces dispenses, préciser et limiter ces devoirs, diriger les consciences en un mot. C'est bien le fond de la pensée jacobine, et le plus illustre de tous les jacobins, Napoléon Ier, a fondé l'Université dans ce seul but de mouler tous les jeunes cerveaux dans son moule à lui et d'y former des consciences napoléoniennes. Les radicaux-socialistes qui détiennent aujourd'hui le pouvoir ont la même prétention quand ils suppriment la liberté d'enseignement. C'est leur façon, et très logique, d'affirmer la prédominance du civil sur le religieux. Leur idéal peut s'exprimer ainsi : l'Eglise asservie dans l'Etat oppresseur.

Il est certain que quand l'idée religieuse aura disparu, le civil dominera ; mais on peut ajouter que quand il n'y aura plus de Dieu, ce sera l'Etat qui sera Dieu ; la soi-disant tyrannie d'en haut sera remplacée par la tyrannie d'en bas. Je ne vois pas ce que l'humanité y gagnera ; je vois très clairement ce qu'elle y perdra.

M. Debidour, dans son *Histoire des rapports de l'Eglise et de l'Etat*, a posé la question dans les termes suivants :

« L'Etat n'a le droit ni de proscrire ni d'entraver une religion qui ne trouble pas l'ordre public ; il n'a pas non plus celui de légiférer en matière spirituelle. Mais nulle religion ne doit, à mon sens, empiéter sur le domaine de la société civile, et si, par suite d'un pareil abus, un conflit se produit entre les deux pouvoirs, le dernier mot doit toujours rester à l'Etat. »

A ce propos, je rappelle une distinction que j'ai déjà faite : le mot *Religion* prête à une équivoque. Si l'on entend par Religion les rapports de l'homme avec Dieu et les devoirs qui en découlent, je répète que ces devoirs sont antérieurs et supérieurs aux lois de la société civile, et que celle-ci doit les respecter, d'autant plus qu'elle y trouve la garantie de son complet épanouissement. Si par Religion on entend une société organisée, ayant sa hiérarchie et son fonctionnement propre, ses traditions, sa discipline, il est possible qu'une telle société, par ses ministres et ses représentants, cherche parfois à empiéter sur le domaine de la société civile, et, dans ce cas, le dernier mot doit en effet rester à l'Etat. L'Eglise libre dans l'Etat libre n'est point une si mauvaise formule.

———

Il est donc un point au moins sur lequel l'action de l'Etat se trouve limitée. L'Etat peut imposer aux citoyens certains dogmes sociaux basés sur la loi naturelle et sur la loi chrétienne, prise en dehors de toute interprétation confessionnelle, mais il n'a pas le droit d'imposer des doctrines philosophiques et religieuses. Le domaine de la conscience individuelle lui échappe et la loi religieuse, strictement religieuse, lui est supérieure.

Déterminer la ligne de partage entre les deux pouvoirs, le temporel et le spirituel, est chose à peu près impossible, tant les deux domaines sont enchevêtrés l'un dans l'autre. Toutes nos actions commencent par être des pensées et des désirs ; l'action peut relever du pouvoir civil, la pensée est du domaine moral et relève de l'autorité spirituelle. De plus, le pouvoir civil règle bien les actes matériels et gouverne les corps, mais il ne gouverne pas l'esprit, bien qu'il gouverne par l'esprit. Enfin, il est des questions qui, par leur nature même, semblent dépendre également des deux pouvoirs.

« Pour prendre des exemples concrets, qui peut dire si les lois sur le mariage, l'éducation et la propriété ecclésiastique appartiennent au département spirituel ou temporel ? Elles relèvent évidemment de tous les deux. Elles descendent jusqu'aux profondeurs mêmes de l'esprit humain. Elles affectent les actes extérieurs les plus importants de la vie quotidienne. De plus, si les deux départements existent, si les pouvoirs spirituel et temporel sont indépendants, il est évident que la ligne de démarcation entre leurs territoires doit, ou bien être tracée par l'un d'eux, ou réglée par voie d'arrangement entre eux..... » (Fitz James Stephen.)

C'est précisément la raison d'être des Concordats, comme nous l'avons dit précédemment.

La mission de l'Etat est d'assurer la paix intérieure et extérieure par le respect des droits et de procurer la prospérité matérielle du corps social.

Pour préciser les devoirs de chaque citoyen, l'Etat fait les lois et en impose l'exécution.

Pour assurer le respect des droits et la sécurité de tous, l'Etat rend la justice et fait exécuter ses arrêts. De même que l'ensemble des lois constitue la légalité, l'ensemble des arrêts de justice constitue la jurisprudence, sans laquelle on verrait naître et se perpétuer les conflits et le désordre, chacun interprétant la loi suivant ses intérêts.

Le développement des intérêts matériels demande que l'Etat intervienne dans les relations économiques, soit de peuple à peuple, et alors c'est le rôle de la diplomatie ; soit dans le pays même, pour concilier les intérêts différents du producteur et du consommateur, du capital et du travail, pour favoriser la production et la facilité des échanges. L'intervention du pouvoir dans la sphère de ces intérêts a pour objectif principal d'écarter les obstacles qui s'opposent au développement de l'activité économique. Parmi ces obstacles, citons les impôts écrasants, ou répartis sans équité, les charges excessives du service militaire Il appartient à l'Etat de stimuler l'activité de la production nationale par les écoles techniques, les concours, les conventions et les traités de commerce, la surveillance des industries, la direction des travaux publics tels que la création et l'entretien des ports, des canaux, des routes, le service des correspondances, le contrôle des transports, tous les services, en un mot, qui importent à la prospérité générale et que l'industrie privée serait impuissante à assurer.

Mais, tout importante que soit la prospérité matérielle, elle n'a de valeur qu'autant qu'elle sert au véritable progrès, à la vraie civilisation, qui consiste principalement dans le développement intellectuel et moral de la société. L'Etat a donc un intérêt majeur à ce que les citoyens aient l'intelligence aussi développée et aussi éclairée que possible, c'est pourquoi il est fondé à imposer l'obligation de l'enseignement ; il doit assurer et surveiller l'enseignement primaire pour la masse du peuple, comme l'enseignement supérieur pour l'élite, afin que, de tous côtés, les lettres, les sciences et les arts contribuent au progrès général et au bien-être de tous.

Et afin que ce progrès et ce bien-être ne se trouvent pas compromis par des agressions du dehors et des guerres injustes, l'Etat pourvoit à la défense du territoire en levant des armées et en équipant des flottes. Il pourvoit en même temps à la sécurité à l'intérieur par les forces de police.

Enfin, comme des services aussi importants et aussi nombreux, une administration aussi complexe, ne se font point sans qu'il en résulte des dépenses énormes, l'Etat, pour les payer, lève des impôts, les répartit et les perçoit.

Tel est l'ensemble des services publics en lesquels se résume l'action de l'Etat.

Les services publics ont tous le caractère d'utilité commune. Suffit-il qu'un service soit utile, et même nécessaire au bien commun, pour que l'Etat se l'approprie et en assume la direction et l'administration ?

Non; ce serait chose vraiment trop commode pour les représentants de l'Etat s'ils pouvaient, sous prétexte d'utilité, intervenir à tout propos dans le jeu des activités sociales et constamment les modifier. Les despotes et les centralisateurs trouvent toujours utile d'assurer l'extension des fonctions de l'Etat parce qu'ils les dirigent à leur guise et s'en font un moyen de domination; c'est là une tendance contre laquelle on ne saurait trop réagir.

L'école socialiste veut que l'Etat se charge de tout; l'école libérale veut que l'Etat ne fasse rien; sa devise est : Laissez faire, laissez passer. M. Baudrillart a donné une formule plus exacte en disant que le rôle propre de l'Etat n'est pas de faire, ni de laisser faire, mais d'aider à faire.

Tous nos efforts, en France, doivent tendre à limiter

l'action absorbante de l'Etat. Plus les organes de la société sont sains, vigoureux, autonomes, plus il y a d'associations, de syndicats, de corporations réclamant la vie et la liberté, plus alors la solidarité remplace l'égoïsme et l'individualisme, plus aussi l'action de l'Etat se trouve réduite et limitée à un rôle de haute surveillance.

Ceux qui réclament l'intervention de l'Etat à tout propos ont donc une conception fausse du gouvernement. Gouverner, ce n'est pas agir par soi-même en supprimant toutes les activités autour de soi, c'est orienter par une sage législation les volontés particulières vers le bien commun.

La limitation du pouvoir de l'Etat se justifie par d'autres considérations encore.

Ainsi l'Etat est appelé à intervenir plus ou moins, suivant le degré de civilisation et le génie national de chaque peuple. L'action de l'autorité sociale doit se modifier d'après l'esprit d'initiative, la facilité d'association, les aptitudes industrielles et commerciales, les traditions historiques de chaque peuple. Quelle folle utopie de demander aux pouvoirs publics la même impulsion civilisatrice en Angleterre ou en Russie, en France ou en Turquie !

Comment ne pas tenir compte également de la structure gouvernementale des différents peuples ? L'action du pouvoir ne sera pas la même dans une société où l'autonomie communale ou provinciale est respectée, où les corporations sont de droit public, où les syndicats, les ligues, les associations de toutes sortes jouissent de la liberté, et dans une société où, au contraire, la centralisation a détruit tous les organes intermédiaires et mis l'individu, isolé, face à face avec l'Etat.

Les inconvénients d'une intervention abusive de l'Etat sont trop graves pour ne pas attirer notre attention.

L'on ne peut guère, quand on parle de l'Etat, faire abstraction des représentants de l'Etat ; or, si ceux-ci sont en même temps les représentants d'un parti, c'est-à-dire si, au lieu de gouverner pour le pays entier et au profit de tous, ils gouvernent au profit de leur parti et au détriment de ceux des citoyens qu'ils considèrent comme des adversaires, il est facile de comprendre que l'action de l'Etat est déviée de son but légitime et naturel. Cette action devient oppressive pour une partie des citoyens alors qu'elle devrait être libératrice. Les avantages sociaux se trouvent réservés aux plus forts, aux plus habiles, aux plus avides, qui ne sont pas toujours les plus dignes. Il y a là une cause d'arrêt dans le progrès et un germe de guerre civile.

De plus, même quand elle est inspirée par les meilleurs sentiments, l'intervention de l'Etat n'est pas toujours efficace ; il arrive qu'elle s'exerce à contre sens et au détriment de ceux que le législateur entendait protéger. Plus l'intervention est pressante, plus la réglementation est minutieuse, et plus il y a de chances que les résultats soient tout autres qu'on les espérait. C'est ainsi que certains projets de loi, tels que celui appelé « de la grève obligatoire », peuvent amener les conflits les plus sérieux. Dans les lois économiques et sociales, l'Etat montre actuellement une tendance à outrepasser ses droits, tantôt en visant à modifier artificiellement la répartition des richesses, tantôt en traitant l'ouvrier adulte comme un enfant mineur qu'il déclare incapable de défendre ses propres intérêts et auquel il reconnaît néanmoins les pouvoirs politiques les plus étendus.

Il en est de même quand l'Etat a la prétention de se transformer en banquier, en assureur, en industriel et en commerçant.

L'intervention abusive de l'Etat se fait encore sentir sous une autre forme.

Dans un régime politique fondé sur le suffrage universel, la liberté politique est basée sur la liberté du vote. Or, cette liberté n'existe pas pour les fonctionnaires de l'Etat, et, comme l'intervention croissante de l'Etat augmente les services publics, elle augmente aussi le nombre des citoyens sur lesquels s'exerce la pression gouvernementale, avouée ou occulte, directe ou indirecte, sous forme de menaces ou de promesses. Donc, plus l'Etat intervient, plus il supprime d'hommes libres, et parmi ceux-là mêmes qui le représentent.

L'augmentation des services publics, la multiplication excessive des emplois administratifs, offre encore les inconvénients suivants :

Elle crée des charges budgétaires qui ne sont point compensées par les résultats obtenus. Ce que l'Etat fait, il ne le fait ni bien, ni vite, ni à bon marché. Il a trop de fonctionnaires pour les avoir tous honnêtes, intelligents, actifs et compétents. La concussion est difficile à éviter, et le népotisme, le favoritisme, les exigences des intérêts particuliers et aussi des partis politiques, aboutissent fréquemment à ce résultat qu'il se fait des choses inutiles et que les choses utiles sont mal faites.

Elle fait perdre aux particuliers l'habitude de s'occuper de leurs propres affaires ; elle les incite à demander à l'Etat ce qu'ils pourraient se procurer par leurs propres efforts ou par la puissance de l'association libre, et, par conséquent, elle décourage ou affaiblit le sentiment de la responsabilité.

Elle détourne des carrières industrielles et agricoles une trop grande partie des forces de la nation. Le fonctionnarisme, la bureaucratie, deviennent le refuge de beaucoup à cause de la fausse sécurité qu'ils donnent et des moindres efforts qu'ils exigent. L'activité économique du pays se trouve diminuée d'autant.

Enfin, à se sentir constamment surveillés, guidés, protégés et réglementés, les citoyens s'accoutument à cette tutelle et perdent rapidement toute initiative personnelle. Ils n'offrent aucune résistance à la tyrannie.

Parmi les services publics dont le contrôle incombe à l'Etat, l'un des plus importants est bien celui de l'Enseignement public. Sur ce point, comme sur chacun de ceux effleurés dans ces Notes, il y aurait un volume, et plus, à écrire. Nous avons à nous contenter de quelques pensées simples et brièvement exposées.

Et d'abord, l'Etat a-t-il la mission d'enseigner, et d'où lui vient cette fonction qu'il n'exerçait pas autrefois ?

En principe, l'Etat, comme l'individu, n'a de droits que ceux qui correspondent à l'accomplissement de devoirs ; et l'on ne peut prétendre qu'il ait le devoir d'instruire et de moraliser les hommes. Lorsque l'Etat enseigne la grammaire, l'arithmétique ou le latin, il sort visiblement de ses attributions ; l'on conçoit encore moins l'Etat se transformant en professeur de morale, faisant son choix entre les différentes écoles philosophiques, adoptant tel ou tel système sur la liberté et le devoir, sur la nature du bien et du mal, sur la matérialité ou l'immatérialité de la pensée.

Si l'Etat avait qualité et compétence pour déterminer où est la vérité en matière philosophique ou morale, il aurait également qualité et compétence pour déterminer où est la vérité en matière religieuse. Il faut vraiment être épris de tyrannie pour défendre une telle thèse.

Sous l'ancien régime, fondé sur l'absolutisme royal, ce n'était cependant pas l'Etat qui enseignait, mais le clergé, les particuliers, les Universités. Sous le régime moderne, comment l'Etat a-t-il assumé cette charge?

D'abord, il a été fatalement entraîné à le faire. La Révolution ayant détruit toutes les associations qui, précédemment, servaient d'intermédiaire entre l'Etat et l'Individu, celui-ci s'est trouvé isolé, face à face avec l'Etat; il a donc bien fallu que l'Etat remplisse vis-à-vis de lui les fonctions que remplissaient les organes disparus.

Puis, l'Etat a pris cette charge d'autant plus volontiers que l'Education a été dans ses mains un moyen de domination, un *instrumentum regni*. En créant l'Université de France et son monopole sur les bases que l'on connait, Napoléon Ier n'a pas eu d'autre objectif que de façonner les cerveaux des jeunes générations au respect et à la crainte de sa propre personne, et de les attacher, par l'idée du devoir, au maintien de la dynastie impériale.

Que le pouvoir soit aux mains d'un seul ou aux mains de plusieurs, s'il se transforme en éducateur, il ne peut être un éducateur désintéressé, et cette considération seule suffirait à faire condamner le principe de l'éducation directe par l'Etat.

Or, si l'Etat ne jouit point du droit positif de donner lui-même l'instruction et l'éducation, comment lui reconnaître un droit de surveillance et de contrôle? Quelles seront les bases de ce droit et ses limites? Qui donnera l'éducation?

CONCLUSION

Nous sommes arrivé à la fin de cette étude. Nous avons parcouru la famille dans tous ses éléments et partout nous l'avons vu résider dans la connexion la plus intime des aspirations de l'homme pour avoir quelque chose qui puisse servir comme la forme objective de sa personnalité avec tous ses sentiments intimes. La vie dans la famille a toujours pris l'homme plus par le cœur que jamais ne l'ont fait les relations civiles et politiques. Peut-être celles-ci ont-elles plus préoccupé son intelligence. Dans la famille, les forces intellectuelles se reposent quand elles sont épuisées et reprennent leur vivacité par l'expansion complète qu'y trouve l'esprit. Les besoins que la famille satisfait se forment différemment selon le degré de civilisation de la société, mais toujours ils ont été du même genre ; comme nous l'avons exprimé dès le commencement de cet ouvrage, ce furent toujours les besoins de se sentir comme une valeur absolue et non pas seulement comme un moyen. La société avec toutes ses institutions n'a aucune valeur, si elle ne sert pas à augmenter et à garder le bonheur des hommes, mais c'est le bonheur de l'ensemble, de l'espèce, et l'individu n'arrivera jamais à se figurer les devoirs que la société lui impose comme ses propres vœux. Toujours il y aura de la résignation et de la sévérité dans l'accomplissement des exigences de la société, qui seront toujours le prix

que l'individu doit payer pour gagner le droit de profiter
des possibilités de bonheur que la société crée pour ses
membres. Mais les devoirs de la vie dans la famille sont,
au fond, les propres vœux de l'individu, et si la résignation et la sévérité y comptent aussi pour quelque chose,
c'est seulement cette résignation qui consiste dans la subordination de ses vœux passagers et au fond illusoires
à des vœux éclairés, permanents et essentiels. Jamais
l'individu ne s'y trouve sacrifié pour le bonheur de
l'espèce.

Lorsque le moment arrive où les mœurs traditionnelles
commencent à peser sur l'individu et à le vouloir commander au nom de l'espèce, la famille commence à se
transformer intérieurement, se révolte contre ces tendances et cherche à se créer de nouvelles formes plus
conformes aux dispositions de l'individu. Les vraies devoirs de la vie dans la famille ne sont jamais que ce que
l'individu souhaite d'accomplir de son propre gré s'il
aime son épouse et ses enfants. Si quelqu'un entre dans
la vie familiale sans posséder ces sentiments, pour lui les
exigences de cette vie seront sans doute très sévères,
mais sa faute a été d'avoir noué ces liens sans assez de
réflexion et de conscience. Il a commencé par des sup-
positions fausses et les suites de ces erreurs ne tarderont
pas à se faire sentir. Mais les conflits de conscience qui
en peuvent naître n'altèrent point le caractère des formes
morales de la famille, elles continuent de surgir du
cœur de celui qui est dominé par les passions qui sont
les bases de la vie intime de tout individu à l'esprit
riche et sensible, de cet amour de soi dont parle déjà
Rousseau.

Nous doutons que jamais la société puisse arriver à

L'Etat possède certainement un droit de surveillance et de contrôle sur l'enseignement public, parce qu'il a le devoir de veiller à sa propre conservation, à laquelle il n'est pas indifférent que le peuple soit éclairé ou ignorant ; il est, au contraire de son intérêt que l'enseignement soit aussi répandu que possible.

Sous une monarchie absolue, quand le souverain peut dire, comme Louis XIV : « L'Etat c'est moi », il suffit en quelque sorte au pays que le roi et ses conseillers possèdent le savoir et la moralité indispensables à la bonne direction des affaires, puisqu'eux seuls en règlent les destinées. Si le roi sait et veut agir bien en toutes choses, tout va bien, que le peuple soit instruit ou non. Une telle situation indique évidemment une infériorité sociale, mais nous ne nous plaçons ici qu'au point de vue de la fonction de l'Etat, et nous devons constater que, dans les autocraties, la direction des affaires du pays a moins à souffrir de l'ignorance du peuple que sous tout autre régime.

Il n'en est pas de même sous un régime démocratique; là où chaque citoyen, par son vote, est un souverain au petit pied. Dans ce cas, l'instruction ou l'ignorance du citoyen, sa moralité ou son immoralité, influent directement sur les destinées du pays.

Chacun, dès lors, se trouve intéressé par le seul jeu des institutions politiques à la disparition des ignorants et des immoraux. L'instruction et l'éducation cessent d'être un agrément, un ornement de l'existence individuelle, pour devenir un élément constitutionnel de l'Etat moderne. Ce n'est plus uniquement la passion pour les doctrines, la foi ou la bonté pour les hommes, c'est le civisme lui-même qui commande de répandre l'instruction.

Créer une élite de citoyens pourvus de savoir et de bon vouloir, de science et de conscience, faire en sorte que cette élite soit toujours de plus en plus nombreuse et forme la majorité, telle est l'œuvre essentielle des démocraties, et, à ce titre, l'on doit reconnaître à l'Etat le droit de veiller à l'enseignement et à l'éducation du peuple.

Michelet a dit : « La première partie de la politique est l'éducation, la deuxième est l'éducation, et la troisième est encore l'éducation. »

Il n'y a là aucune exagération. La politique n'est pas confinée au présent, elle vise aussi et surtout l'avenir. Or, de quoi est fait l'avenir, si ce n'est des générations qui s'élèvent, se poussant l'une l'autre ?

Et à cette jeunesse il faut inculquer des idées, des principes. « Avec les idées d'aujourd'hui sera bâtie la cité de demain. L'ignorance et l'erreur se paient toujours ; autant d'idées fausses, autant de défaites pour les peuples et pour les individus. Tant vaut la pensée, tant vaut l'action. » (Fouillée.)

C'est précisément parce que toute doctrine se résume nécessairement en action que l'Eglise catholique se montre si intransigeante sur la doctrine ; c'est parce que des doctrines antisociales peuvent amener des troubles sociaux irréparables que l'Etat a le droit d'intervenir dans les questions de l'enseignement public.

L'Etat a donc mieux que le droit, il a le devoir de se défendre et de s'opposer à un désarroi intellectuel qui amènerait certainement un désarroi social et compromettrait la moralité de la nation.

L'Etat a le devoir d'assurer, et, mieux que des sociétés particulières, il peut assurer l'unité morale du pays, laquelle ne doit être confisquée par les représentants d'aucun parti.

L'intervention de l'Etat empêche cette confiscation ; elle empêche que la jeunesse soit accaparée par les uns ou par les autres et, élevée dans un particularisme étroit, elle maintient la haute impartialité et le désintéressement des études.

Et le meilleur moyen d'obtenir ces avantages est, non pas de recourir au monopole d'Etat, mais au contraire de favoriser par la concurrence une émulation féconde entre les éducateurs.

Telles sont les raisons d'être de l'intervention de l'Etat, à la condition que l'Etat reste l'Etat, c'est-à-dire l'expression noble, pure et désintéressée des traditions de la race dans le passé, de sa prospérité matérielle, de ses aspirations intellectuelles et morales dans le présent, et de son développement dans l'avenir.

Ces réflexions nous amènent à déterminer les limites dans lesquelles doit s'exercer le droit de contrôle de l'Etat.

Il porte premièrement sur les conditions matérielles de l'enseignement. L'Etat a le droit d'exiger que les locaux scolaires remplissent les conditions hygiéniques désirables, et aussi que les enfants ne soient pas astreints à une somme de travail nuisible à leur santé.

Au point de vue des études proprement dites, l'Etat a le droit d'en fixer la durée, d'édicter, par exemple, que l'instruction primaire sera donnée jusqu'à l'âge de douze ou treize ans, et, pour que ses prescriptions ne soient pas éludées, l'Etat a encore le droit d'instituer des examens avec les sanctions qu'ils comportent.

En ce qui concerne les matières d'enseignement et les méthodes pédagogiques, l'Etat n'en a pas à imposer; par contre, non seulement il peut, mais il doit s'opposer à la diffusion dans les écoles des doctrines philosophiques anti-sociales. Il se suiciderait s'il tolérait qu'on enseigne aux jeunes gens les principes anarchiques et la légitimité de la guerre civile.

Enfin, l'Etat a le droit d'exiger que les maîtres de la jeunesse, quels qu'ils soient, offrent des garanties suffisantes de capacité (les diplômes peuvent en faire foi), de moralité et d'honorabilité (les tribunaux sont là pour appliquer une sanction sévère en cas de fautes contre la morale ou contre l'honneur).

A ces points se borne le droit positif d'intervention de l'Etat.

Du droit que l'Etat s'est attribué d'enseigner, les socialistes concluent au droit exclusif, au monopole; plusieurs réclament, en plus, l'instruction intégrale et l'égalité dans l'instruction.

L'Etat n'a de droits exclusifs en quoi que ce soit; l'Etat n'a d'autres droits que ceux que nécessite l'accomplissement de ses devoirs. Voilà pour le principe.

De plus, si nous envisageons dans l'enseignement sa fin, son couronnement, qui est l'enseignement moral, nous constatons qu'il existe, en fait, une société qui prétend avoir reçu de son Fondateur la mission expresse d'enseigner sur ce point les nations; qui, pour accomplir cette mission, a traversé pendant quatre siècles les persécutions les plus sanglantes, a lutté sans trêve depuis deux mille ans contre les opinions et les doctrines contraires à son enseignement, et dont les maîtres continueront de parler et d'enseigner, et cela jusqu'à la consommation des siècles.

Il y a là un fait historique qui parle assez fort contre la théorie du monopole de tout l'enseignement par l'Etat.

Il y a d'autres objections encore.

Nous savons que l'Etat fait assez généralement mal tout ce qu'il fait en dehors de sa mission propre. S'il entreprend des travaux publics, c'est à l'abri de toute concurrence, et alors il les exécute mal, lentement et chèrement. S'il s'établit fabricant, fût-ce d'allumettes, il fabrique plus mal et à plus haut prix que l'industriel le plus vulgaire. Il suffit qu'il s'arroge un monopole pour l'exploiter contrairement aux intérêts de tous. Supprimer en sa faveur la concurrence de l'enseignement libre, c'est préparer l'abaissement du niveau de l'Université d'Etat, c'est compromettre l'impartialité des études et leur haute moralité.

Il faudrait être naïf, en effet, pour ne pas prévoir l'influence malfaisante et corruptrice de la politique dans une Université qui n'aurait plus de concurrence à craindre. Il ne s'agirait plus guère pour elle du rôle sublime d'éducatrice de la nation, et le gouvernement l'aurait vite ravalée à la besogne méprisable d'une agence gouvernementale.

L'avancement serait accordé non à l'intelligence, encore moins au dévouement; il dépendrait du plus ou moins de complaisance mise par le pauvre instituteur à se transformer en agent électoral; il dépendrait du plus ou moins d'ardeur anticléricale montrée par le professeur de Lycée.

Quant aux intérêts moraux des jeunes générations, ils seraient entièrement sacrifiés. Ne le sont-ils pas déjà trop souvent et sans qu'il semble qu'on ait même le droit de réclamer en leur nom ? N'est-ce pas de cette manière qu'on a accentué la lutte entre les croyances opposées et poussé à la division des esprits ?

Les Jacobins réclament encore le monopole de l'enseignement pour l'Etat au nom de l'unité morale du pays.

J'ai bien dit aussi que l'Etat doit veiller à l'unité morale du pays, mais *unité* ne veut pas dire *uniformité*, et c'est avoir vraiment l'esprit tyrannique infus qu'imaginer l'Etat s'occupant à comprimer tous les cerveaux dans le même moule, afin que, de ses écoles, sortent toutes marionnettes identiques, habituées à n'avoir sur toutes les grandes questions d'autre opinion que l'opinion officielle.

Il faut, dit-on, former dans les écoles des hommes de leur temps. Mais, l'éducation n'a pas pour but d'occuper les jeunes esprits à la discussion des questions politiques à la mode, ou des problèmes sociaux à l'ordre du jour. L'éducation a pour but de leur donner des idées générales qui leur permettront plus tard de juger sainement les hommes et les principes dont ils se réclament. Rien ne serait plus contraire à la formation de leur jugement que de les initier trop tôt à des questions controversées et que la passion politique dénature le plus souvent.

Former des hommes de leur temps, cela peut se traduire ainsi : Former des admirateurs du despotisme sous Napoléon Ier, puis du droit divin sous Louis XVIII, du voltairianisme sous Louis-Philippe, et de la grève générale à notre époque.

Ce procédé est excellent pour faire un peuple d'esclaves,

et il n'y a rien d'étonnant à voir nos Jacobins, en rétablissant le monopole de l'Etat, reprendre purement et simplement l'œuvre de Napoléon Ier. Ils travaillent pour le prochain César.

La première Révolution s'est faite au nom de la Liberté, la prochaine se fera au nom de l'Egalité. De la liberté, il n'est presque plus question ; ce sont les réactionnaires maintenant qui la défendent, et les dernières batailles se livrent sur la liberté de l'enseignement, destinée à être bientôt confisquée au nom de l'égalité.

En effet, aux yeux des socialistes, admettre le principe d'une éducation et d'une instruction appropriée aux différentes classes de la société, c'est dire que l'on entend maintenir ces différences de classes, les unes élevées, les autres inférieures. Rien n'est plus contraire, nous assure-t-on, au développement de l'idée démocratique. Qui dit démocratie, dit égalité aussi complète que possible, et, pour arriver à l'égalité, il faut niveler non seulement les fortunes et les conditions par la suppression des classes, mais aussi les âmes en les uniformisant. Afin d'obtenir ce résultat, et en cela ils sont dans la logique du dogme révolutionnaire de l'égalité absolue, les collectivistes réclament l'instruction intégrale pour tous.

L'égalité des biens est déjà une assez jolie chimère ; l'égalité dans l'ignorance est une idée qui ne pouvait germer que dans la tête de fanatiques doctrinaires comme nos égalitaires.

Et d'abord, il n'est pas vrai que tous les citoyens aient droit à la même instruction ; ils ont tous droit à la somme d'instruction et d'éducation qui correspond à leurs aptitudes particulières et qui leur est nécessaire pour faire face aux nécessités de la situation sociale dans laquelle ils se trouvent et pour remplir convenablement leurs devoirs de citoyens.

L'intérêt d'un Etat démocratique est que chaque citoyen soit assez instruit pour voter intelligemment, assez consciencieux pour voter honnêtement, de façon à ne mettre l'Etat en danger ni par son ignorance, ni par son manque de moralité ; c'est-à-dire, sur ce dernier point, qu'il doit assez connaître les principes fondamentaux de la morale pour ne pas pouvoir s'excuser sur son ignorance s'il agit mal.

L'Etat ne doit pas autre chose à chaque citoyen. Qu'il multiplie tous les moyens d'instruction et les mette progressivement à la portée des plus aptes, la communauté en retirera les plus grands avantages, mais la socialisation obligatoire de toute l'instruction pour tous par l'Etat est irréalisable ; c'est un moyen dangereux d'oppression pour les consciences et un moyen inefficace d'utilisation pour les talents.

Le but, dit M. Fouillée, ne doit pas être d'égaliser et de niveler tous les esprits sous l'action d'un pouvoir central qui, par là même, devient une tyrannie ; le but est de laisser les connaissances se distribuer, se différencier à l'infini, par les libertés individuelles, et de favoriser ainsi la sélection naturelle des talents.

De plus, l'instruction devient nuisible quand, au lieu d'être appropriée à chaque classe sociale, elle a pour objectif de donner à tous un maximum de connaissances inutiles, parce que sans concordance avec la vie extérieure.

Loin de réaliser ainsi la justice, la société se montrerait injuste en éveillant chez les enfants des prétentions et des besoins qu'elle serait ensuite dans l'impossibilité de satisfaire, en apportant le trouble dans les consciences et, par

extension, dans les conduites. Distribuer à tous un enseignement intégral est absurde et injuste. Si tous les labou-
reurs sont bacheliers, ils ne voudront plus labourer et
demanderont des places. La justice sociale ne consiste pas
à bouleverser la société en vue de l'impossible.

J'ai établi que l'Etat a un droit et un devoir de surveillance et de direction sur l'enseignement public; il ne s'en
suit pas que l'Etat doive nécessairement donner lui-même
l'instruction et se faire lui-même éducateur. Il pourrait (et
il y aurait à cela tout avantage) charger de ce soin des
Universités régionales, dont les programmes auraient tout
au moins l'avantage d'être appropriés aux nécessités de
leurs régions respectives. Il suffit d'examiner les programmes
imposés par l'Etat aux professeurs et aux élèves pour voir
combien l'Etat pédagogue est au-dessous de la mission qu'il
assume.

Mais puisque dans notre pays de centralisation à outrance
nous avons laissé l'Etat se charger de tout et diriger tout,
examinons quelle est la nature de l'enseignement qu'il peut
et qu'il doit donner.

Il y a lieu de l'examiner sous ses deux grands aspects :
l'instruction et l'éducation.

L'instruction privée et publique donnée à Paris est certainement au niveau de celle qui est donnée dans n'importe
quelle ville du monde ; la province est moins bien partagée,
et, si on compare nos Facultés avec celles des villes corres-
pondantes à l'étranger, nous constatons qu'elles n'ont ni le
même caractère, ni une aussi grande vitalité. Chez nous,

l'uniformité des programmes, le plan identique partout du système d'éducation, détruisent toute initiative et toute émulation. L'on a paru vouloir revenir récemment aux Universités anciennes, mais l'essai manquait de sincérité; on ne les a constituées qu'en personnalité matérielle, et les programmes ont continué d'être identiquement les mêmes pour toutes.

Or, cette uniformité des programmes, cause de stérilité, qui en est responsable si ce n'est l'Etat avec son habitude funeste de tout réglementer ? Parce qu'il confectionne les programmes et à cause des examens qui précèdent l'entrée aux écoles supérieures, les institutions privées, les écoles congréganistes, ont dû, bon gré mal gré et quelles que fussent leurs répugnances, adopter les programmes de l'Etat et appliquer les conceptions de l'Etat en matière d'enseignement. Nous en connaissons les erreurs. Nous avons la demi-instruction avec tous ses inconvénients sociaux.

Notre enseignement n'est ni assez général dans ses principes, ni assez pratique dans les détails ; d'un côté inutile au point de vue moral ; de l'autre côté, insuffisant au point de vue pratique.

Remplir la mémoire des jeunes gens de faits, de noms et de dates, ce n'est pas fournir à l'esprit les idées répressives du vice et génératrices des grands sentiments. L'instituteur doit former non des mémoires, mais des consciences.

« Le produit net de ce système, c'est qu'à la fin de leurs études, nos jeunes gens ont l'esprit farci d'idées qu'ils ne comprennent pas et de faits plus ou moins utiles à connaître. Les programmes surchargés de matières de toutes sortes ne s'adressent qu'à leur mémoire. Ils sortent de pension sans force ni méthode pour travailler seuls, sans jugement pour apprécier et discerner, sans volonté pour se résoudre.

On a fait un bachelier, un licencié, un docteur, mais un

homme, il n'en est pas question. On a passé, au contraire, quinze années à détruire sa virilité, à en faire un être passif, bourré de toutes sortes de connaissances inutiles, mais ignorant des plus nécessaires, incapable de donner à personne un conseil, ni de s'en donner à lui-même (1). Il a besoin d'être dirigé en toutes choses ; aussi, sentant sa faiblesse, lorsqu'il a perdu ses lisières, il se jette, pour dernière ressource, dans le socialisme d'Etat. — Il faut que l'Etat me prenne par la main, comme l'a fait jusqu'ici l'Université. On ne m'a appris qu'à être passif. Un citoyen ? dites-vous. Je serais peut-être un citoyen, si j'étais un homme. En attendant, je serai un fonctionnaire. »

C'est M. Jules Simon qui parle ainsi.

Si l'Etat se montre si médiocre pédagogue, que pouvons-nous attendre de lui comme éducateur ? Hélas ! de ce côté la déception est encore plus amère.

L'Etat n'est pas un être concret, c'est une abstraction ; le réel, c'est ce par quoi la puissance de l'Etat se manifeste, c'est-à-dire le gouvernement. C'est donc le gouvernement qui se constitue le pédagogue et l'éducateur de la nation. Cela suffit pour apprécier ce que peut être son action morale, action variable, et sans cesse flottante, comme les partis et les personnalités qui paraissent et disparaissent sur la scène politique.

Certes, quelques ministres ont fait grande figure ; mais, à côté de ces véritables grands maîtres de l'Université, nous en avons vu aussi de bas et de vulgaires, et nous les voyons

(1) Il faut faire la part de l'âge. La meilleure éducation ne peut donner tout ce que M. Jules Simon paraît lui demander là.

se succéder fâcheusement semblables. Ce n'est ni la compétence, ni la haute culture morale qui désignent le chef de l'Enseignement public, ce sont les combinaisons de couloirs et les intrigues d'antichambre. Avec quelle faible autorité ceux-là peuvent parler au nom de l'Etat et enseigner la jeunesse ; et avec quel regret on les voit considérer comme la partie la plus importante de leur rôle d'éducateurs la destruction de l'idée religieuse.

Un philosophe, trop tôt ravi à la science, a écrit un « Essai de morale sans obligation ni sanction » qui prête à bien des réserves, mais le même philosophe écrivait ensuite ce qui suit :

« Nous ne saurions admettre qu'on doive déclarer la guerre aux religions dans l'enseignement, car elles ont leur utilité morale dans l'état actuel de l'esprit humain. Elles constituent un des éléments qui empêchent l'édifice social de se désagréger, et il ne faut mépriser rien de ce qui est une force d'union, avec la tendance individualiste et même anarchique de nos démocrates. » (M. Guyau).

Ainsi, au point de vue des libres-penseurs les plus hardis, un Etat persécuteur de l'idée religieuse n'a pas qualité pour s'imposer comme éducateur de la nation.

Le monopole de l'enseignement par l'Etat ne comblerait pas de joie les seuls socialistes, et l'on est quelque peu surpris de voir le monde protestant se réjouir de la disparition d'une liberté aussi précieuse. Tant peut mener loin l'hostilité contre le catholicisme.

Nous lisons dans *le Chrétien français* les lignes suivantes :
« La liberté d'enseignement est une liberté très discutable,

très douteuse. Le père ne représente pas uniquement le droit de l'enfant. La collectivité, pour laquelle celui-ci est fait et de laquelle il vit, représente l'enfant à un plus haut degré que le père. Le droit du père s'exerce dans la famille, le droit de la collectivité dans l'école. L'inviolabilité de la famille donne aux parents une garantie suffisante, que leur titre de membres de la collectivité, de citoyens, prolonge et agrandit encore par l'influence qu'il leur donne sur l'orientation et le caractère de l'école. Voilà pour la liberté des parents. » (Vidalot.)

L'argument qui nous est ainsi servi est l'argument favori des tyrans qui enlèvent toute liberté à leurs sujets parce que, disent-ils, ils ne sauraient pas s'en servir. Le tyran nouveau, c'est l'Etat moderne, cherchant à accaparer l'enfant, parce qu'il prétend savoir mieux que les parents quelle éducation lui convient.

Le père est réduit au rôle de générateur physique ; une fois le produit de la génération mis au jour et sorti des langes, l'Etat rejetterait au second plan les père et mère et assumerait la paternité morale. Sparte nous a déjà offert ce spectacle, et avec le succès que l'histoire a enregistré ; l'Etat moderne est encore moins bien organisé pour cette besogne que ne l'était la petite ville grecque.

Le père, prétend notre auteur, exercera ses droits dans la famille ? Mais, de quelle façon, si l'Etat lui enlève ses enfants pour les élever contrairement à ses idées et à ses sentiments ? Et c'est là ce qu'on appelle « l'inviolabilité de la famille » ?

Quelle singulière idée que celle d'opposer les droits du fils aux droits du père, comme si leurs intérêts étaient contraires, comme si le père avait naturellement à cœur de donner une mauvaise éducation à ses enfants, comme si les enfants étaient heureux d'avoir, dans l'Etat, une providence pour les défendre contre leurs père et mère, coupables de leur faire donner un enseignement spiritualiste et religieux.

Car vous vous doutez bien que ce n'est pas contre l'enseignement matérialiste et athée qu'il est question de défendre les droits de l'enfant.

Puis, au moment ou l'on invoque le besoin d'assurer l'unité morale du pays, c'est aussi une singulière idée que de faire intervenir l'Etat au sein de la famille, pour qu'en vertu de son prétendu droit, il fasse la division et la discorde dans cette famille, en imposant des professeurs et des instituteurs qui apprendront à l'enfant à mépriser les croyances de sa mère, à regarder comme surannées et antiscientifiques, et par conséquent ridicules, les idées morales et les opinions politiques et sociales de son père !

Et lorsqu'on aura ainsi diminué dans l'enfant le respect et la confiance, lorsqu'on aura entamé ce patrimoine moral de la famille, qui est fait de l'accord des esprits et des cœurs, par l'attachement aux idées communes, lorsque, là où régnaient la paix et l'harmonie, on aura introduit des ferments de discussion, de trouble et de désorganisation, en quoi aura-t-on contribué à l'unité morale du pays?

Nous tenons tous à l'unité morale de la France, et c'est en cela même que consiste le patriotisme, mais nous la voyons, nous, dans la bonne volonté réciproque des citoyens, dans leur affection commune pour les traditions de la race et tout ce qui fait la grandeur de la patrie, dans cette aptitude à éprouver les mêmes sentiments dans les grandes circonstances de la vie nationale : légitime fierté dans la victoire et joie de tout progrès matériel et moral, tristesses et angoisses communes dans la défaite et la déchéance.

L'unité morale n'est donc pas l'uniformité des idées et des opinions, encore moins le nivellement des esprits astreints tous à une formation, ou à une déformation, identique et réduits par là à perdre leur personnalité, leur originalité et jusqu'à leur liberté de penser.

C'est dans cette uniformité des cerveaux, dans ce dressage méthodique des esprits, que le pouvoir absolu a toujours trouvé la plus sûre garantie de sa tranquillité. L'on ne s'étonne donc point de voir Louis XIV, sous le prétexte d'assurer l'unité morale de la France, recourir contre les Protestants à la malencontreuse révocation de l'Edit de Nantes et au procédé odieux des dragonnades. Puis, la Convention veut, à son tour, établir l'unité morale sur le plan égalitaire, et fauche les têtes de milliers de citoyens, et des meilleurs. Napoléon Ier a besoin, lui aussi, d'assurer l'unité morale du pays dans le respect de l'idée et de la dynastie napoléonienne.

Ce que Louis XIV n'a pas réussi à obtenir par l'exil et la violence, la Convention par la terreur, Napoléon le tente par la ruse ; il va jusqu'à ordonner un cathéchisme de l'Empire, dans lequel l'amour de l'empereur fait partie des commandements de Dieu. Peines perdues. L'oppression, quelque forme qu'elle prenne, n'a jamais qu'un temps.

Il fallut à la France cinquante années pour reconquérir le droit d'enseignement, liberté fondamentale que la tyrannie jacobine veut de nouveau confisquer. Ayons confiance néanmoins, car la pénétration des masses par l'esprit chrétien se voit à ce signe que, de plus en plus, nous éprouvons l'impérieux besoin que les lois soient justes et que les consciences soient libres.

LA DÉMOCRATIE

Ce mot Démocratie excite chez beaucoup d'entre nous des idées et des sentiments contradictoires. Nous sommes encore trop imprégnés d'esprit et d'habitudes monarchiques pour juger sainement le régime nouveau. Pendant plus de dix siècles, les cerveaux en France ont été formés au respect religieux de l'autorité royale; nous-mêmes nous avons vu la monarchie, sous une forme moins absolue mais toujours ferme dans l'exercice de ses prérogatives, occuper les trois quarts du XIXe siècle; aussi, tout en chantant des airs de bravoure sur la liberté, il semble que nous nous sentions encore sous la contrainte de l'autorité.

Les institutions sociales de la grande Révolution sont passées, il est vrai, dans les mœurs; nous considérons comme une conquête légitime et durable ces principes qui sont la base de notre droit public : la souveraineté nationale, l'accès à toutes les fonctions sans distinction de naissance, la laïcité des pouvoirs, l'égalité civile, le partage égal des héritages, la liberté religieuse, la liberté de la presse, le droit de réunion et d'association, et tant d'autres biens auxquels nous tenons tant, que nous regardons toute atteinte qui leur est portée, comme un crime social.

Mais en même temps nous avons les yeux grands ouverts

sur les fautes et les abus du régime démocratique, nous nous en méfions instinctivement, oubliant que ces fautes ne sont pas tant celles du régime lui-même que des hommes et des partis qui président à son application.

Et l'instinctive méfiance va à ce point que, chaque pas en avant dans l'évolution logique des principes de 1789 nous fait pousser des cris, comme si la France était en péril. Pourquoi en est-il ainsi, si ce n'est parce que nous ne comprenons pas encore l'exercice de la souveraineté nationale et de la liberté? A dire vrai, la démocratie n'est pas encore organisée, et nous n'avons d'elle que l'étiquette. Ce sont les institutions napoléoniennes qui nous régissent; les monarques soi-disant constitutionnels du XIXe siècle les ont soigneusement conservées; les libéraux, lorsqu'ils ont été au pouvoir, n'ont pas eu le courage de les adapter aux besoins nouveaux, et actuellement les Jacobins se garderaient bien de rien modifier à ce merveilleux instrument de domination.

Il existe ainsi entre les mots et les choses, entre les déclarations publiques et la réalité, entre les théories et les mœurs, un désaccord permanent qui est l'une des causes du malaise social.

Les uns s'imaginent que la démocratie est le synonyme de liberté illimitée, et comme ils ne reconnaissent point de limites, ils se montrent capables de tous les excès; les autres, qualifiés de réactionnaires, parce qu'ils cherchent à réagir contre des tendances qu'ils jugent antinationales et antisociales, ne savent point comprendre un mouvement qu'ils auraient dû avoir à cœur de diriger, et ils usent leurs forces dans une lutte stérile.

Des esprits éminents comme MM. Benoist, Fonsegrive et d'autres, s'appliquent à montrer comment la Démocratie devrait s'organiser, mais qui donc écoute les sages à l'heure où souffle le vent des tempêtes populaires ?

« La Démocratie coule à pleins bords ». Je ne sais où j'ai vu ce vieux cliché; il remplit d'aise bon nombre de niais; il m'a paru toujours avoir mauvaise signification pour les affaires d'un pays.

De la démocratie, bonne en soi, point trop n'en faut, sous peine de voir les flots démocratiques se transformer en torrent et la démocratie en démagogie. Et quand donc advient la démagogie ? Quand ceux-là commandent qui devraient obéir; quand il suffit d'avoir un esprit étroit, des passions débridées, une âme basse et rusée ou violente pour occuper le pouvoir.

Et cependant il serait de mauvais goût à notre époque de ne pas se dire démocrate. Quiconque n'est pas démocrate est donc aristocrate, et l'on ne voit pas bien à quoi sert d'être partisan d'institutions qui n'existent plus et qui n'ont actuellement aucune chance de revenir (1). Ce qui fait en effet la force du régime démocratique, ce sont les causes mêmes qui ont amené la ruine de la monarchie.

A l'époque où éclata la Révolution, toutes les antiques personnes morales, noblesse, clergé, parlements, états provinciaux, magistratures des villes, des communes, étaient discréditées, énervées, dépossédées. La royauté avait fini par tout absorber, à son profit, en se préoccupant de moins en

---

(1) Je ne veux pas dire par là que jamais plus une monarchie ne sera restaurée ou fondée en France. Je suis même persuadé du contraire. De même que la démocratie est la réaction contre les abus du régime monarchique, de même la démocratie, quand elle se laisse confisquer par les démagogues, prête à des excès de toutes sortes, qui amènent le despotisme, puis une monarchie plus ou moins stable.

A ce jeu de bascule, le pauvre peuple n'avancerait guère ; mais, comme je l'ai dit ailleurs, la démocratie ne dépend pas essentiellement de la forme républicaine et les principes démocratiques peuvent se développer dans une monarchie. Il est de toute évidence que la constitution et les mœurs politiques, en Angleterre, témoignent de plus de libéralisme et de vraie démocratie que notre République radicale-socialiste, si profondément despotique et réactionnaire.

moins du bien commun. Dès qu'il devint évident que les rois sacrifiaient à leurs plaisirs, à leur faste, à leur ambition, le bien de leurs peuples, dès qu'on vit que l'aristocratie négligeait sa fonction sociale pour ne penser qu'à augmenter ses privilèges et développer mille abus, l'ordonnance monarchique fut virtuellement renversée.

Le soir du 4 août 1789, l'Assemblée nationale, cédant à un moment d'entraînement, avait décrété, en quelques heures, la suppression des droits féodaux, des dîmes, des justices seigneuriales, de la vénalité des charges. Tous les Français devenaient égaux. C'était l'aurore du régime démocratique. Le lendemain, la noblesse et le clergé regrettaient cet instant d'enthousiasme et s'appliquèrent à en amoindrir les conséquences.

En vertu des sacrifices consentis, ils auraient pu prendre la tête du mouvement et diriger la démocratie naissante ; ils préférèrent la combattre et ils devinrent les ennemis de l'intérieur, appelant à leur secours l'ennemi extérieur. De son côté, le roi, par l'équipée de Varennes, parut à son tour s'évader de son poste et fuir à la frontière, afin de rentrer en France avec l'étranger et rétablir un état de choses abhorré de la nation. Les émigrés avaient honteusement abandonné le roi ; le roi, à son tour, abandonnait son peuple.

Qui déserte son poste et néglige sa fonction, abdique son droit.

La démocratie s'établit donc légitimement et, partout en Europe, le peuple veut de plus en plus se gouverner lui-même.

Ce sentiment s'affermit de toute la résistance qu'y opposent les partisans du régime monarchique.

En quoi consiste essentiellement le régime démocratique ?
En ce qu'il assure ces deux avantages : l'égalité absolue des
droits de tous les citoyens; la participation de tous au
Pouvoir.

Nous avons vu que l'égalité dérive de ce principe chrétien
que les hommes sont tous, au même titre, enfants de Dieu
et égaux devant lui.

D'où l'égalité de tous les membres d'une nation devant
le pouvoir qui dérive de Dieu ; égalité devant la loi qui, pour
obliger la conscience, doit être conforme aux préceptes de
la loi divine.

Pratiquement, l'égalité civile et politique est de droit naturel, mais n'a de réalité et de solidité que dans la mesure
où est respectée la Paternité divine, origine et garantie de
l'égalité universelle et de la dignité de la personne humaine.
Là s'arrête l'égalité.

La participation de tous au Pouvoir est la conséquence
logique du principe d'égalité ; mais parce que l'égalité
n'existe que vis-à-vis de Dieu et aucunement dans la nature,
où tout nous révèle au contraire la subordination, par cela
même la participation égale de tous au pouvoir devient une
utopie et une injustice. La participation proportionnelle et
conditionnelle est seule admissible.

En effet, si, en théorie, la démocratie s'exerce par le moyen
d'un corps d'électeurs, composé de tous les citoyens suppo-
sés libres, éclairés, honnêtes, patriotes; en fait, la majorité
de ce corps d'électeurs est composé des gens les plus ignorants et les moins capables. C'est dire que, dans un tel milieu, l'influence n'appartient pas aux plus vertueux, ni aux
plus éclairés, mais aux moins scrupuleux. L'élite des
citoyens n'a plus sa place dans la direction des affaires d'un
pays.

Il est juste de dire que la cause de ce désordre n'est pas

imputable au régime lui-même, mais à la manière dont il est appliqué.

Si nous en souffrons, c'est à nous d'y remédier.

———

La formule : « Tout pour le peuple et par le peuple », est souvent donnée comme la formule de la démocratie. Formule équivoque et voici pourquoi :

Si par le peuple on entend l'universalité des citoyens, l'on réclamerait avec raison tout pour le peuple, puisque de ce tout chacun prendrait sa part ; mais le mot peuple n'a pas, dans l'occurrence, cette signification, et maintenant, ce que l'on entend par peuple, c'est l'ensemble de ceux qui vivent au jour le jour du travail de leurs mains ; c'est la masse des petits et des humbles, des faibles et des malheureux ; c'est la masse des prolétaires, opposée à la classe des riches et des puissants.

Car c'est bien là ce que l'on cherche, diviser la nation en deux classes, la classe dirigeante, repue et gavée, et la classe populaire, de ceux qui, n'ayant rien, ont droit à tout.

Tout pour le peuple, dans le sens vrai, serait donc un programme de justice répartitive ; dans le sens détourné, c'est tout le contraire.

Nous verrons au chapitre de l'anarchie que la division de la nation en classes n'est fondée ni en droit ni en fait ; mais, supposons qu'elle soit fondée, il devient évident que tout pour le peuple signifierait tout pour une classe, ce qui serait le contraire de la justice. Il n'y a pas que des prolétaires dans une nation ; il n'y a pas que du peuple dans la société, et les autres membres du corps social ont droit, eux aussi, aux avantages sociaux.

MM. Guesde, Jaurès et autres, réclamant au nom de la

démocratie socialiste la totalité du pouvoir central, sont logiques avec leur théorie de la lutte des classes; la justice est pour eux synonyme d'autorité; s'ils ont le pouvoir ils ont la justice, ils s'en servent pour opprimer la minorité par la majorité, l'élite par le nombre, le droit par la force. La maxime du : Tout pour le peuple, dans leur bouche, est une iniquité et un mensonge.

Tout par le peuple peut également donner au premier abord l'illusion d'une formule démocratique, mais reste inapplicable dans la pratique. Ni l'universalité des citoyens prise dans sa masse, ni la catégorie plus restreinte du peuple proprement dit, ne peuvent exercer le pouvoir que par délégation. Et dans cette délégation même, quel est le principe qui doit être observé? C'est celui-ci : Que tous les intérêts sociaux soient représentés dans tous les conseils de la nation, afin d'y être défendus par leurs représentants les plus autorisés, et de s'y équilibrer mutuellement.

Du moment où tous les droits sont garantis, que veut-on de plus? Que chaque citoyen puisse aspirer aux plus hautes charges de l'Etat? Mais cela existe. Félix Faure était un ancien ouvrier tanneur, et M. Loubet un obscur avocat de Montélimar. Mais l'on veut tout autre chose que l'accession des plus dignes et des plus habiles; il n'est plus guère question non plus de la nomination directe par le peuple du Président de la République, ce qui n'offre guère d'intérêt ; ni du *referendum* appliqué aux lois, ce qui se peut dans un petit pays de fédérations agglomérées comme la Suisse, ce qui est plus difficile d'application chez une grande nation centralisée et unitaire comme la France; ce que l'on veut, c'est l'accession immédiate de la classe populaire au Pouvoir, c'est sa main-mise sur toutes les charges par l'élection directe, c'est l'élévation de la masse des prolétaires, d'un coup, par les lois et les institutions politiques, au rôle de gouvernants.

Il faut pour rêver un tel renversement des choses la naïveté ou la perfidie des nouveaux docteurs en sociologie. Le bon La Fontaine nous raconte l'histoire de la queue du serpent, fatiguée de suivre et voulant, à son tour, conduire la tête :

> .... la guide nouvelle,
> Qui ne voyait au grand jour
> Pas plus clair que dans un four,
> Donnait, tantôt contre un marbre,
> Contre un passant, contre un arbre,
> Droit aux ondes du Styx, elle mena sa sœur.
> Malheureux les Etats tombés dans son erreur.

L'on prête à Léon XIII cette sage correction de la formule que nous venons de discuter : Beaucoup pour le peuple et peu par lui.

L'un des avantages principaux de la monarchie, d'après ses partisans, est d'assurer au pays une direction morale. L'autorité souveraine, placée au sommet de la hiérarchie sociale, est le point où tous les pouvoirs locaux et régionaux aboutissent et d'où se répandent sur tout le pays les bienfaits d'une administration personnelle, pratiquement responsable, d'un contrôle incessant, d'une politique suivie.

Ce serait une erreur étrange de supposer que la démocratie n'a pas besoin d'une direction morale ni d'une hiérarchie sociale ; elle en a, au contraire, un besoin plus pressant encore que la monarchie. Qu'elle se développe sous le couvert d'une royauté constitutionnelle, ou qu'elle soit tenue, tant bien que mal, par les rênes flottantes d'une république parlementaire, elle ne peut vivre sans direction morale. Le malaise social dont nous souffrons actuellement, et dont il semble que l'issue inévitable soit dans une nouvelle Révolution, n'est dû qu'à ceci : les chefs de la démocratie française se montrent incapables de lui procurer la direction morale des esprits, sans laquelle il n'y a pas de société, mais des troupeaux d'hommes.

Tout n'est point dit parce que l'on travaille à déchristianiser un pays ; à la place de la religion, il faut mettre autre chose, car l'homme ne peut pas vivre de négations. Dès lors, où seront les soutiens de la société ? Lamennais, Saint-Simon, Fourrier, Comte, et tant d'autres, ont caressé le rêve d'inoculer à la démocratie une sorte de religiosité moderne. Ils ont voulu refaire l'âme de la France en éclairant les masses, en répandant l'instruction et en vulgarisant la science. La multitude, qui ne comprend que les symboles, ne comprendra jamais une religion exempte de catéchismes et de rites. Elle erre à l'aventure, cherchant sa voie et ne la trouvant pas. Et plus ses chefs lui refusent une direction morale, conforme aux principes chrétiens, plus aussi ils compromettent le progrès du régime démocratique, plus ils l'exposent à rouler à terre dans la boue et le sang, et à y périr sous la botte d'un César.

Une hiérarchie sociale est également indispensable à la démocratie, mais, au lieu d'être personnelle, comme sous la monarchie, elle devient uniquement fonctionnelle. Tous les hommes, tous les citoyens sont égaux, c'est la fonction seule qui marque les rangs. Un ministre, un préfet démissionnaires ne sont plus que des citoyens comme les autres. La valeur personnelle n'a de prix dans la société qu'en tant qu'elle apparaît comme une valeur sociale ; l'on n'a de droits

qu'en raison de cette valeur, et telle est bien l'idée fondamentale de la démocratie.

Sous l'ancien régime, un homme borné, oisif ou immoral,
s'il portait un titre, était, de par ce titre, une Autorité sociale. Sous le nouveau régime, l'homme le plus intelligent,
le plus instruit, le plus habile, s'il se renferme égoïstement
chez lui, n'est pas une Autorité sociale ; par contre, tout
homme, si humble qu'il soit, qui dans son milieu, par la
parole ou par l'exemple, remplit un rôle utile, s'élève par là
même dans la hiérarchie sociale. Cette possibilité donnée à
chacun, quel qu'il soit, de contribuer au bien commun, en
exerçant sa part d'influence, et en s'élevant, s'il le peut, aux
plus hautes charges est plus conforme à la justice et constitue
par là même un progrès.

Ces principes sont souvent oubliés ; c'est pourquoi une
confusion s'établit parfois, au détriment de la démocratie,
entre elle et la démagogie. Ainsi l'on trouve des personnes
convaincues que pour aller jusqu'au bout du principe démocratique, il faudrait laisser au peuple l'élection des juges,
aux soldats la nomination des officiers, aux subalternes celle
de leurs chefs.

Il est, au contraire, démocratique de rendre difficile l'accès
de la magistrature et de ne le permettre qu'à ceux dont l'esprit éclairé et consciencieux offre aux justiciables des garanties suffisantes. Il est démocratique de ne confier les charges
militaires et civiles qu'à ceux qui peuvent les remplir convenablement, et ce n'est pas la masse qui est juge des capacités.

En un mot, la démocratie ne peut pas vivre sans hiérarchie sociale ; elle est d'une autre nature que sous le régime
monarchique, mais elle n'en est pas moins indispensable.

Le régime démocratique paraît offrir sur le monarchique, cet avantage qu'il se prête avec une souplesse admirable aux modifications et aux améliorations nécessitées par les circonstances, alors que, dans une monarchie, la volonté du souverain peut faire obstacle à tout changement, à tout progrès. Si Charles X avait été mieux inspiré, la France eut fait l'économie d'une révolution ; si Louis-Philippe n'avait point tenu à gouverner personnellement, il eut probablement pu assurer quelque durée à sa dynastie, éteinte avec lui.

Le régime démocratique évite ces soubresauts et ces bouleversements ; il permet qu'une politique fasse place à une autre sans rupture de la légalité. Le spectacle de révolutions fréquentes est démoralisant pour une nation, parce qu'il lui fait perdre aisément le respect de la loi et de l'autorité. Nous avons vu pendant le xix⁰ siècle, après le double chassé-croisé entre Napoléon I⁰ et Louis XVIII, trois autres souverains prendre à leur tour le chemin de l'exil, chassés par le peuple.

C'est une condition fâcheuse pour la démocratie française d'être venue à la suite de coups d'Etat, d'illégalités et de révolutions répétées ; mais il en est toujours ainsi. La démocratie ne vient jamais en premier lieu, elle doit invariablement le jour à des abus du régime monarchique ou aristocratique. Si les monarques remplissaient leurs devoirs, si l'aristocratie rendait les services pour lesquels elle a été créée, le régime démocratique ne trouverait pas l'occasion de s'établir. C'est pourquoi, encore une fois, on peut le considérer comme le terme d'une évolution, et par conséquent comme un progrès.

un tel degré de perfection que l'harmonie entre les intérêts de l'individu et ceux de l'espèce soit complète ; et
pendant l'évolution vers ce but si lointain l'individu se
sentira toujours sacrifié à l'intérêt de l'espèce et il s'y
résignera comme il se résigne vis-à-vis des forces de la
nature, auxquelles il faut obéir pour les pouvoir dominer. Dans la famille, au contraire, il n'aura à lutter que
contre ses propres imperfections, qui le rendent infidèle
par moments à ses passions les plus intimes et les plus
personnelles, et contre l'autorité fausse de la tradition
qui lui commande de voir avec les yeux du passé. Dans
cette double lutte, nous avons trouvé les crises de l'évolution de la famille. Les éléments de la vie de la famille,
de nos jours, qui témoignent de la mollesse croissante
des caractères, de la lâcheté morale, qui fuit le combat
intérieur et l'éducation ininterrompue de soi-même et
voit dans le laisser-aller de l'esprit enfantin le type de la
vie humaine, ces éléments opèreront la dissolution de la
famille et au nom d'un individualisme faux, au nom
du respect pour une personnalité qui n'est point respectable, ils finiront par abaisser l'esprit humain. Partout
où ces forces dissolvantes ont acquis quelque influence,
les malheurs ont grandi et les aspirations des hommes
sont devenues plus viles. Au contraire, la lutte contre
les traditions surannées a toujours été salubre. Nous
avons constaté les deux types différents de l'évolution :
celle des peuples latins, qui ont plus évité l'individualisme destructeur, mais n'ont pas pu se soustraire à
l'influence des traditions, et celle des peuples germains
qui, plus heureux dans cette lutte, sont plus la proie
de l'individualisme exagéré. La vérité de la vie de la
famille consistant dans l'individualisme vrai, nous

croyons que l'avenir de la famille se trouve dans le type germain, qui va plus au fond que le type latin et qui promet la plus riche évolution s'il se montre assez fort pour résister aux dangers qui se trouvent dans la connexion intime de l'évolution économique de notre société et de l'égoïsme, lequel n'est que le signe d'un esprit dont les forces ont été abusées et fatiguées par les œuvres toujours croissantes que cette évolution présente. Si les forces morales de l'homme ne croissent pas en raison de cette évolution, c'en sera fait de la famille. Mais la condition du salut sera que l'homme sache se soustraire à l'influence de la tradition.

L'évolution morale a consisté à peu près dans la libération croissante de l'imagination. Au commencement, elle était gouvernée presque absolument par des suggestions sociales, elle était pauvre, sans finesse et sans mobilité. Les individus marchèrent partout en groupes, dans la famille comme dans leurs autres relations sociales, parce que leurs nécessités étaient presque les mêmes, consistant dans la satisfaction des besoins matériels et élémentaires. Mais ces besoins s'étant effacés devant des besoins idéaux et plus compliqués, l'individualisation va croissante, et au lieu de règles fixes et générales l'individu a commencé à oser se laisser guider par la sincérité de sa volonté et par la clarté de ses aspirations et de son amour. La famille y a gagné en valeur intime, mais elle a perdu comme pouvoir politique et officiel. Au dehors, le cercle de la famille devient plus restreint, on ne se considère plus comme membre d'un clan, mais on se cherche un petit nombre d'amis. Plus la famille comme force sociale devient anonyme, plus elle s'empare de tout le cœur de l'homme et devient la condition la plus

A propos de la nécessité d'une hiérarchie sociale dans la démocratie, je m'en voudrais de ne pas citer ce passage d'une lettre de Renan à Berthelot :

. . . .

La France s'est trompée sur la forme que peut prendre la conscience d'un peuple. Un tas de sable n'est pas une nation ; or, le suffrage universel n'admet que le tas de sable, sans cohésion ni rapports fixes entre les atomes. Nous avons ainsi détruit les organes essentiels d'une société et nous nous étonnons que la société ne vive pas. La civilisation a été, de tout temps, une œuvre aristocratique maintenue par un petit nombre ; l'âme d'une nation est chose aristocratique aussi ; cette âme doit être guidée par un certain nombre de pasteurs officiels, formant la continuité de la nation.

Voilà ce qu'une dynastie fait à merveille. Un Sénat, comme celui de Rome et de Venise y suffit aussi. Des institutions religieuses, sociales, pédagogiques, gymnastiques, comme celles des villes grecques, mieux encore. Mais ce qui ne s'est jamais vu, c'est une maison de sable, une société sans institutions traditionnelles, ni éducation nationale, ni religion acceptée.

. . . .

Nous sommes loin des sénateurs de Rome et de Venise ; en face d'eux les patriciens de la troisième République font triste figure. Ils n'ont ni l'autorité du génie politique, ni le prestige des services rendus au pays ; à quel titre remplaceraient-ils l'aristocratie et s'imposeraient-ils comme « pasteurs officiels, formant la continuité de la nation ? »

Deux institutions se sont présentées pour recueillir la succession : la féodalité financière et la bureaucratie. Il n'y a plus de nobles, mais il y a des milliardaires ; il n'y a plus de nobles, mais il y a des fonctionnaires.

Les financiers, que l'exercice de leur profession ne dispose pas, en général, aux scrupules et aux délicatesses de conscience, ont développé dans les hautes sphères de la société une moralité douteuse : la corruption a éclaté à ciel ouvert.

Quant à la bureaucratie, elle s'est étendue comme une tache d'huile sur tout le pays. Elle n'a point cherché à assurer les services publics, mais à les multiplier et à agrandir son pouvoir. A la paresse, à l'inintelligence, à l'égoïsme de l'aristocratie, nous voyons succéder l'incurie, le formalisme et la mauvaise foi d'administrations toutes puissantes et irresponsables.

Grâce au fonctionnarisme et par lui, l'Etat envahit tout, absorbe tout, et la démocratie, un instant entrevue, aura bientôt disparu devant le socialisme d'Etat.

C'est une erreur très commune de penser que la démocratie ne peut vivre et se développer que sous la République, et que les deux formes, l'une sociale et l'autre politique, sont solidaires l'une de l'autre. De tous les gouvernements que la France a subis, le plus tyrannique, à coup sûr, fut la Convention, qui terrorisa à ce point la France que ce moment de son histoire a pris ce sinistre nom : la Terreur. C'était le Comité de Salut public qui était censé représenter le peuple, et le peuple tremblait devant lui. Sous la Commune, le peuple a été également terrorisé par le Comité de Sûreté générale et par le Conseil de la Commune.

La République peut donc abriter les conceptions les plus autoritaires, comme la monarchie peut permettre les institutions les plus libérales. Il y a des Républiques de toutes sortes ; celle des Etats-Unis et celle du Paraguay ne se ressemblent en aucune façon ; la République fédérative de la Suisse et la République unitaire de France ne se ressemblent pas davantage.

Aussi bien, l'étiquette que prend un gouvernement, son

nom, n'ont qu'une importance très secondaire, et c'est à tort que des esprits, d'ailleurs sincères, voient une panacée dans ce seul mot : République, tandis que d'autres s'imaginent que tout serait sauvé si nous rappelions le roi.

Le peuple, par une sorte d'instinct de conservation, se détache avec la plus grande facilité des gouvernements déchus. Si la vie sociale dépendait des institutions politiques, verrait-on, chaque fois qu'une révolution a modifié celles-ci, verrait-on la majorité électorale se déplacer aussi facilement, et affirmer ainsi son besoin de voir ses mandataires cesser les vaines agitations autour des questions constitutionnelles ? Le peuple sent donc lui-même que l'intérêt majeur du pays n'est pas lié indissolublement à la forme du gouvernement, mais bien plutôt à la manière dont il est exercé. Les institutions politiques ne valent que par l'usage qu'on en fait. Qu'on s'applique d'abord à ne pas dénaturer celles qu'on possède et à en tirer le meilleur parti possible. La stabilité de la forme est en quelque sorte plus importante que la forme elle-même.

Il y a en tout cas quelque puérilité à espérer que des modifications dans la forme du gouvernement auront le pouvoir de ramener l'ordre et la méthode dans le développement de la vie politique de la nation. Ce sont les mauvais ouvriers qui demandent constamment à changer d'outils ; le plus sage est d'apprendre d'abord à s'en servir.

La souveraineté nationale s'exerce par le suffrage universel.

Comme l'a fait observer M. Jules Lemaître (allocution du 5 février 1900) tout système de gouvernement renferme une part de raison et une part d'absurdité.

Dans la monarchie, la part de raison, c'est qu'il est utile qu'une seule famille représente par sa continuité la continuité des intérêts de la nation. La part d'absurdité, c'est qu'un homme, qui peut être d'ailleurs un sot ou un méchant, soit, de par sa naissance, le maître de millions d'autres hommes.

Dans la République démocratique fondée sur le suffrage universel, la part de raison, c'est qu'il est juste que tous soient consultés sur les intérêts de tous. La part d'absurdité, c'est que toutes les voix soient égales quand il y a entre les électeurs de telles inégalités d'intelligence, de lumières, de vertu, et quand, au surplus, ils sont si inégalement intéressés à la bonne marche des affaires publiques. Puis le suffrage universel, c'est la toute-puissance de la majorité ; or, la majorité peut être fort petite. Est-il raisonnable que la moitié des citoyens, plus un, puisse imposer ses volontés à l'autre moitié, moins un ?

Le principe même du suffrage universel est discutable. *Vox populi, vox Dei*, clament ceux qui ont bénéficié des suffrages populaires ; et Taine répond : « Dix millions d'ignorants ne font pas un savoir. Un peuple consulté peut, à la rigueur, dire la forme du gouvernement qui lui plaît, mais non celle dont il a besoin ; il ne le saura qu'à l'usage. »

Et Droz écrit de son côté : « S'imaginer que la foule est dépositaire du Code qui la régit, supposer que la sagesse souveraine est inhérente à cette foule, et que chacun de ses membres en possède une parcelle ; prendre les rumeurs de la masse pour des révélations d'en haut, ses inquiétudes, ses tempêtes et ses folies pour autant de volontés saintes, c'est vraiment pousser bien loin la plaisanterie. »

. Et c'est un anarchiste, Sébastien Faure, qui nous dit à son tour : « En théorie, il n'est pas admissible que l'unanimité, ou la pluralité des suffrages, soit un criterium valable du vrai ou du faux, du juste ou de l'injuste. La philosophie donne comme l'une des preuves des vérités premières, le *consensus omnium*, ce qui est absurde ; car l'adhésion universelle n'a qu'un caractère de probabilité, et l'on a vu des peuples entiers se tromper, pendant des siècles, sur une infinité de questions.

En politique, l'erreur est encore plus probable, car il n'y a pas de question posée au corps électoral qui ne soit susceptible d'interprétations contradictoires. Les ignorants sont légion, les instruits ne forment qu'une infime minorité ; les notions élémentaires elles-mêmes font défaut à l'immense majorité.....

Cette loi du nombre, c'est la loi de la force bête, stupide, aveugle, insaisissable, incohérente, déraisonnable et changeante. Que 301 individus sur 600 forment une majorité au sein d'un Palais-Bourbon quelconque et votent une loi, que, quelque temps après, sans autre raison que la mort, la maladie, l'absence ou la vénalité d'un de ces honorables, la minorité devienne la majorité, et ce qui était juste hier cesse de l'être aujourd'hui, tandis que ce qui était injuste et défendu devient équitable et ordonné.

Et c'est devant un droit qui aboutit à de telles absurdités que ma raison doit s'incliner ! Et c'est dans un code ainsi bâti que je dois chercher un guide ! »

Et cependant, l'incompétence et l'incohérence ne sont pas les seuls inconvénients de la loi du nombre, elle en offre un plus grave encore, qui est l'irresponsabilité.

Sur onze millions d'électeurs qui sont inscrits et appelés à faire de temps en temps acte de souverain, il y en a bien dix millions et demi qui n'ont aucune idée de la responsabilité qu'ils encourent en votant dans un sens plutôt que dans l'autre. Il semble qu'une responsabilité divisée à l'infini disparaît, n'existe plus. L'électeur qui a contribué par son vote à mettre le gouvernement de son pays dans des mains indignes n'éprouve aucun trouble de conscience, n'ayant fait que ce qu'ont fait tant d'autres. Il considère n'être responsable que pour sa part, qui se chiffre par un millionième quelconque. Qu'est-ce qu'un millionième de responsabilité?

Là est précisément l'erreur. Pour chaque citoyen, la responsabilité de son acte est complète, entière, aussi complète et aussi entière que si, de son acte seul, dépendait l'avenir de son pays.

Malheureusement, cette irresponsabilité se propage du corps électoral tout entier à ses élus, du citoyen à l'administration, et au gouvernement lui-même. De degré en degré, le sentiment du devoir s'émousse, rien ne retient, puisque le nombre seul est maître et que naturellement tout contrôle lui échappe. L'on voit ainsi les Parlements succéder aux Parlements, et les ministères aux ministères, accumulant les fautes et les irrégularités, violant la légalité, sans qu'aucun pouvoir, aucune autorité, puisse imposer une sanction et mettre en jeu une responsabilité. Terrible anarchie morale d'où doit fatalement résulter l'anarchie politique et sociale.

Du moment où le sentiment du devoir social est atrophié, la passion, l'intérêt, l'esprit de parti se donnent libre carrière. Un écrivain socialiste distingué a très loyalement indiqué ce grave défaut du régime démocratique. « Personne n'étant directement responsable, le sentiment du devoir s'affaiblit; les questions personnelles ou de parti dominent les questions essentielles de la politique sociale et nationale. Les grands intérêts permanents sont souvent sacrifiés à des intérêts de groupes ou à des avantages momentanés et fugitifs. Les partis se disputent le pouvoir. La puissance exécutive passant de l'un à l'autre, la continuité de vue, les vastes desseins et les grandes entreprises sont rendus difficiles. Ce serait-là un vice capital de la démocratie politique auquel ne pourrait remédier que la pratique universelle de la *vertu*, proclamée par Montesquieu la base indispensable des républiques. » (J. Sarraute).

Nous avons entendu trop de fois parler de la vertu républicaine pour n'être pas fixés sur la non existence de cette vertu ; malgré les airs d'austérité que se donnent certains politiciens, nous savons que si la vertu est nécessaire à la démocratie, elle lui est plus difficile qu'à toute autre forme sociale, précisément à cause de l'irresponsabilité dont nous venons de parler.

Si graves sont les défectuosités du régime démocratique que l'on se demande comment tant de citoyens s'y sont, et si violemment, attachés. Or, cet attachement est une réaction ; il est fait en grande partie des haines qu'ont suscité les abus du régime aristocratique ; il est fait du besoin de liberté politique et d'indépendance personnelle comprimées pendant de longs siècles, et qui trouvent là la seule forme sociale favorable à leur expansion ; il est fait, pour plusieurs, de résignation et de l'impossibilité de ramener les formes politiques disparues ; il est fait, pour le peuple, d'espérances, la plupart d'entre elles chimériques, rêves de liberté sans limite, d'égalité irréalisable, de justice mal comprise et de bonheur matériel ; comme si la justice était de ce monde, comme si le bonheur pouvait sortir des constitutions ou des organisations sociales.

Il est fait, enfin, de ce sentiment très raisonnable que, rien n'étant parfait de ce qui est humain, il faut savoir accepter ce que la démocratie offre de défectueux pour réaliser ce qu'elle offre d'avantageux, que les inconvénients qu'elle présente peuvent être atténués, et que, pour tout bon citoyen, le devoir consiste non pas à entraver, mais à diriger l'essor de la démocratie.

C'est pourquoi, malgré tout, nous devons aller à elle, sans regrets stériles du passé et sans arrière-pensée pour l'avenir, de bonne foi et de bon cœur. Puisqu'elle est l'avenir, aimons-la. Les sociétés suivent la loi de l'évolution, comme les races, comme les individus. C'est folie de discuter la loi naturelle, et folie de la subir en maugréant. Nous ne savons où elle nous conduit, nous ignorons la forme des sociétés futures, mais il est une chose que nous savons, c'est qu'appelés à vivre en ce temps et dans cette société dont nous faisons partie, nous devons, dans la petite sphère d'influence qui nous est dévolue, appliquer tous nos efforts à propager la justice et la vérité, et, par là, contribuer faiblement peut-être et comme inconsciemment, mais néanmoins efficacement, au progrès social.

Pour que le suffrage universel soit l'expression vraie des besoins et des tendances d'un Etat démocratique, il faudrait qu'il soit éclairé, complet et sincère.

Sa condition première est donc l'instruction universelle. J'ai déjà dit plus haut de quelle importance capitale est l'instruction publique de nos jours. L'ignorant devrait être exclu de la liste électorale. N'est-ce pas une insanité de confier le pouvoir de nommer des législateurs à un individu incapable de discerner le bon citoyen du mauvais, l'homme d'Etat consciencieux de l'aventurier sans scrupules ? Quel dangereux électeur que celui qui réclame de mauvaises lois sociales sans s'en rendre compte, et de mauvaises réformes économiques sans se douter de leur portée.

L'ignorant est souvent en même temps l'indigent. Celui qui ne paie pas d'impôts et qui vit, au contraire, des impôts payés par d'autres, a-t-il le droit d'imposer à ces derniers une servitude politique qui les opprime ?

Le suffrage universel doit être complet, c'est-à-dire que tous les citoyens doivent prendre part au vote, afin que la consultation du pays soit l'expression de toutes les opinions et de tous les intérêts. Si, pour les œuvres d'utilité publique le concours de tous est indispensable, combien plus pour l'œuvre civique par excellence : le vote. L'abstention est le fait de ceux qui ne comprennent pas à quel point les intérêts privés sont solidaires des intérêts publics, et quels châtiments sont réservés au corps électoral qui s'abandonne, tout aussi bien qu'aux individus oublieux de leur devoir.

L'histoire de ces trente dernières années nous montre comment a fonctionné le suffrage universel et comment le système des abstentions a faussé le jeu de nos institutions et compromis leur stabilité.

La proportion des abstentions oscille de 20 à 30 o/o des électeurs. Plus élevé dans certains départements, le nombre des votants, dans d'autres, n'a pas atteint la moitié des électeurs inscrits. C'est sur ces chiffres que les monarchistes se sont appuyés, pendant de longues années, pour déclarer que la France était opposée au régime républicain. Les suffrages antirépublicains et les abstentions formaient un total supérieur aux suffrages républicains de trois millions en 1876. Ce chiffre a diminué progressivement et, en 1893, pour la première fois, l'opinion républicaine a réuni plus de la moitié des électeurs inscrits. Ceux qui ont suivi les affaires publiques pendant cette période d'une vingtaine d'années se rappellent quel malaise, quelle inquiétude vague, quelle incertitude préjudiciable à toutes les affaires causait dans le pays cette fausse situation d'une minorité que la force même des choses obligeait à gouverner le pays et à laquelle la majorité semblait refuser le droit au gouvernement. Il semblait que les abstentionnistes, masse obscure, inconnue, pouvait entrer brusquement en scène, sous l'influence d'une excitation quelconque, renverser le gouvernement et livrer le pays aux hasards d'une aventure monarchique ou des discordes civiles.

De nos jours, ce sont les Jacobins qui ont pu, grâce à l'abstention, s'emparer du pouvoir. Une fois de plus, c'est la minorité qui gouverne le pays, ou plutôt qui, sans gouverner, opprime la majorité et expose la France aux périls d'une révolution sociale.

L'on conçoit donc que les dangers que fait courir à la chose publique une abstention prolongée ont inspiré à plusieurs hommes politiques l'idée de combattre l'abstention par des mesures législatives. D'après eux, en imposant l'obligation de voter et en lui donnant les sanctions convenables, la loi restituera au suffrage universel sa sincérité, à la majorité et à la minorité leurs valeurs réelles, au Parlement le prestige nécessaire, au gouvernement la stabilité. Du reste, le principe du vote obligatoire est déjà inscrit dans la loi qui règle les élections sénatoriales ; aussi la proportion des abstentions n'atteint pas 1 1/2 o/o.

Les meilleures lois du monde sont impuissantes à réformer les mauvaises mœurs ; toutefois, il n'y a rien dans le principe de l'obligation du vote qui heurte le bon sens.

Le droit de vote n'est pas une simple faculté, une prérogative personnelle ; c'est plutôt une fonction que le citoyen, dépositaire d'une fraction de la souveraineté nationale, est chargé de remplir pour la société. Il est concédé et doit être exercé en vue de l'intérêt national, et le citoyen n'est pas libre de refuser ou de fournir, suivant ses caprices, le service que le pays attend de lui. L'impôt n'est-il pas obliga-

244

toire, le service militaire n'est-il pas obligatoire ? Obligatoires aussi les fonctions des jurés, obligatoire la tutelle des
biens des mineurs, obligatoire l'instruction. De même,
l'État ayant besoin d'autorités publiques électives et du vote
de tous les citoyens pour leur donner un caractère vraiment
représentatif, il serait logique qu'il proclamât le suffrage
universel obligatoire.

Et, comme si toutes ces causes d'erreur ne suffisaient
pas, voici que les gouvernements eux-mêmes, républicains
comme monarchistes, s'efforcent de falsifier et de maquiller
le suffrage universel, tantôt en suscitant des candidatures
officielles, tantôt en couvrant les fraudes électorales. Dans
son dernier ouvrage, *A-t-on intérêt à s'emparer du Pouvoir?*
M. E. Demolins a assez plaisamment mis en relief cette ingérence continuelle du pouvoir dans les maquignonnages électoraux, et l'histoire montre, en effet, comment les partis,
après avoir flétri avec indignation les procédés employés
contre eux par leurs adversaires, s'empressent, une fois
arrivés au pouvoir, d'employer à leur tour ces mêmes
procédés. Et quand les adversaires ont quand même réussi
à faire nommer quelques candidats, le parti victorieux les
invalide à tour de bras, contre tout droit et toute justice ; ou
bien, pour montrer le peu de cas qu'il fait des suffrages populaires, il assure à ses amis blackboulés les places les
plus honorables et le plus grassement rétribuées.

Le plus cyniquement immoral, sous ce rapport, de tous
les gouvernements a été certainement celui de la troisième
République.

Mais de ce que tous ont montré pour le suffrage universel

le même mépris, le même empressement à le violenter ou à le bafouer, n'en peut-on pas conclure que, d'une part, il est établi sur de mauvaises bases, et que, d'autre part, il est de toute impossibilité de gouverner avec un pareil engin.

« Le suffrage universel n'est qu'un instrument d'opposition; à ce point de vue, il n'a pas son pareil. Aussi voyons-nous tous les partis tombés du pouvoir proclamer son inviolabilité.

L'impossibilité de gouverner en pratiquant loyalement le suffrage universel tient à ce que la très grande majorité des électeurs est absolument incapable de connaître et d'apprécier les questions qu'on lui demande de résoudre. Cela est tellement manifeste que les journaux de tous les partis répètent à satiété qu' « *il faut faire l'éducation du suffrage* « *universel* ». C'est donc que cette éducation n'est pas faite. Le malheur est qu'elle sera toujours à faire...

L'incapacité fondamentale des électeurs a fait naître une catégorie spéciale d'individus dont la profession consiste à exploiter l'ignorance, la crédulité, les passions de l'ouvrier et du paysan. Le politicien est le produit naturel du suffrage universel. Aussi avons-nous constaté, dans une étude sur *Nos Hommes politiques*, que notre représentation nationale ne compte qu'un très petit nombre d'agriculteurs, d'industriels et de commerçants, 135 contre 365 politiciens.

Ces politiciens vivent du suffrage universel comme d'une industrie lucrative; il est leur bien, il est leur chose, il est leur moyen d'existence. Ce sont eux qui l'ont acclimaté parmi nous dans sa forme actuelle. Ils répètent si souvent et si haut, avec tant d'assurance, avec des éclats de voix si sonores, dans la presse et dans les réunions publiques, que le suffrage universel est l'arche sainte, le boulevard de la liberté, etc., etc., qu'on a fini par croire qu'il était une vérité, et qu'il pouvait tenir lieu de toutes les libertés...

La vérité est que le sentiment public en France — qu'il ne faut pas confondre avec le sentiment bruyant des politiciens, — est la lassitude et le dégoût. La clôture des Chambres est saluée par tous comme une délivrance. Et il suffit qu'un homme se lève contre la représentation nationale pour être aussitôt acclamé. Si le peuple tient tant que cela à son prétendu pouvoir souverain, pourquoi est-il si ardent à s'abandonner entre les bras du premier dictateur venu ?...

Vous pensez bien qu'en face d'un corps électoral aussi foncièrement incapable et aussi cyniquement exploité, un gouvernement, quel qu'il soit, ne peut se dispenser de se défendre, et il le fera avec tous les moyens dont il dispose et que nous avons vus en œuvre. C'est pour lui une nécessité de situation, une nécessité vitale.

Mais est-ce là un régime acceptable ? Est-ce là un régime durable ?

L'instabilité de tous nos gouvernements, vivante image de l'instabilité du suffrage universel, le dégoût croissant de l'opinion publique pour nos assemblées parlementaires, l'entraînement qui pousse périodiquement les foules vers un dictateur, nous prouvent que le suffrage universel n'a résolu, en France, ni le problème du gouvernement, ni le problème de la liberté.

Il n'a pas donné au gouvernement la stabilité dont il a impérieusement besoin. Il n'a pas donné aux populations les initiatives auxquelles elles ont droit. Il ne comble d'aise que les politiciens. » (E. Demolins.)

Tout en adhérant pleinement aux idées exprimées par l'auteur, je ferai remarquer qu'il s'est placé exclusivement au point de vue pessimiste. Quelle est l'institution politique qui, au bout d'une cinquantaine d'années, peut rendre le maximum d'effet utile, alors surtout qu'elle a, comme le suffrage universel, à subir l'assaut et des gouvernements, et des partis, et du peuple, de ceux-là même qui sont appelés à en profiter, et que rien n'a préparés à jouer le rôle important auquel ils sont conviés ?

Quelle est la forme sociale qui, en moins d'un siècle, car la démocratie n'a pas cet âge, et au milieu des guerres extérieures et des révolutions intérieures, a jamais pu s'établir, se développer normalement, donner la paix, satisfaire tous les besoins, tous les désirs, réaliser les espérances les plus enthousiastes, justifier le lyrisme le plus extravagant ?

Les sociétés ont, comme les individus, à subir les convulsions de la naissance et les crises de la croissance avant d'arriver à la puissance de la virilité ; mais là où il faut quelques années à l'individu, il faut quelques siècles aux sociétés.

Certainement le suffrage universel, tel que nous le pratiquons, disparaîtra, et le plus tôt sera le mieux ; certainement la démocratie s'organisera, mais non sans secousses et sans beaucoup de temps. Le fait que les esprits les plus élevés comme MM. F. Brunetière, Ch. Benoist, Fonsegrive, Fouillée, et tant d'autres, étudient sans cesse le problème de l'organisation de la démocratie, suffit pour nous faire envisager l'avenir avec confiance.

Le Politicien, voilà la plaie ; le Parlementarisme, voici son œuvre.

Avant l'élection se forment les comités électoraux ; le

nombre des gens qui s'occupent des intérêts publics, sans la moindre compétence, est tout d'un coup considérable. Pendant ce temps, les agents du candidat, recrutés toujours dans les dernières couches du peuple, parcourent les cafés et les maisons, la bouche remplie de promesses, la main contenant pour les électeurs pauvres quelques pièces d'argent ou de quoi payer des consommations. Le candidat, promenant partout sa souriante figure, ses airs cauteleux et modestes, serre la main au moindre ouvrier, distribue, lui aussi, les promesses de nominations aux fonctions administratives, de bureaux de tabac, d'entrées aux bureaux de bienfaisance, d'admissions aux hospices, de dégrèvements d'impôts. Aux communes, il promet des subventions pour l'assistance publique, des créations d'écoles, des constructions de lignes de chemins de fer.

Simple aspirant, il ruse, trompe et ment; comment, devenu député, ne continuerait-il pas de ruser, tromper et mentir? Comment ne se montrerait-il pas aussi arrogant qu'il a été humble et vil, aussi insouciant du bien public qu'il a été ardent à promouvoir son intérêt personnel?

C'est ainsi que notre époque a donné les plus tristes exemples de ce qui a reçu le nom de corruption parlementaire. Il n'y a rien à ajouter aux plaintes et aux diatribes publiées sur ce sujet dans les journaux. « Beaucoup de députés, disent les *Débats*, ne vivent ni de leur indemnité parlementaire, ni de leurs rentes, ni du produit d'aucune profession classée; mais ils exploitent leur influence comme on exploite un fonds de commerce. »

Alors s'explique l'inexplicable; alors peut se comprendre le fonctionnement de cette politique incohérente dont nous n'apercevons que le mouvement extérieur et superficiel; alors peut se comprendre l'action, ou l'inaction, de gouvernements qui ne sont que des simulacres, des apparences, des fantasmagories, des décors, cachant le seul pouvoir effectif et réel, celui de la finance cosmopolite, de l'Argent.

Devant sa Toute-Puissance s'inclinent les députés du peuple, les fiers représentants de la démocratie. Et il n'en peut être autrement. Ils sont en butte à toutes les séductions. Là, sous leurs yeux, des intrigues se nouent, des marchés se font, des offres et des mises en demeure circulent, des coteries se forment, des coalitions s'ourdissent, et l'on voudrait que ces hommes qui n'ont en général aucune éducation, aucun principe religieux, aucun frein moral, puissent s'exposer impunément à un tel contact ?

En face de ces parlementaires matérialistes et jouisseurs, dénués de scrupules et libérés du sentiment du devoir, J. Jaurès a vraiment bien raison de s'écrier : « Nous voulons et nous aurons le pouvoir tout entier pour notre idéal tout entier. Nous n'avons pas besoin d'être des émeutiers en un temps et en un pays où la légalité même, bien maniée, est révolutionnaire, et où le régime parlementaire peut être un formidable engin de dislocation et de rénovation. »

C'es donc pour arriver à cette dislocation que les lois pleuvent, contradictoires et inapplicables, froissant les intérêts et contraires à la justice. La légalité n'est plus qu'un instrument de combat, et la jurisprudence devient incertaine et fantaisiste. Tacite l'a dit il y a dix-neuf siècles : « *In corruptissimâ republicâ plurimæ leges.* »

Mais ce n'est pas tout. Si, grâce au parlementarisme, nous avons l'irresponsabilité et l'incompétence dans la législation, nous avons encore la confusion dans la direction des affaires publiques. Sous le prétexte de contrôle, les meneurs du Parlement, par voie de questions et d'interpellations, entendent influencer à chaque instant les ministres, leur dicter leur ligne de conduite et, en somme, agir par eux. Le gouvernement parlementaire est remplacé alors par le gouvernement du Parlement, ce qui est tout différent.

Les dangers d'une telle situation font l'objet des plaintes de tous ceux que préoccupe l'avenir de la France. M. Ch. Benoist a consacré à l'étude de cette question un remarquable ouvrage auquel je renvoie le lecteur.

Il est permis d'éprouver quelques inquiétudes sur l'avenir de la démocratie, car voici que les théoriciens du socialisme prétendent qu'elle aboutit logiquement au collectivisme, lequel n'est, à le bien prendre, que la démocratie appelée à régler les lois économiques de la production et de la répartition des richesses, au même titre qu'elle règle déjà les lois politiques de l'origine et de l'action du pouvoir.

De quelle démocratie nous parle-t-on ici ? Car il y en a deux : la bonne qui est la démocratie, et la mauvaise qui est la démagogie. Le socialisme nous montre la même particularité de se présenter sous deux aspects : l'un qui est pratique et s'appelle le socialisme de gouvernement, et l'autre qui est abstrait, utopistique et révolutionnaire.

Ce dernier s'adresse à la galerie ; c'est le socialisme des batteurs d'estrade, c'est la parade de la foire, destinée à attirer les naïfs. Là se débitent toutes les promesses impossibles à tenir, tous les boniments de charlatans auxquels le bon public a l'habitude de se laisser prendre. Là gesticulent et pérorent les tribuns populaires, les conférenciers extravagants, les orateurs de cafés assistés des fauteurs de grèves et des entrepreneurs de misère ouvrière. Mais les pauvres gens entrent quand même dans la baraque, ne se doutant pas qu'aux yeux des véritables chefs du parti, ces gesticulations et ce verbiage n'ont aucune valeur, que les promesses de socialisation intégrale de la production ne sont qu'un attrape-nigauds, parce que déjà la production est en partie socialisée de ce qu'elle peut l'être, grâce à l'intervention de plus en plus continue de l'Etat.

Les socialistes, une fois en possession complète du pouvoir, n'auront donc pas autre chose à proposer que la continuation de l'évolution actuelle et quelques mesures de détail. S'ils veulent aller plus loin ou plus vite, ce ne sera que pour procéder à la désorganisation économique du pays et céder finalement la place aux anarchistes. Les intelligents du parti s'y refusent énergiquement et ils n'admettent pas que les violents les déposséderont du pouvoir avant même qu'ils aient eu le temps d'en jouir.

Ils oublient que l'on ne peut impunément exciter les appétits des foules et ne rien donner à dévorer au lion populaire ; que l'on ne peut impunément prêcher la lutte des classes, la destruction de la classe bourgeoise « par n'importe quel moyen, par le fer et le feu, s'il le faut » ; ils s'imaginent que les prolétaires ainsi soulevés ne détruiront pas effectivement la société, par le fer et le feu, comme on les y convie.

En cela ils se trompent. Certainement cela se fera, et les socialistes révolutionnaires, les anarchistes, nous ont promis de régénérer l'humanité dans une orgie de sang et de feu, près de laquelle les horreurs de la Commune ne seront qu'idylles et pastourelles.

Cette forme du socialisme, si elle vient à l'emporter, aura ouvert la voie à un tyran et contribué au recul indéfini du progrès et de la démocratie.

Quant au socialisme, plus acceptable en apparence, des théoriciens et des modérés du parti, il conduit aux mêmes conséquences. Ils s'appuient sur l'action du suffrage universel dans l'ordre politique, pour le déclarer applicable à l'ordre économique, sans sortir de la plus scrupuleuse légalité. Ils s'efforcent de démontrer que l'idéal particulier du parti sait composer avec les besoins sociaux et généraux et tenir compte des nécessités communes à tous les gouvernements. Le maintien de l'ordre, le respect absolu des lois, le développement de l'industrie, la défense des intérêts nationaux ne seraient point compromis parce qu'ils seraient confiés à un gouvernement socialiste. Le socialisme est la continuation et l'expansion de la démocratie, il n'en est pas le renversement.

C'est, sans doute, ce que veut exprimer M. Millerand, lorsque, dans la Préface de son opuscule sur « *Le Socialisme réformiste français* », il défend le socialisme de songer à supprimer la liberté individuelle et la propriété individuelle.

« Le socialisme se donne pour but, dans l'ordre social, l'abolition des classes, comme, dans l'ordre politique, la Révolution française a eu pour résultat l'abolition des ordres. Il veut que le salarié s'élève à la dignité d'associé. Il veut que, dans l'humanité nouvelle, la propriété individuelle soit non pas supprimée — ce qui est une proposition incompréhensible — mais tout au contraire transformée et si bien élargie qu'elle soit pour chaque homme comme son prolongement naturel et nécessaire sur les choses, l'indispensable outil de vie et de développement. »

Je ne réussis pas à comprendre cette phrase ni à m'expliquer comment la propriété individuelle sera « transformée et si bien élargie », si ce n'est aux dépens des propriétaires, et à même leurs propriétés.

La propriété individuelle ne sera pas supprimée ; elle sera donc respectée ? Oui, affirme M. Millerand, et voici ce qu'il nous dit dans le fameux discours de Saint-Mandé :

« Et ce serait en vain qu'on essaierait d'exciter contre le parti socialiste les alarmes des rares favorisés qui réunissent encore dans leurs mains l'instrument de production et le produit intégral de leur travail. Ceux-là, ces petits propriétaires, non seulement la transformation poursuivie par le parti socialiste ne les menace en rien puisque leur propriété morcelée ne saurait être l'objet d'une appropriation sociale, mais ils recueilleront pour leur part, au même titre que les autres membres de la société, le bénéfice de l'incorporation successive dans le domaine social des grandes industries. »

Il importe, en effet, de ne pas effrayer ces petits propriétaires, petits rentiers, petits cultivateurs, petits employés, possesseurs d'une maisonnette ou d'un lopin de terre ; il importe de ne pas les effrayer, car leurs voix sont nécessaires aux candidats socialistes. Ils verront donc sans crainte la socialisation des grands moyens de production et d'échange ; on leur a promis que le Minotaure s'arrêterait devant eux et n'irait pas plus loin. Non seulement il ne les dévorera pas, mais, en leur laissant leurs biens il les enrichira encore des dépouilles des grands propriétaires. Ah, le bon apôtre !

Que les petits, cependant, ne se rassurent pas si vite : car, s'il est permis d'admirer dans M. Millerand le socialisme raisonné, j'allais presque dire raisonnable, et méthodique, il ne faut point s'imaginer que le parti socialiste possède la même dose de raison et de sens pratique ; et l'impatience avec laquelle il a supporté au pouvoir cet homme d'Etat, le plus sérieux de ses chefs, montre bien qu'une fois les maîtres, les socialistes ne respecteront pas plus la petite propriété qu'ils n'auront respecté la grande. Ils iront fatalement jusqu'au bout, et pousseront à ses dernières conséquences la logique de leur idée, qui est la suppression complète de toute propriété individuelle, comme de toute liberté.

En ce qui concerne la liberté, son sort a été ainsi formulé par M. Waldeck-Rousseau, en un langage quasi sybillin : *La liberté dans l'obligation.* M. Millerand admire cette phrase ; elle peut être « lumineuse » pour les socialistes ; j'avoue humblement ne pas la comprendre ; elle me fait l'effet d'une plaisanterie de pince-sans-rire.

« La République est la formule politique du socialisme, comme le socialisme est l'expression économique et sociale de la République. » (A. Millerand).

La démocratie politique a, en effet, rendu ce service de prêter l'appui de la légalité aux transformations sociales devenues nécessaires, et cela sans secousses, sans que les différentes classes qui composent la société aient eu à recourir à la force brutale. Les soulèvements et les jacqueries n'ont plus leur raison d'être dans un état social où toutes les classes ont, pour exprimer leur volonté, le même instrument puissant et pacifique : le bulletin de vote.

Le suffrage universel peut donc être considéré comme la première étape de l'émancipation ouvrière ; il a fait disparaître les inégalités politiques et il fera disparaître à leur tour, nous dit-on, les inégalités économiques. Alors prendront fin le patronat, le salariat, la division des classes ; alors s'épanouira la pleine démocratie au sein de l'atelier.

Elle est commencée déjà, puisque progressivement, et dans notre société même, qualifiée de capitaliste, se réalise de plus en plus le principe socialiste.

« Sans doute, notre société reste capitaliste en ce sens que l'intérêt immédiat et la responsabilité personnelle sont toujours à la base des fonctions économiques essentielles de notre organisation sociale. Mais, de plus en plus, la collectivité tout entière et son expression juridique, l'Etat, empiètent sur un domaine qui leur était autrefois interdit. Par la législation ouvrière, c'est la société tout entière qui intervient et affirme son droit de haute surveillance sur les industries capitalistes, limite la journée de travail, prescrit des mesures hygiéniques, met fin à la toute-puissance du patronat, et réalise de plus en plus par ses interventions de toute sorte cette socialisation qui est le but même du mouvement socialiste.

« Par les assurances sociales, c'est encore un nouveau bloc de socialisme qui s'intègre à notre organisation sociale et qui peu à peu la transforme. C'est ici encore la société qui substitue l'action collective à l'action individuelle et fait fléchir le droit privé devant le droit public. » (J. Sarraute.)

Mais précisément parce que le socialisme substitue à la responsabilité individuelle la responsabilité des pouvoirs publics, précisément parce que l'Etat intervient de plus en plus dans la direction des intérêts économiques, dans les questions de salaires, de retraites, d'assurances, dans la réglementation du travail et des instruments de travail, dans l'hygiène des ateliers et aussi dans la formation des Syndicats, dans la réglementation des grèves, n'a-t-on pas à craindre que l'Etat, qui ne redoute jamais d'étendre son action, assume la responsabilité de tout le mécanisme de la production, c'est-à-dire une responsabilité formidable et pour laquelle il n'offre, du reste, aucune garantie ?

Qui ne voit qu'à l'autorité sans limite de l'Etat correspond la disparition de toute liberté des citoyens ?

La tyrannie politique de l'Etat froisse déjà les intérêts les plus légitimes, sans assurer la bonne gestion des intérêts nationaux ; la tyrannie économique de l'Etat envahirait toutes les sphères de la vie sociale et jusqu'aux rapports de famille. Ce serait une servitude complète et abjecte ; et par

là le socialisme, loin d'être l'aboutissement logique et la plus
plus parfaite expansion de la démocratie en deviendrait le
plus parfait anéantissement.

Toutefois, celui-là s'exposerait à une grave erreur qui ne
jugerait le socialisme que d'après les doctrines de ses théoriciens, les déclamations de ses rhéteurs, les appels à la violence de ses folliculaires, et de ceux que j'ai appelés les batteurs d'estrade. Il y a autre chose, et mieux, dans le socialisme, que le déchaînement d'appétits grossiers et le besoin
de jouir ; s'il ne s'appuyait que sur les passions basses, il ne
se serait point développé comme il l'a fait, et, s'il s'est développé au point où nous le voyons, il faut bien admettre qu'il
répond à un besoin, à une nécessité sociale.

En premier lieu, le socialisme est une réaction, et la plus
outrée qu'on puisse imaginer, contre l'individualisme et
contre l'émiettement social qui en résulte. Grâce au principe
protestant de l'individualisme, poussé jusqu'à ses dernières
conséquences, « l'Etat n'est plus l'Etat, une société organisée, un corps dont les citoyens ne sont que les membres,
mais un agrégat d'éléments disparates, hétérogènes, hostiles, en un mot, le contraire de tout ce qui implique la notion de l'Etat. » (Brunetière.)

Aussi, voyons-nous la réaction socialiste s'affirmer dans
tous les Etats où s'est affirmé le principe individualiste et
s'y montrer, sur ce point, le plus réactionnaire de tous les
partis. Les monarchistes, lorsqu'ils cherchent à restaurer la
dynastie de leurs préférences, réagissent contre un système
politique, mais ils laissent intacts les droits de l'homme et
du citoyen ; le parti socialiste détruit ces droits, et le pas en

arrière qu'il tend à faire faire à la société la ramène à la tyrannie de l'Etat païen.

Légitime en principe, si l'on n'envisage que certaines de ses revendications, antithèse vivante et ennemi né de l'individualisme, le socialisme a le sort de toutes les réactions excessives ; il dépasse le but et se condamne ainsi lui-même.

Il est également une réaction, et certes légitime aussi, contre l'exploitation de la classe ouvrière par l'égoïsme capitaliste et patronal.

La grande Révolution, faite au profit de la bourgeoisie et confisquée par elle, avait isolé l'ouvrier et lui avait même interdit, par le décret-loi des 14-17 juin 1791, tout groupement professionnel, toute entente en vue de défendre ses intérêts. Or, l'un des traits caractéristiques de l'évolution économique et sociale, c'est l'effort que font aujourd'hui, dans tous les pays industriels, les travailleurs et les ouvriers pour s'unir et s'organiser. Ils cherchent à transformer le contrat individuel de travail, qui correspond à l'esprit individualiste de notre temps, en contrat collectif qui sauve l'ouvrier des dangers de l'isolement et le libère vis-à-vis des patrons, devenus le plus souvent anonymes, simples actionnaires qui voient dans l'ouvrier non pas l'homme, mais l'instrument de travail, producteur de dividendes.

L'histoire économique, depuis 1830 jusqu'aux dernières années du XIXᵉ siècle, est l'histoire d'abus qui nous semblent à nous-mêmes à peine explicables. La loi de 1848, limitant à douze heures le temps de travail dans les ateliers, a été le premier pas fait dans la voie de réformes indispensables, et si actuellement, sous l'influence des meneurs socialistes, la réaction en faveur des ouvriers tend à dépasser le but et à compromettre leurs intérêts bien entendus, il faut en accuser moins le principe socialiste que les mœurs électorales inaugurées par les politiciens de bas étage qui, à chaque élection, surenchérissent sur les promesses et les théories des autres candidats.

Que, sous le prétexte de réformer des abus criants, le socialisme nous expose à d'autres abus encore plus criants, cela est certain ; que les principes même du socialisme soient faux, irréalisables et nous ramènent à la pure barbarie, cela est aussi certain ; mais il n'en convient pas moins de reconnaître la sincérité, l'esprit de justice et le désinté-ressement d'un grand nombre de socialistes, lesquels, s'ils se trompent sur les moyens, n'en ont pas moins de bonnes raisons de réagir contre l'état social actuel, anarchique dans sa constitution individualiste et inique dans sa législation et dans ses mœurs économiques.

Ceux qui vivent, et j'en suis, au milieu des ouvriers, rendent justice à leur bon sens, simple et droit, à leur bonne volonté ; ils savent que la plupart de ceux qui se laissent entraîner vers les doctrines socialistes le font par erreur, par suite d'une instruction incomplète, plus encore que par jalousie et par haine, malgré les efforts faits pour développer les sentiments mauvais. C'est pourquoi, en ter-minant ces notes de critique du socialisme, je crois devoir établir une juste et nécessaire distinction entre ceux pour lesquels le socialisme est un moyen d'arriver, presque une profession, et ceux dont le dos, courbé par le travail, est le tremplin sur lequel sautent les politiciens.

Un jour viendra, qui n'est peut-être pas si éloigné, où la classe ouvrière à qui l'on a présenté le socialisme comme l'idéal d'une amélioration économique et d'une transfor-mation sociale, s'apercevra que le parti sur lequel il comp-tait s'est mis à la remorque de la Franc-Maçonnerie athée, et qu'il s'est changé en parti politique antireligieux.

Alors le spectacle des iniquités législatives, des illégalités tyranniques, de l'anarchie gouvernementale et de la ruine du pays, montrera clairement à ceux qui avaient espéré lutter pour un idéal qu'on se moquait d'eux et qu'ils ne servaient que des intérêts.

Dieu veuille que le pays n'attende pas pour être désillusionné les secousses révolutionnaires et les horreurs de la guerre civile.

CONCLUSION

Je résume, en quelques pages, la doctrine exposée dans cet ouvrage.

Deux hommes se partagent l'empire du monde.

L'un prétend qu'il est un animal mammifère de l'ordre des primates, famille des bimanes, à poils rares, nez proéminent, etc., etc. D'âme, il ne s'en connaît point et n'en veut point avoir. La matière lui suffit, et c'est sur la matière qu'il fonde sa vie. Sauf de très rares exceptions, le matérialiste voit dans les plaisirs et les jouissances matérielles que procure la vie le but final de l'existence. De devoirs vis-à-vis des autres hommes, il n'en était guère question avant ces dernières années ; les chefs ont vu là une lacune qu'ils pensent combler avec leur doctrine sur la solidarité, jointe à des efforts sérieux pour développer la mutualité, la coopération, etc... L'élite seule comprend cette nouvelle forme du devoir moral, et encore peut-on se demander si elle le comprend comme devoir, ou comme intérêt. En tous cas, la mort vient, et sous les six pieds de terre qui le recouvrent, l'animal humain disparaît à tout jamais, ayant pour consolation de contribuer à la formation de l'humus, d'où pousseront de nouvelles récoltes, nutritrices de nouvelles humanités.

L'autre homme admet, lui aussi, que, par suite de la double loi de continuité et d'évolution, il se rattache par un bout à l'animalité, mais il prétend que, si le premier homme est le dernier chaînon de la série animale, il est, de par le souffle divin répandu sur lui, et par lui transmis à ses descendants, le premier chaînon du monde des esprits, vers lequel il doit continuer d'évoluer, précisément en vertu de cette loi de continuité et d'évolution dont le terme est en Dieu. Or l'évolution n'est plus déterminée et fatale, comme dans la série animale ; elle devient consciente et libre, comme il convient à une force de l'ordre spirituel.

Pour cet homme là, le sens de la vie est tout différent de ce que nous le voyions tout à l'heure ; les jouissances matérielles comptent pour peu ; elles sont remplacées par le devoir sous toutes ses formes ; devoirs de l'intelligence, s'appliquant à reconnaître dans l'auteur de la vie l'origine et la fin de toute destinée humaine ; devoirs de la volonté, s'appliquant à réaliser dans la vie de chaque jour l'idéal de vérité, de justice et de bonté, qui constitue la perfection morale, et dont le prototype, le modèle insurpassé parmi les hommes, est ce Christ dont nous commençons seulement à apprécier la beauté au point de vue social.

Tels sont les deux types d'humanité, entre lesquels chacun de nous a son choix à faire. J'ai dit et je résume ici les raisons pour lesquelles je répudie le matérialisme.

En niant la liberté et la responsabilité, ce système enlève à la société le droit de punir et ne lui laisse logiquement que le devoir de guérir. La conséquence, si l'on appliquait la doctrine, serait une multiplication illimitée des crimes et délits. Un pays peuplé d'irresponsables ne serait pas habitable. C'est le retour à la sauvagerie.

En second lieu, le matérialisme qui supprime la morale, supprime aussi la religion qu'il prétend remplacer par la science. Parmi les savants, j'en sais bon nombre et des plus illustres, qui ne croient pas le moins du monde à cette substitution. Je sais aussi qu'il y a plusieurs sciences, mais j'ignore ce qu'est la science, où elle commence et où elle finit, qui la représente et qui a le droit de parler en son nom. Remplacer ce qui est et a toujours été par ce qui n'est pas encore, et ne sera peut-être jamais, paraît assez singulier.

Puis, si l'on supprime la religion sous prétexte qu'il n'y a pas de Dieu, sur quel principe s'appuiera l'Autorité ? en vertu de quel droit celui-ci commandera-t-il à celui-là ? En vertu du droit du plus fort ; car, il n'y en a plus d'autre. Le droit du nombre n'est qu'une autre forme de la force, puisque ni un homme, ni dix, ni mille, ne peuvent créer le droit, faire que ce qui est injuste soit juste, que ce qui est mauvais soit bon. La société perd ainsi son caractère sacré ; les liens qui obligeaient les hommes entre eux disparaissent en même temps que le principe supérieur duquel dérivaient et le droit et le devoir. Il n'y a plus qu'un agrégat d'hommes s'efforçant, chacun pour son compte, d'acquérir la plus grande somme de jouissances. Par là, l'individualisme aboutit à l'anarchie.

Et c'est encore avec un sens profond des nécessités sociales que M. Brunetière, envisageant la religion comme sociologie (*Revue des Deux-Mondes* du 15 février 1903), écrivait les lignes suivantes :

« Une religion qui se sent menacée, c'est une société qui se sent ébranlée jusque dans ses fondements ; c'est une communauté qui se sent inquiétée dans le principe de son existence même ; c'est une collectivité dont les éléments se retournent, pour ainsi parler, contre elle-même, et rompent, en brisant le lien qui formait leur union, celui qui faisait en même temps le secret de sa force.....

Tout ce qu'on fait contre la religion tend nécessairement à l'affaiblissement du lien social. »

Nous avons vu également, au cours de cet ouvrage, que, parce qu'elle est un principe de vie sociale, la religion a son mot à dire sur toutes les questions de principe réglant les rapports des hommes entre eux. L'Etat ne peut donc ignorer l'Eglise, ni l'Eglise se désintéresser de l'Etat.

L'Etat, souverain absolu en ce qui concerne la direction des intérêts matériels, se trouve arrêté dans son action par l'obéissance qu'il doit aux principes constitutifs de la société humaine. Nous les avons résumés sous quatre titres : Solidarité, Justice, Autorité et Liberté; mais il faut entendre chacun de ces mots dans le sens le plus large, et comprendre qu'ils renferment non-seulement les droits et les devoirs de l'homme vis-à-vis des autres hommes, mais aussi les devoirs de l'homme envers Dieu et envers lui-même.

Respecter les droits primordiaux de l'être humain, lui permettre l'accomplissement de ses devoirs, favoriser l'épanouissement de ses facultés intellectuelles et morales et le complet développement de sa personnalité, tel est le rôle, telle est la mission de l'Etat.

Quelle forme doit prendre l'Etat pour remplir le mieux son rôle et sa mission ? La chose pourrait être intéressante à étudier, mais elle n'est pas à discuter ici, car nous sommes en face d'un fait : l'avènement au pouvoir de la démocratie ; et c'est en raison de ce fait que nous avons à formuler des conclusions pratiques.

En théorie, la démocratie est fondée sur la justice et la liberté ; en fait, elle s'appuie sur la force, puisqu'elle donne le pouvoir aux masses populaires, lesquelles, insouciantes de la justice et de la liberté, les suppriment afin de réaliser le rêve de toute démocratie, qui est l'égalité. Et si absolu est le dogme égalitaire que, dans une démocratie, dépasser, en quoi que ce soit, le niveau moyen, constitue le crime irrémissible.

« L'aristocratie du savoir, l'aristocratie de la vertu, ne sont pas moins odieuses que les privilèges de la naissance et de la fortune ; la démocratie aspire en vertu de sa nature propre à refouler tout ce qui s'élève au niveau de la culture moyenne, et, par conséquent, à faire baisser le niveau lui-même, qui ne saurait se maintenir que par le déploiement et par l'attrait des supériorités naturelles. » (Ch. Secrétan).

D'où vient que le principe démocratique, juste en soi, aboutit à de si injustes conséquences ? Cela vient, en grande partie, de ce que la masse populaire a été promue brusquement au rang de souverain, sans préparation, sans instruction politique, sans éducation morale. Chercher dans des constitutions sans cesse changées, ou remaniées, un remède aux excès de la démocratie est une illusion ; l'unique ressource est dans le perfectionnement moral des individus, dans l'éducation de chaque citoyen, en vue d'imprimer dans son esprit le respect de la justice et de la liberté des autres citoyens. Cette mission moralisatrice, des jeunes et des vaillants l'ont entreprise, et je salue en passant les apôtres de la Revue *Le Sillon*, des *Instituts populaires*, des *Cercles d'études*, qui cherchent à effectuer, au milieu même des populations ouvrières, la conciliation de la démocratie avec la justice et la liberté.

C'est là, en effet, l'une des conditions *sine quâ non* de la réforme sociale ; elle ne pourra résulter que de l'entente et de la bonne volonté réciproque des riches et des pauvres. Le socialisme s'appuie pour la destruction sur la lutte des classes ; nous devons, nous, nous appuyer pour la réforme sur l'accord des classes. Les riches, les patrons, se croient les maîtres parce qu'ils ont la puissance de l'argent et des situations sociales ; ils oublient qu'aucune situation privilégiée n'est sûre qui ne se justifie pas par les services rendus à la communauté.

Les prolétaires, de leur côté, sentant qu'il n'y a pas vis-à-vis d'eux de bons sentiments, ni de bonne volonté de la part des possédants, se sont livrés à la haine, et menacent de tout renverser par le bulletin de vote, ou par le fer et le feu ; ce sont des ignorants et des violents conduits par des rusés qui les mèneront, le cœur léger, de destructions en destructions, jusqu'à la dernière misère.

Encore une fois, devant le conflit terrible qui se prépare, comment sauver la civilisation, comment sauver l'humanité, si ce n'est par la réforme morale ? Mais cette réforme, c'est aux riches à l'accepter d'abord, et seulement lorsqu'ils l'auront acceptée, il leur sera permis de la proposer aux pauvres. Car il est absurde de prêcher la résignation à ceux qui n'ont ni richesses ni jouissances, quand on donne soi-même le spectacle de toutes les jouissances dans le plus tranquille égoïsme.

Aux riches donc de commencer, en comprenant enfin et en remplissant sincèrement leurs devoirs vis-à-vis des prolétaires. Il ne s'agit pas là des devoirs d'aumône, mais du don de soi-même, de cette bienveillance qui se manifeste dans les rapports de chaque jour ; il s'agit encore du développement de l'instruction parmi les ouvriers et de leur éducation morale ; il s'agit du respect des droits de l'ouvrier comme homme et comme chef de famille. La mère laissée aux soins du ménage, les enfants élevés par elle et instruits jusqu'à l'âge du travail, l'insaisissabilité du foyer, la protection contre les maladies et les accidents par la mutualité, la vieillesse des travailleurs assurée proportionnellement au travail contre la misère ; telles sont les réformes, qui, si elles étaient obtenues des pouvoirs publics par une initiative généreuse des classes riches et du patronat, contribueraient plus que tous les discours à dissiper les malentendus et à diminuer les haines.

Peut-on espérer de la haute bourgeoisie tant de clairvoyance et de générosité ? L'insuffisance de son éducation religieuse et morale, l'égoïsme, cette malédiction attachée à la richesse, permettent d'en douter. Et cependant nous ne pouvons rester dans cet équilibre instable; l'état présent des choses ne saurait durer.

« Il faut, dit Ch. Secrétan, que cette civilisation se purifie et se transfigure dans le feu de la charité, ou qu'elle s'écroule dans l'incendie allumé par la haine qui couve partout. Et nous ne concevons le triomphe de la charité que dans l'adoration de la charité ; nous la cherchons vainement ailleurs. C'est elle qui nous ordonne de tout espérer. Tout peut être sauvé si l'idée chrétienne manifeste son harmonieuse évidence et sa puissance irrésistible à ceux qui se disent encore chrétiens, tellement que chacun d'eux aille jusqu'au bout de ses forces dans le travail de la régénération morale, intellectuelle et sociale ».....

FIN.

TABLE DES MATIÈRES

LA PHILOSOPHIE

L'ÉTHIQUE

La morale est la conclusion logique d'une doctrine philosophique. — Les bases de la morale. — Développement de la liberté dans l'homme. — Indifférence de la nature pour le bien et pour le mal. — Devoirs extérieurs et devoirs intérieurs. — Différence entre la valeur morale des actes et leur valeur sociale. — Formation et déformation de la conscience individuelle. — Conscience collective, conscience nationale. — La morale scienti-

BIBLIOTHÈQUE GÉNÉRALE

DES

SCIENCES SOCIALES

DIX-HUIT VOLUMES PUBLIÉS

Chaque volume in-8, cartonné à l'anglaise..... **6 fr.**

L'individualisation de la peine, par R. SALEILLES, professeur à la Faculté de droit de l'Université de Paris. 1 vol............................ 6 fr.

L'idéalisme social, par Eugène FOURNIÈRE, ancien député. 1 vol..... 6 fr.

Ouvriers du temps passé, par H. HAUSER, professeur à l'Université de Dijon. 1 vol... 6 fr.

Les transformations du pouvoir, par G. TARDE, de l'Institut, professeur au Collège de France. 1 vol................................... 6 fr.

Morale sociale. Conférences, préface de M Emile BOUTROUX, de l'Institut. 1 vol.. 6 fr.

Les enquêtes, *pratique et théorie*, par P. DU MAROUSSEM. 1 vol......... 6 fr.

Questions de morale. Conférences de l'*École de Morale*. 1 vol........ 6 fr.

Le catholicisme social depuis l'Encyclique *Rerum novarum*. Idées directrices et caractères généraux, par Max TURMANN. 1 vol.................... 6 fr.

Le socialisme sans doctrines. *La Question agraire et la Question ouvrière en Australie et en Nouvelle-Zélande*, par A. MÉTIN. 1 vol.............. 6 fr.

Assistance sociale. *Pauvres et mendiants*, par Paul STRAUSS, sénateur. 1 vol.. 6 fr.

L'éducation morale dans l'Université (*Enseignement secondaire*). Conférences et discussions, sous la présidence de M. A. CROISET, doyen de la Faculté des lettres de l'Université de Paris (*École des Hautes Études sociales*, 1900-1901). 1 vol.. 6 fr.

La méthode historique appliquée aux sciences sociales, par Ch. SEIGNOBOS, maître de conférences à la Faculté des lettres de l'Université de Paris. 1 vol... 6 fr.

L'hygiène sociale, par E. DUCLAUX, membre de l'Académie des sciences, directeur de l'Institut Pasteur. 1 vol................................. 6 fr.

Le Contrat de travail. *Le rôle des syndicats professionnels*, par P. BUREAU, professeur à la Faculté libre de droit de Paris. 1 vol................. 6 fr.

Essai d'une philosophie de la solidarité. Conférences et discussions sous la présidence de MM. Léon BOURGEOIS, ancien Président du Conseil des Ministres, et A. CROISET, de l'Institut, doyen de la Faculté des lettres de l'Université de Paris (*École des Hautes Études sociales*, 1901-1902). 1 vol..... 6 fr.

L'exode rural et le retour aux champs, par Emile VANDERVELDE, membre de la Chambre des représentants de Belgique, professeur à l'Université nouvelle de Bruxelles. 1 vol.. 6 fr.

La lutte pour l'existence et l'évolution des sociétés, par J.-L. DE LANESSAN, député, ancien Ministre de la marine. 1 vol................. 6 fr.

L'éducation de la démocratie. Conférences de MM. Alfred CROISET, LANSON, Ernest LAVISSE, MALAPERT et SEIGNOBOS. (*École des Hautes Études sociales*). 1 vol... 6 fr.

Rouen. — Imprimerie LÉON GY.